헌법주의

지은이

이정호 李政昊, Yi Cheong-Ho

고려대학교 임학과 학사와 화학과 학사, 고려대학교 대학원 산림유전학 및 생태학 석사, 영국 노팅엄대학 유전학과의 인간분자유전학 박사학위를 받았다. 하버드 의과대학/베쓰이즈라엘 디커니스 의료원 심장연구부 연구첼로우, 삼성생명과학연구소 유전체학 책임연구원, (사)숲과문화연구회 등기이사(운영위원), 고려대학교 생명환경대학 생물자원연구소 연구원, 삼육대학교 기초의약과학과 특임교수, 고려대 의과대학 법의학연구소 초빙연구원을 역임하였고 고려대 환경생태연구소 연구원이다.

(사)전주이씨 대동종약원 전수교육(종묘사직원구왕릉전수교육) 종합 6기(2013), 제2기 집례대축 전문과정, 제3기 왕릉제향전문과정을 수료하였고 (사)사직대제보존회 전수자이다. 전통예서(禮書)강독 및 문화 모임인 종학예연 (宗學禮筵) 보덕(회장)이다.

저서로는 『아름다운 숲 찾아가기』(공저, 2005), 『숲이 희망이다』(공저, 2006), 『생명, 인간의 경계를 묻다』(공저, 2008), 『소나무의 과학-DNA에서 관리까지』(공저), 편저로 『소나무, 또 하나의 겨레 상징』(2004)과 『숲에 드리는 숲의 철학』(2006)이 있다. 단행본 『한국인과 숲의 문화적 어울림』(소명출판, 2013)과 『단묘궁릉(壇廟宮陵) 문화-서울과 베이징』(케포이북스, 2016)을 집필하였다. 번역서로서 『유전자, 사람, 그리고 언어』(2005), 『닥터 골렘』(2009), 『생명의 언어』(2012), 영역서로는 *Forests and Korean Culture*가 있다.

헌법주의

초판인쇄 2023년 1월 15일 **초판발행** 2022년 1월 31일

글쓴이 이정호 **펴낸이** 박성모 **펴낸곳** 소명출판 **출판등록** 제1998-000017호

주소 서울시 서초구 사임당로14길 15 서광빌딩 2층

전화 02-585-7840 **팩스** 02-585-7848

전자우편 somyungbooks@daum.net **홈페이지** www.somyong.co.kr

값 25,000원

ISBN 979-11-5905-580-5 03300

ⓒ 이정호, 2023

헌법

1894년 이후부터 지속된
우리의 사회적 현상

C o n s t i t u t i o n a l i s m

이정호 지음

주의

서문_ 헌법주의라는 사회적 현상

　대학교 학부 4학년이던 1987년 봄학기는 저자가 고려대학교 이공대캠퍼스 과학도서관에서 전공 공부인 산림자원학을 열심히 공부하던 시기였다. 8427040이라는 학번을 기억하는 만큼 그때의 기억은 생생하다. 저자는 2학년 두 학기의 학점이 기록적으로 좋고 그 이후도 괜찮은 편이어서 학자금 납부할 걱정이 별로 없었던 요즈음 말로 잘나가던 '범생'이었다.

　당시는 전두환 대통령이 집권하고 있었고, 1학년 때 받은 징병검사로 일찌감치 병역이 면제된 고학년 학부생이던 저자에게까지 당시 고려대학교 김준엽 총장이 정부^{행정부}의 압력에 밀려서 총장직을 내려놓아야 했다는 입소문이 들려오던 시절이었다. 1980년대 중반 대학의 분위기는 대학생들이 정부에 가득한 불만을 표출하던 때였다. 당시의 대학생들의 상당수가 당시의 정부가 '정통성'이 없는 군부정권이라고 규정하였고, 강력한 정치적 저항의 표현으로서 시위^{demonstration}가 캠퍼스의 문화를 거의 지배하고 있었다. 1979년 12월 12일의 소위 신군부 쿠데타에 의해서 성립한 전두환 정권은 그 이전의 박정희 정권과 마찬가지로 대학생들의 격렬한 시위를 전투경찰들을 동원하여, 그들의 표현을 빌리면 '진압'해야 했다. 지독한 냄새와 이상한 광경은 지금은 외신 뉴스에서나 간혹 볼 수 있다. 최루탄과 그 최루탄 쏘는 포를 장착한 검은색의 차

량, 일명 '코끼리차', 그리고 전투 경찰 중에서 흰색의 철모를 쓴 '백골단'의 시위 대학생 체포 광경은 80년대 중반 학번의 대학생에게는 일상적인 광경이었다. 대학 캠퍼스 시위 진압 광경은 외국의 신문이나 월간지매거진에는 꽤 많이 등장한 모양이었다. 시위에 적극적으로 참여하는 대학생들은 손수건으로 얼굴 아래 부분을 가리고는 대학교 앞의 보도 블록을 깨서 던지기에 알맞은 크기의 '돌'을 만들어 진압에 동원된 전투경찰을 향해 힘껏 던졌다. 이러한 투석전과 체포작전이 벌어지는 한편 대학교 운동장에서는 총학생회장이나 다른 간부의 정치적 연설이 스피커를 통해서 흘러나오고, 오른팔을 들어 굽혔다 펴면서 외치는 구호들의 소음은 도서관에서 열심히 전공 공부에 열중하는 학생들에게도 전해졌다. 정치적인 시위에는 거의 관심이 없었던 범생들에게도 "실례하겠습니다!"라는 틀에 박힌 말투로 전투경찰전경이 경례를 하고는 대학생의 책가방을 마음대로 뒤지던 것도 1980년대의 문화적 모습이라면 모습이었다.

이러한 사회상의 맥락에서 고려대 김준엽 총장이 총장직을 내놓아야 한 이유는, 정치적 시위를 하다가 겉으로는 정상적인 입영이지만 통고에 의해 군복무를 하거나 제적된 '정치적인' 고려대 학생들의 복학을 허용하고 다독거려준 덕분이었다는 소문이 들리던 때였다. 그런데 김준엽 총장이 1940년대 대한민국 임시정부 시절의 '광복군'이었다는 이야기도 별로 정치적인 문제에 관심이 없는 학생들 사이에도 회자되었다. 같은 과 사과반^{사회과학반}의 병역을 마친 복학생 선배들의 이야기였다. 김준엽 총장의 자서전『장정』[1] 을 알게 되었다. 시위에 적극적이던 선배들과 동급생 및 후배들과 읽고 토론하던『해방전후사의 인식』[2]은 근대사 책이었다. 김준엽 총장과 같은 일본의 학도병으로 끌려 갔다가 탈출하여 독립운동 의 중심체인 대한민국 임시정부로 찾아간 광복군 출신의 장준하 선생이 의문사당했다는 밀교적인 소문도 흘러 나오던 때였다.

1987년 무렵의 대학가의 문화는 시위에서 잘 불리던 노래들 로 대표될 수 있다. 통기타 가수 노래들의 장르였는데 시적詩的 감 각을 동반하는 그런 노래들이었다. 김민기 작사 작곡으로 양희은 이 부른 〈아침이슬〉과 같은 류이다. 미국에서 비슷한 장르의 노래 를 찾는다면 1960년대 베트남전 반전 시위나 민권 운동과 연관되 어 잘 불리던 노래들을 들 수 있는데, 시적인 가사를 많이 포함하 고 있어 비슷한 유형의 예술이라고 할 수 있겠다. 최근 2016년 밥 딜런이 노벨 문학상을 받게 된 것도 미국의 근대사와 관련되어 있 는 현상이다. 사이먼 앤드 가펑클이 부르던 〈더 박서^{The Boxer}〉 같 은 노래는 사회를 비판하는 노래이기도 하다.

1987년 초여름 여름 방학이 가까운 시기 고려대 과학도서관 에서 공부를 하려던 차, 선배들과 여러 학과 동급생들이 찾아와 나 를 불러냈다. 그들은 교내 시위가 예외 지역이었던 이공대 캠퍼스 에까지 들어와 있었다. 김준엽 총장의 부당한 퇴진에 대한 항의 시위를 모두 함께 하자는 것이었다. 돌이켜보면 그때는 '범생'도 이 끌려 나갈 수밖에 없던 묘한 분위기였는데, 이 교내 시위는 완전히 새로운 역사적 경험으로 이어졌다. 교내 시위를 하던 선두가 모두를 이끌고 서울 시청으로 향한 것이었다.

1987년 범국민적인 '6월항쟁'이라고 명명되고 있는 그 현장을 직접 경험하게 되었다. 시청 주변에는 엄청나게 많은 대학생들이 모여 있었는데, 잠시 후 코끼리차에서 쏜 하얀 최루탄이 서울 시청 주변에 가득 퍼지고, 그곳에 있던 나를 포함한 모두는 눈물 콧물을 쏟아내야 했다. 군중에 떠밀려 현재의 전철 1호선 종각역까지 도착하는 데에는 별로 시간이 걸리지 않았다. 종각 전철역 내부도 흰 가루 투성이였다. 이공대 캠퍼스의 대학생들이 대다수였을 것인데 상당수는 서울 시청 광장을 떠나 캠퍼스로 돌아왔다. 흘러 나오는 콧물과 눈물을 손수건으로 닦아 내면서 걷거나 차를 탔다.

1992년 무렵 저자는 영국의 중부에 위치한 노팅엄대학교의 박사 과정 유학 중에 당시 30대의 남자 둘과 1987년 초여름의 경험을 이야기할 기회를 가진 적이 있다. 한 명은 특공으로 군복무중이었던 수학 박사학위 남학생이었고, 다른 한 명은 전대협_{전국대학}생 협의회의 간부로 명동성당에 들어가 반정부시위를 했던 동년배로 철학 전공 박사학위 과정 여학생의 남편이었다. 군복무 중이었던 사람은 시위 진압 출동 대기 중이었다고 증언해 주었다. 전 전대협 간부는 자신은 명동성당 안에 있었기 때문에 서울 시청 광장 주변의 상황은 전혀 모른다고 했다. 이 자리는 '범생' 저자가 엉겹결에 나갔던 1987년의 그 시위 현장이 우리 세대가 겪은 중요한 역사적 경험 중의 하나였음을 확인하는 시간이 되었다.

1987년 6월항쟁은 대학생의 시위로 시작되었으나 언론에서 이른바 '넥타이부대'라고 지칭하던 80년대 초반 및 70년대 후반 학번 세대, 즉 직장 생활을 하던 사람들까지 거리로 나와서 시위에 참여하면서 범국민적인 대통령 직선제 쟁취 시위가 되었다. 1987년 6월 29일 여당이었던 민정당의 노태우 대표의 '6·29선언'이 나왔고, 전두환 대통령의 '7·1담화'가 나왔다. 대통령 직선제를 수용한다는 것이었다. 특공 복무 중이었던 동년배는 범국민적 시위의 진압에 군을 동원하지 않게 되어 그대로 군복무를 마치고 복학하게 되었고, 전대협 간부는 전투경찰에게 붙잡혀 갔다가 풀려나게 되었다. 그리고는 그해에 헌법이 개정되어 「87헌법」이 나왔다.

「87헌법」에 근거하여 현재까지 30여 년 이상 대한민국이 운영되고 있다. 그래서 현재의 대한민국의 '지금여기'는 '87체제'에 의해서 규정된다고 해도 좋을 것이다. 저자에게는 1987년의 체험 이후 헌법에 대한 관심이 생길 수밖에 없었는데, 그렇게 대한민국의 헌정사憲政史를 눈여겨보게 되었다. 대한민국 국민은 2004년에 일어난 노무현 대통령의 탄핵과 헌법재판소의 판결, 그리고 2016~2017년에 일어난 '촛불시위'를 통해서 국회에서 결정한 박근혜 대통령의 탄핵과 헌법재판소의 판결을 통해서 「87헌법」에 대통령이 국민의 의사에 반하여 국정을 독주할 경우에 '국민이라는 헌법 주체의 이름'으로 행사되는 견제 장치가 실제로 작동한다는 경험을 했다. 그러나 '촛불혁명' 이후 대통령에게로 과도한 권력이 집중되는 현상을 감소시키는 방향으로 헌법 개정이 이루어져야 한다는 국민의 여론이 존재하지만, 여느 때와 마찬가지로 헌법개정이라는 입법부의 본령은 정치가들의 당대의 이해 관계에 의한 권력 구조 개편에만 집중되어 온 1948년 제헌헌법 이후의 역사를 벗어나지 못하는 현상이 다시 나타나고 있다.

대한민국에 '살아있는 국가 최고법'으로서 헌법은 존재한다.[3] 그런데 대한민국에 이렇게 헌법이 살아있게 된 역사적 측면은 어떠한 사회적 현상social phenomenon을 보이고 있을까? 나아가 어떠한 문화적 및 법제사적 맥락을 가지고 있을까? 생태사나 산림사와 연결하여 과학기술학S&TS, science&technology studies 연구를 나름대로 해온 저자에게는 사회적 현상을 분석하고 과학기술학에 필요한 법제사적 기준을 마련해 주는 주제이기도 하다.

생태사나 산림사와 관련된 근대 과학기술 발달사를 살펴보려고 해도 기존의 근대사 서술에서 역사적 궤적을 제대로 파악할 수 있게 하는 기준이 불분명한 것을 발견하게 되었다. 동북아시아에 위치한 한반도의 근대화modernization는 주로 서구화westernization를 의미하고, 서구적 과학기술의 도입 및 소화 과정에 이은 적절한 사회적 변화와 근대화 과정이 그 중심을 이루는 것이 사실이다. 그런데 우리의 근대사는 어떠한 역사적 궤적historical trajectory을 가지고 있는지를 파악하게 해 주는 역사 서술이 별로 없는 것이었다. 그런데 이러한 역사적 궤적의 기준 잡기와 조선 후기에서부터 지금 여기 현재에 이르는 역사의 연속성과 불연속성을 적절히 기술하고 묘사하는 문제는 밀접한 관련성이 있다. 꽤 오랫동안 연구해 온 유전학, 생명과학 및 환경과학의 역사 분야에 개념적 역사conceptual history를 서술한 저서들[4]이 있는데, 과거에는 우리의 헌법이라는 주제를 그 방법론들을 원용하여 다룰 수 있을 것이라고는 상상도 할 수가 없었다. 그러기에 그 개념을 통해서 사회적 현상을 분석하리라는 생각도 하지 못했었다.

또한 조선의 예서禮書와 법전法典에 숨겨져 있던 은연隱然적인 과학기술 현상에 대해 연구하던 중 고종대와 순종대에 편찬되었다는 서지 사항을 알고 있었던 『법규유편法規類編』이라는 문헌 3가지를 서울대 규장각한국학연구원과 국립중앙도서관에서 찾고 자료로 복사하여 펼쳐 보게 되었다. 이를 통해 과학기술의 도입에 동반되는 서구화와 그에 따른 사회 변화에 적응하는 법제의 변화를 개념사 방법론으로 살펴볼 수 있게 되었다. 그리고 이러한 우연한 계기를 통하여 『법규유편』 속에서 「홍범 14조」가 대한제국의 형법과 민법을 탄생하게 한 조항을 담은 '흠정헌법欽定憲法'이라는 논증을 할 수 있는 자료들과 법제사적 맥락이 발굴되었다. 이렇게 『법규유편』을 통해서 헌법에 관련된 우리 역사의 사회적 현상과 개념들이 연결되었다. 1919년 3·1독립선언과 비폭력적 거리시위를 거쳐서 제정 공포된 「대한민국 임시헌장」이 민정헌법民定憲法이었는데, 1919년 4월 11일 상하이 프랑스 조계지에서 대한민국 의정원에 의해서 제정되었다. 이어서 9월 11일 임시헌법이 만들어졌다. 그리고 이러한 일련의 1919년의 역사적 사건들은 대한제국기1897~1910의 헌정연구회를 필두로 한 국가학 지식의 확산과 대중화가 동력이 되어 10여 년 후의 민정헌법 제정의 밑거름이 되었다. 이러한 역사적 맥락에서 우리 헌법을 형성하는 주요한 개념들과 그 맥락이 도입되고 소화되고 형성되어 새로운 국면으로 전환되는 '점진주의piecemealism' 역사적 묘사를 시도하게 되었다. 이러한 묘사 도중에 대한제국과 대한민국 임시정부 시대의 사회적 현상이 드러났고, 이를 '헌법주의憲法主義'로 명명하게 되었다. 영어로는 Constitutionalism이 되겠다.

헌법주의라는 개념어의 조어는 법학과와 법학대학원에서 가르치는 헌법학 책들에서 사용되는 '입헌주의立憲主義'라는 Constitutionalism의 번역어에 대한 불만으로부터 시작되었다. 일반 국민들의 입장에 선 연구자로서 살펴본 헌법학이나 헌법사 책들에서는 예외없이 입헌주의라는 용어를 사용하고 그에 연관된 '입헌군주국'이라는 용어가 아주 표피적으로 사용되는 사례들에 마주치게 되었기 때문이다. 나중에 알게 되었지만 그것은 우리의 법제사 연구에서 1세기 전의 서구에서 도입되고 소화되었던 '국가학國家學'에 대한 깊이있는 내용 연구가 별로 없었던 때문에 빚어진 현상이었다. 그리고 나름대로 돌이켜 생각해 보니 저자 자신도 '국가란 무엇인가?'라는 질문에 딱히 대답할 능력이 없는 것이었다. 그런데 이러한 분야의 교양 교육이 별로 없었기는 하지만 학부 2학년 때 '국가'라는 이름의 강좌로 정치학과 박사과정 대학원생 강사의 강의가 있었고, 그는 서구 정치이데올로기 영문 교과서[5]를 소개했었다. 그때 나름대로 읽었던 기억이 있어 최근에 검색해 보니 2011년에 11번째 개정판이 나온 유명한 정치학 교과서인 것을 알게 되어 저자가 가지고 있던 2번째 개정판을 주의를 기울여 다시 읽게 되었다. 전지구적인 냉전Cold War 구조에 의한 이념적 갈등의 시대에서 30여 년이 지난 시점에서 이념의 문제 혹은 이데올로기에 대해 다시 살펴보는 감회는 남다를 수밖에 없었다.

'헌법주의'라는 조금은 더욱 친숙해진 용어로 묘사하려고 하는 것은 역사성과 사회성이다. 또한 헌법주의 인간, 곧 헌법주의를 사고와 행동으로 드러내는 주체적인 인간과 관련된 사회적 현상의 역사적 궤적에 대한 논의를 하기 위한 장치로 도입하였다.

이러한 우리 헌법주의의 역사적 묘사에는 근대성modernity을 나름대로 정의하는 역사적 시간 구분도 도입하였다. 1989년 베를린 장벽 해체 이후의 서구 사회를 묘사하는 『위험사회』라는 사회학 책으로 유명해진 독일 사회학자 울리히 벡Ulrich Beck[6]은 『성찰적 근대화*Reflexive Modernization*』[7]라는 저서를 남겼다. 이는 영국 사회학자 앤소니 기든스Anthony Giddens와 미국 사회학자 스캇 래쉬Scott Lash와 함께 세 편의 논문과 다른 두 사람의 논문에 대한 세 학자의 평론을 실은 책이다. 1989년 11월 9일 서유럽의 동서냉전East-West Cold War의 붕괴를 상징하는 베를린 장벽의 해체는 동독과 서독의 통일이라는 변화만을 가져온 것이 아니었고, 사회주의와 자본주의의 대립에서 자본주의의 승리를 의미하는 것 같이 보였다. 그러나 자본주의 사회로 변화하게 된 동유럽의 옛 사회주의 국가들의 변화만을 의미하는 것이 아니라 서유럽 사회의 이제까지 보지 못하던 근본적인 변화를 동반하였다는 것이다.『성찰적 근대화』에 실린 세 논문은 이렇게 1989년 이후에 몰려 온 서구 사회의 변화에 대해서 사회학적인 묘사를 한 것이다.

『성찰적 근대화』는 이동통신의 발달과 그에 동반된 소통의 증대와 정보의 급속한 확산과 소화라는 과학기술상의 변화에 의해서 나타나는 사회 현상들에 대해서 설명하는 것이라고도 할 수 있다. 그런데 이러한 논의를 역사학의 영역, 곧 대한민국의 근대사에 적용할 수가 있다는 발견을 하게 된 것은 '단순 근대화simple modernization'와 '성찰적 근대화'의 구분이 가능하게 된 것을 확인하였기 때문이었다.[8] 1880년대부터의 단순 근대화 시대가 1세기 이상 계속되다가 2010년대에 와서는 대한민국이 성찰적 근대화 시기로 접어 들었다는 인식을 가지게 된 것이다. 1989년 이후의 서구 사회와 비슷한 유형의 현상들이 2010년 이후의 대한민국 사회에서 일어나는 것을 알 수 있다. 2010년대 대한민국 사회의 여러 현상들은 성찰적 근대화론이 주장하는 여러 가지 특징들을 제법 많이 가지고 있다. 이러한 역사 의식을 대한제국 및 대한민국의 헌법의 역사 및 헌정사에 적용하면 우리 역사에서의 '헌법주의'가 드러나 보이는 것이다.

겉으로는 그렇게 보이지 않지만 이 책 '헌법주의'와 근대성과 관련하여 감추어진 관련성이 있는 과학기술학의 내용을 밝혀 두어야겠다. 헌법주의라는 사회적 현상을 적절히 다루고 난 연후에야 과학기술의 근대 사회에서의 성격이 제대로 논의되기 때문이다.

프랑스의 과학기술학자 겸 철학자인 브루노 라투르Bruno Latour의 저서 『우리는 결코 근대인이었던 적이 없다』[9]와 『자연의 정치학』[10]은 서구인들의 17세기 이후의 형이상학적 사유방식을 '헌법Constitution'으로 은유metaphor하고 근대적 사고과 행동을 규제하는 것으로 묘사하면서 근대성을 논의한다. 형이상학적이고 근대적인 이 '헌법'이 과학기술이 일상에까지 들어와 있는 인간과 사회에 규범적 구속력을 행사하고 있다는 논리를 전개한다. 브루노의 논의에서 서구 사회도 올바른 근대성을 제대로 구성하지 못했다는 주장을 전개한다. 과학기술에 대하여 문화인류학적인 접근법을 구사하는 라투르의 근대성 논의는 이 헌법이라는 사고실험 모델을 통하여 이루어지고 있다. 미개 사회에 직접 현지 조사를 하는 방식으로, 곧 현지 조사 방식으로 서구 사회 자체의 각 분야, 심지어 과학기술에 대해서도 그 사회를 조사해야 한다고 주장하는 학자이다.

국가 최고 상위법으로 살아있는 존재인 헌법도 서구에서 도입되어 동북아시아의 법제사적 전통 속에 있던 우리 선조 세대에서부터 우리 세대에 이르기까지 과학기술의 영향력에 의한 법적, 규범적 구속력을 비가시적 형태로 포함하고 있다. 현재의 우리의 생활세계lifeworld 대부분이 과학기술이라는 헌법같은 문화적 구속력에 의해서 구조화되어 있는 것이다. 그 좋은 영향력을 제대로 구별하고 그 악영향을 제대로 파악하여 그 과학기술이라는 근대 헌법을 개정하는 작업을 성찰적으로 하여야 할 때가 되었다. 앞으로 「87헌법」을 포함한 우리 헌법과 과학기술이 어떠한 상호작용을 해야 하는가를 고민하고 올바로 모색해야 한다는 말이다. 대한민국의 성찰적 근대화는 그러한 방향에서 이루어질 것으로 보인다.

이 책 『헌법주의』는 저자의 원래의 사회학적, 과학기술학적 집필 의도와는 달리 법학의 법제사法制史 혹은 법사학法史學에도 일정한 기여를 하게 되었다. 법사학 혹은 법제사는 인간 생활을 법적인 측면에서 사실적·역사적으로 고찰하는 학문으로 쉽게 정의된다. 한 법사학자는 법제사 혹은 법사학 연구를 통하여 한 국가의 법질서가 과거에 어떻게 발전·소멸되었는가를 역사적으로 파악하게 되는 바, 이는 단순히 과거 사실의 규명이나 이해만을 위한 것이 아니라, 현재 적용되고 있는 법질서의 이해를 넘어서서, 그러한 법질서의 미래 방향성이나 조명까지도 가능하게 한다. 그리고 이러한 연구를 통하여 법학이라는 학문이 현실 속에서 살아 움직이는 학문이 될 수 있도록 만들어 주게 된다. 결국 "과거는 현재를 조건지으며, 다시 현재는 미래를 조망한다"[11]고 이야기하고 있다. 국가 권력을 헌법 및 법에 구속시킴으로써 국가 권력의 행사를 예측하는 것을 명령하는 기본 원칙을 '법치국가 원칙'이라고 한다. 그런데 애초에 몰랐던 이 근대적 법치국가의 정의가 조선의 500년 기초 법전 전통에도 상당한 정도로 적용된다는 역사적 사실이 '헌법주의' 연구에서 드러나게 되었다.

감사의 글

이 연구는 전주이씨 대동종약원 문화부와 함께하는 예학禮學 및 문화 모임인 종학예연宗學禮筵 회원들과의 매달 2회의 세미나에서의 예학 토론에서 얻은 통찰이 과거 10여 년 이상 된 저자의 과학기술학science and technology studies 연구와 만나서 새로운 시각과 개념을 형성한 것임을 밝힌다. 이 연구의 초고草稿를 읽고 일부 의견을 개진해 주신 이석우 도선장 및 이범직 빈객건국대 명예교수, 그리고 홍행숙 회원께 감사드린다. 제2장 법치국가 겸 예치국가 조선, 제3장 고종 조정, 500년 기초 법전 전통과의 연속성과 불연속성, 그리고 제4장 흠정홍범 시대는 종학예연이 추구하는 '근대화된 예학 전통'에 맞닿아 있는 것이다. 후반부의 여러 장들은 저자의 과학기술에 연관된 근대화 연구와 맞닿아 형성된 결과물임을 밝힌다. 한국방송통신대학의 텔레비전 채널에서 방영하는 '법사회학' 강의가 저자에게 큰 도움을 주었음을 밝히고 감사의 뜻을 기록한다.

목차

제1장

터키-투르크-돌궐, 심상적 공간, 그리고 개념

1. 역사적 근접, 지리적 거리

한반도에 사는 오늘의 우리에게 터키라는 나라는 아주 먼 나라로만 느껴진다. 그 느낌은 대한민국과 터키 사이의 지리적 거리가 상당히 멀다는 과학적 사실과 비례해 있다. 그런데 서서히 깨닫게 되겠지만 터키 여행 경험과 역사 지식을 통하여 시간적으로 거슬러 올라가면서 자세히 따져 보면 느낌이 달라진다. 가까워지는 솔직한 감정이 생기게 된다. 세계사 강의 시간에 셀주쿠 투르크, 오스만 투르크는 들어보아서 아는 우리들 중의 일부는 그것이 배우는 세계사의 지식일 뿐 그 투르크들과 우리 대한민국은 아무런 상관이 없는 것이었다.

역사 지식이라는 창문을 통해서 바라보자. 투르크Turk는 한자어로 '돌궐突厥'이다. 이 역사적 진실을 깨닫게 되면 느낌이 완연히 달라진다. 아니! 돌궐이라니? KBS 역사 드라마 〈대조영〉의 발해 건국과정 이야기에 잠깐 나오던 그 돌궐이라는 말인가? 물론 그렇다! 역사적으로 가까워진 느낌이 든다. 그런데 계산해 보면 1천 3백 년 전의 이야기가 아닌가? 고구려와 발해는 고대사ancient history에 속한다. 하지만 그래도 이런 역사적 진실을 수용하니 뭔가가 또 달라진다. 그런데 돌궐은 7세기경에 동북아시아 중원의 북방을 차지하였었는데 돌궐의 후예라고 치더라도 유라시아의 서쪽 저 멀리의 셀주크 투르크와 오스만 투르크는 멀어도 엄청나게 먼 지리적 거리를 가지고 있지 않은가? 대한민국과 터키의 고대사의 역사적 근접성에 비해 멀어도 너무 멀다. 합리적인 설명, 과학적인 해설이 필요해지는 대목이 된다.

우선 터키어는 한국어, 몽골어, 만주어와 함께 '알타이 어족Altai language family'에 속한다. 중앙아시아의 우즈베크, 카자크, 투르크메니, 키르키즈, 투바와 같은 중앙아시아와 시베리아 남부에 퍼져 있는 '인족人族, ethnic group'의 언어들이 같이 묶여 있다.[1] 유라시아 대륙의 중위도mid-latitude 지역이 동서로 아주 길게 연결되는 것이다. 알타이 어족 언어의 산포dispersal는 초원Steppe이 이어져 있다는 사실에 크게 영향을 받는다. 그리고 서쪽으로 뻗어나간 언어는 유목민nomad의 이주정착사migration-settlement history와 관련되어 있다는 사실이 과학적인 설명이다. 반면에 중국어는 '시노티베탄 어족Sino-Tibetan language family'이라서 현재 한국인 집단과 가까이에 있는 인족의 언어이지만 다른 어족에 속한다. 중국어는 티베트어와 미얀마어버마어와 함께 묶이는 어족에 속한다.

중원의 당나라 초기와 중기까지는 북방에 돌궐이 있었다. 돌궐은 발해와도 교류하였고 몽골고원에 돌궐비문을 남기기도 하였다. 고구려도 7세기 보장왕대에 '초원의 길'을 통해 사신을 중앙아시아에 보내 벽화에 그 모습을 남기고 있다.[2]

〈그림 1〉 중앙아시아 사마르칸트 지역에서 발굴된 벽화에 나타난 7세기 고구려 사신

이는 고구려와 발해가 중국의 북방 지역과 중앙아시아에까지 교류한 아주 이른 시기의 증거를 보여주는 것이기도 하다. 당나라 현종대의 안녹산과 사사명의 반란 시기[AD755~763]에 돌궐을 이은 위구르가 당唐나라, 곧 대당제국을 구원해 주었다.[3] 돌궐 및 위구르의 일파는 9세기 중반 이후 현재의 신장위구르 지역의 북쪽 알타이산 줄기를 넘어 서쪽으로 옮겨가 중앙아시아의 아랄해Aral Sea 주변에서 살았다. 위구르 제국이 744년에서 840년까지 당나

라의 북방에 존재했다는 사실과 발해가 698년에서 926년까지 존속했다는 사실을 나란히 놓고 비교하면 돌궐 및 위구르와 교류했던 발해가 자연히 알려지게 된다. 돌궐과 위구르는 발해를 맥구려 貊句麗를 의미하는 뵈클리Bökli 혹은 혹은 중국어 음의 고려高麗[4]와 같은 '카울리'처럼 불렸던 것이다.

2. 투란Turan

세계지도를 펴 놓고 아랄해라는 염분이 있는 바다를 찾으면 그 동쪽의 지명geographic name에 '투란 평원Turan Plain'이 있다는 것을 알게 된다. 대한민국 사람들이 많이 듣던 길, '초원의 길'이 펼쳐진 공간이다. 투란이라는 지명은 20세기 이탈리아 극작가 풋치니의 오페라 〈투란도트Turandott〉라는 이름에 들어가 있다. 보통 중국이라고 알려져 있는 시대 베이징의 원나라 공주의 이름이 투란도트이다. 원나라 황제의 후궁 중 한 명이 딸을 낳을 수 있고, 그딸의 이름을 후궁의 고향인 투란을 붙여서 공주의 이름으로 부른것으로 보아도 무방하다. 고대의 페르시아가 현재의 이란Iran이라고 보면 페르시아의 본거지는 현재의 이란 지역의 남부에 해당한다. 그런데 현재의 이란의 수도가 있는 곳도 투란이라는 광범위한지역 이름으로 상정해 볼 수 있는 것이다. 테헤란보다 더욱 북쪽의 투르크메니 지역에도 투란이라는 지명이 있는 것으로 보아 투란이라는 지명은 투르크의 지역이라는 역사적 뉘앙스를 강하게 풍기고 있는 것이다.

이런 역사적－지리적 성찰historical-geographical reflection을 거치기 전, 보통의 대한민국 사람들은 그냥 터키라고 쓰고 영어로는 Turkey라고 하는 국호를 가진 나라가 유라시아 대륙의 서쪽 편에 존재한다는 정도로 알고 있다. 그리고 터키는 막연히 이슬람 종교와 문화의 국가이겠거니 하는 통상적인 정보에 만족하고 있다. 하지만 대한민국 국민의 이슬람문화에 대한 이해 정도나 익숙한 정도는 정말로 너무 없어서 말짱 꽝이다. 대한민국 언론과 방송도 마찬가지라서 터키가 어디에 붙어 있는지도 모를 정도의 기자들도 있을 것으로 의심할 정도이다.

터키가 위치한 지리적인 위치를 지칭하는 명칭은 '아나톨리아Anatolia'이다. 이 정도를 알고 있는 사람은 그래도 여행사의 패키지 여행에서 그리스－터키를 묶어서 기독교 성지를 포함하여 몇 개의 도시를 경험한 사람들의 경험담에 속한다.

아랄해 주변의 투란 지역으로부터 돌궐－위구르의 일파인 오구즈 투르크Oghuz Truk에서 기원한 셀주크 투르크가 더욱 서쪽의 아나톨리아로 이주하고 이후 셀주크 투르크－오스만 투르크 제국이 세워진다.[5] 셀주크 투르크1037~1157와 오스만 투르크1299~1922는 한반도의 왕王씨 고려왕조918~1392 및 조선왕조1392~1897와 거의 병행하는 역사적 궤적을 보인다. 천 년 전에 중원의 북방을 매개로 교류했지만 이동성의 유목문화 및 이슬람 문화의 영향을 강하게 받은 유라시아 서쪽의 아나톨리아 반도 국가와 정착 농경 문화 및 유교-불교 문화의 영향을 강하게 받은 유라시아 동쪽의 한반도의 국가는 문화적 분화cultural differentiation라는 주제로 비교해 보아야 할 흥미로운 현상인 것이다.

아니 왜 발해의 후예를 포함하는 한반도 사람들은 그 사실에 대해서 제대로 배우지도 못했을까? 당연히 의문이 생기게 마련이다. 분명히 우리가 배우고 가르치는 고대사와 근대사에 심각한 문제가 존재하는 것이다. 고대사와 근대사를 연결시키는 능력이 부족했음을 자인自認할 필요가 있다.

터키는 통상적인 세계사 중의 서유럽을 중심으로 한 근동近東, Near East과 원동遠東, Far East의 이분법에 의해서 서유럽에서 가까운 동쪽을 의미하는 근동지역 지식체계 아래 속해 있었다. 그런데 그러한 서유럽 중심의 세계사의 방위개념에 근거하여 그 지역을 근동지역 혹은 오리엔트Orient라고 부르는 대한민국의 우리는 누구인가? 솔직히 털어놓고 이야기해서 우리가 터키를 근동지역이나 오리엔트로 부르는 것이 당연하고 타당하다면, 우리의 통상적인 세계사 지식이 가리키고 있는 지리적 중심geographic centre과 이미지로 형성된 '심상적 중심imaginary centre'은 바로 서유럽이다. 대한민국에 살면서 사유 방식이 완전히 서구화된 것인가? 그리고 그것이 자라나는 새로운 20대들에게 혹은 일제강점기 때 교육받기 시작한 어르신 세대들에게 금과옥조로 여겨져서 바꾸면 안 되는 지식으로 분화되어 굳어져야 하는가? 바꾸면 불안해지는 절대적인 지식인가?

　　우리는 우리 지식의 지리적 중심, 곧 심상적 중심을 어디에 위치시켜야 할까? 지금 우리는 대한민국에 살고 대한민국은 한반도의 남부이다. 우리는 지금 여기 우리가 살고 있는 '공간'에 중심을 두어야 한다. 우리는 물리적 공간 혹은 지리적 공간만을 이야기할 수도 있다. 그런데 물리적—지리적 공간을 포함하는 우리의 의식consciousness 공간은 형성된 이미지image를 중심으로 심상적 공간imaginary space[6]을 형성하고 있다. 이 공간이 한반도 남부로만 축소되어 있을 필요는 없다! 한반도 남부로만 우리 의식의 이미지 형성 작용, 곧 '심상작용imagination'이 갇혀 있게 해서는 안 된다. 이미지를 형성하는 심상력imaginational power의 힘이 올바로 펼쳐지도록 해야 한다.

　　그럼 그 이상으로 어떻게 하란 말일까? 이미지를 형성하는 심상적 공간의 규모, 곧 스케일을 천천히 넓혀 보자. 우리가 성찰해 본 우리 자신은 완고하게 그 규모를 축소해 놓고 있다. 통상적으로 되어 있는 축소된 심상적 공간보다 '더욱 넓고 깊은' 심상적 공간 형성이 충분한 정당성을 가지고 있다.

3. 만주—한반도

우리는 우리 지식의 심상적 중심imaginational center을 찾았는가? 서유럽으로 구조화되어 있었던지 아니면 미국이나 일본으로 구조화되어 있던 우리 지식의 심상적 중심을 되찾을 수 있겠는가? 우리 지식의 심상적 중심을 찾고, 세우고, 확립하기 위해서 어떻게 해야 할까? 심상 작용을 올바로 선용하여 심상적 공간에게 무엇을 어떻게 해야 할까?

심상적 중심을 한반도韓半島 남부로 위치시킨 것은 무엇을 의미할까? 그런데 우리는 한韓반도라고 부르면 이게 왜 한韓인지 알고 있는가? 중국을 의미하는 한漢과는 발음은 같은데 왜 하필이면 구별해서 한韓자를 써야 하는가 말이다. 한반도 남부 국가의 나라 이름, 곧 국호國號가 대한민국大韓民國이고 우리는 스스로를 한국사람이라고 하기 때문이다. 대한민국, 한국사람과 동일한 맥락을 형성해 주는 것이 한반도라는 지명이다. 북한은 우리가 한반도로 부르는 반도를 조선반도朝鮮半島라고 한다. 영어로는 동일하게 Korean peninsular이다. 통상적으로 알려져 있는 우리 역사를 살펴보면 대한민국 이전에 조선, 고려, 발해, 신라, 백제, 고구려, 후조선, 전조선[7]이 있는데 어디에서 한韓을 찾을 수 있는가? 국호로 사용된 적이 없는가? 그러면 언제부터 우리는 한국韓國사람이라고 했을까? 솔직히 말하면 모른다. 알려고 생각해 보지도 않던 것이었다. 그냥 그렇게 가르쳐 주니까 배워서 그냥 쓴다.

한반도는 만주滿洲와 육지로 연결되어 있다. 압록강 건너, 두만강 건너면 그냥 만주이다. 한국사람들은 만주滿洲라는 말이 언제 만들어졌는지 모른다.[8] 그런데도 그냥 만주벌판은 옛 고구려의 영토였다고 떠들어 대고 있다. 사실이다. 그리고 만주는 현재 중화인민공화국의 영토領土가 아닌가? 중화인민공화국의 한족漢族들은 만주란 말을 쓰지 못하게 하려고 혈안이 되어 있다. 동북 3성, 곧 랴오닝성, 지린성, 헤이룽장성이라고 축소해 놓고 난리 부르스를 떨고 있다.

중국 한족漢族들에게 불편한 진실을 이야기하면 요령성의 서부와 연접한, 츠펑赤峰을 중심으로 하는 네이멍구 동부, 곧 내몽골 자치주 동부까지 합쳐야 바로 '올바른 역사적, 지리적 의미의 만주'이다. 중국 한족漢族들은 근대 일본역사가들이 농단해 놓은 1932년부터 1945년까지의 만주국을 위만주국僞滿洲國으로 곧 일본 역사가들이 괴뢰국傀儡國이라고 명명해 놓은 그대로를 악용하여 역사의 진실을 두번째로 왜곡하고 있다. 요동반도 뤼순을 조차한 일본군이 대청제국의 마지막 황제the last emperor 선통제 푸이를 텐진에서 구해다가 근대近代 만주국이 성립되게 한 것은 좋은 일을 한 것이었다.[9] 만주국은 창춘長春을 수도로 하고 '강덕康德' 연호를 사용하였으며, 상당수의 나라들로부터 외교적 비준을 받은 나라였다. 그런데 그 이후의 일본 근대사 집필가들의 괴뢰국으로만 그려내는 역사 왜곡은 아니올시다인 것이다.

만족滿族, 곧 3천만 이상의 만주족과 연변의 조선족朝鮮族은 한족들이나 역사 왜곡을 일삼는 일본 역사학자들이 생각하는 것처럼 생각할까? 만주 전역을 발로 닳도록 답사 다니면서 고구려 성곽을 연구한 서경대학 서길수 교수가 만난 요양 고씨遼陽 高氏 후예들이 있다. 누구의 후예인가? 고구려 장수왕의 후예로 조선어, 즉 한국어를 전혀 못하는 사람들이었는데, 우연히 만난 서길수 교수와 이야기하다가 장수왕으로부터 내려온 족보族譜를 보여 주었다. 그들은 우리가 조선족이었군요 하면서 중화인민공화국 주민등록에서 한족漢族에서 조선족朝鮮族으로 공식적으로 바꾸어 버렸다. 요양 고씨는 만주족이라고 해도 되었을 것이다. 만주족이나 조선족이나 '형제민족'인 것이기 때문이다. 대한민국 학생들이 배우는 고대사古代史에는 부여와 고구려가 있다. 적어도 부여와 고구려는 만주의 전체를 차지하고 있었다. 그리고 3천만 이상의 만주족과 조선족이 아직도 그 땅에서 살고 있는 것이다. 다시 한번 물어 보자. 역사적으로 대한민국 이전으로 올라가서 조선, 고려, 발해, 신라, 백제, 고구려, 후조선, 전조선이 있는데 어디에서 한韓을 찾을 수 있는가? 자신에게 되물어 보자, 스스로 찾아 보았는가?

인류 집단, 곧 인족을 연구하는 근대적 유전학의 시각에서 만주족은 우리 한민족과 '형제 민족brother people'이다.[10] 한韓민족은 남부 한족漢族과는 유전적으로 상당히 차이가 나지만 만주족과는 그렇게 차이가 나지 않고 가까운 것으로 나타나는 과학적 증거가 분명히 존재한다. 무엇이 이러한 과학적 사실을 무시하거나 간과하게 만드는가 하면 300여 년 전의 병자호란에 대한 우리의 지나친 혐오감이다. 만주족이 세운 청淸나라 황제인 아이신기오로 홍타이지愛新覺羅 皇太極가 조선의 반정 성공 이후 즉위한 국왕인 인조에게서 이마를 땅에 대는 구고두九叩頭를 하게 했다고 하는 '크게 상처입은 자존심'을 그대로 물려 받은 한국 사학자들의 어설프고 생뚱맞은 고집이 이러한 사실을 올바로 보지 못하게 하였다. 동북아시아의 역사라는 좀 더 넓은 시각에서 대청제국과 조선은 굉장히 가까운 혈통적 관계를 가지는데도 불구하고 전근대적 시각에서 벗어나지 못하고 있는 것이다.

청나라 고종건륭제이 낸 『만주원류고滿洲源流考』[11]를 올바로 제대로 보라! 발해로부터 고려 중기에 베이징을 수도로 한 금金나라를 거쳐서 자신들의 여진족, 곧 만주족이 기원하고 역사를 이어왔다고 중원 사서를 고찰하고 발췌하고 청나라 발상지와 조상의 황릉들에 능행한 청나라 황제 자신의 시들을 중간 중간에 삽입하고 있지 않은가?

필자가 『단묘궁릉壇廟宮陵 문화-서울과 베이징』에서 강조했던 것을 다시 반복해야겠다.[12] 우리가 만주족과 청나라를 보는 시각은 역사적 산물이다. 과학적 증거에 근거하여 다시 되새겨 볼 필요가 있다. 배타적 이민족 개념과 그에 기초한 역사관은 동북아시아의 미래와 평화를 위해서는 바람직하지 않은 인식을 유발한다. 현재의 한국 역사학에는 배타적 이민족 개념에 의해서 구도화된 시각에서 선택된 역사적 사실을 사료로 하고 있다. 이 때문에 동북아시아 문화를 보는 시각을 상당히 편향되고 왜곡되게 만들었다. 역사상에 나타나고 사라졌던 동북아시아 국가들이 가진 문화를 이해하려면 이러한 편향되고 왜곡된 시각을 버려야 한다. 단묘궁릉 문화를 통해서 살펴보는 역사는 균형있는 시각을 형성하는 데 필요하다. 만주족은 일본학자들이 이해하고 왜곡하였던 것처럼 샤머니즘이 주류가 아니었고, 베이징으로 입관하기 이전부터 유교적 제도를 충분히 가지고 있었으며 이후에도 라마불교와 이슬람문화도 아우르는 국제성을 가진 다양성과 통합성의 문화를 가지고 있었다. 유교적 국가 제사에서도 조선보다 더욱 자주적이어서 만문과 한문을 위판과 신주에 같이 병치해서 쓰는 선진성과 진보성을 보였다.[13] 조선이나 대한제국에서 위판에 한글과 한문을 병치해서 쓰는 것은 아마도 단발령 때의 자기 목을 베라는 유림들의 저항과 비슷한 격렬한 반대를 몰고 왔을 것이다.

4. 문화적 정체성과 개념

우리 지식의 심상적 중심을 찾아 보거나 정립 혹은 확립 및 보전하는 길은 여러 가지가 있을 수 있다. 그런데 우리가 일상적으로 쓰는 한국어 단어 속에서 여러 가지 사물과 의미를 포함하는 단어나 어구를 찾고, 그에 대해서 여러 다양한 측면의 자료 조사 및 정보 수집, 의식적 고찰 및 분석을 해 보는 것이 좋다. 이러한 단어 혹은 어휘를 '개념어槪念語'라고 한다. 쉽게 말해서 '개념 잡고 사는 것'이 편하다. '개념 있는 사람들'이 자신의 생활세계lifeworld를 나름대로 유용하고 편리하게 구성한다.

우리의 심상적 공간imagery space은 일정한 기준을 통하여 "나는 혹은 스스로가 누구인가?"를 설명해 줄 수 있게 되기도 한다. 정립된 심상적 중심은 여러 가지 개념어들을 통해서 일상적 삶의 세계와 관련을 가진다. 그리고 그 심상적 공간의 규모를 확장시키고 정밀화 및 세련화시키기도 한다.

세련화 및 정밀화된 심상적 공간은 상당한 역사적 – 지리적 규모를 가지는 우리의 '문화적 정체성cultural identity'과 강하게 연결된다. 이러한 문화적 정체성을 이전과는 달리 강하게 의식하게 되면 그동안 보이지 않던 것이 많이 보이고 그것을 묘사하고 기술하려는 욕구를 가지게 된다. 새롭게 인식된 그 많은 것들은 단순하지도 않고 복잡하다. 따라서 다양한 측면이 여러 가지 방식으로 구조화된 우리의 '문화적 정체성'은 여러 측면이나 층위stratum로 구성되어 상당한 복합성complexity을 가지게 된다.

터키의 사례는 우리의 문화적 정체성의 복합성을 강하게 드러나게 해주는 사례이다. 터키어는 언어학적으로 알타이어족Altai language family이라는 사실을 아는 사람들은 한국어, 만주어, 몽골어도 이 알타이어족 언어라는 사실을 깨닫고 놀란다! 아니 문자는 서로 다른데 주어 – 목적어 – 술어동사 혹은 형용사의 용언의 순서로 된 교착어라는 사실을 알고는 "이게 뭔가요?"를 물는 사람들에게 어렵지 않게 대답해 줄 수 있을 것이다.

터키어가 알타이어족의 일원이라는 사실과 함께 1천 3백 년 전의 돌궐 – 발해의 교류가 근대에도 터키 – 한국으로 이어지는 사례는 세계사에서도 굉장히 드문 역사적·문화적 사례이다. 터키는 한국전쟁1950~1953이 발발하였을 때 대한민국을 위하여 미국과 함께 가장 먼저 파병派兵한 나라들 중의 하나이다. 터키는 3권 분립의 민주공화국 헌법을 가진 대한민국을 구원하기 위하여 유엔군의 일원이었던 노병들이 존재하는 나라라는 것이다. 또 하나가 있다. 2001 한일월드컵에서 터키와 대한민국은 나란히 4강 신화를 창출하였다. 역사는 우연과 필연의 산물인 것이다. 고대와 근대를 넘나들면서 이러한 문화적 정체성의 복합성을 살펴본 것은 우리의 '지금 여기'를 올바로 이해하고 살고자 하는 욕구에서 나온 것이다.

'지금 여기'는 시간적으로 근대近代를 가리키고 있다. 근대는 영어 단어 modern에 상응하는 말이다. 이것을 근대近代와 현대現代로 더욱 쪼개어 살펴보는 것은 일본식의 엉터리 개념어 사용이라고 단정하자! 일제강점기식 인식얼거리epistemic framework와는 상관 없이 근대라는 용어만을 써도 된다. 근대, 근대성modernity, 근대화modernization! 이런 실천을 하고 일상생활을 하는 우리는 현대사 혹은 근현대사라는 말을 쓰면서 내용이 없는 사건 서술에만 그치던 나쁜 사고습관에서 벗어날 필요가 있다.

근대성이니 현대성이니 일상적·역사적 관련 없이 개념없이 헷갈리게 해놓고 모더니티modernity나 포스트모던postmodernity을 현학적으로 떠들어 보았자 심상적 준거를 서구에다 위치시키는 허영일 수 있다. 우리 일상적 생활세계에 필요한 것이 아닐 수도 있다. 1960~1970년대 박정희 정권의 정치적 슬로건이었던 '조국 근대화'에 대한 이야기도 허공에서만 맴돌다 말 수 있다.

우리의 심상적 공간의 기준을 정초定礎하는 사례는 '서구西歐'라는 용어를 통해 살펴볼 수 있다. 우리는 '서유럽Western Europe'을 한자를 차용하여 서구西歐라고 쓴다. 원래 1세기 전에는 유럽을 '구라파歐羅巴'라고 음차하여 발음하였다. 서부 구라파를 줄이면 서구가 된다. 그래서 서구적이라는 말은 서유럽적이라는 의미의 단어가 된다. 그런데 이 한자어 구라파를 현대 중국사람들에게 발음해 보라고 하면 '우라파'로 발음한다. 왜 그럴까? 우리 한자漢字의 '구'

歐는 중국어에는 '우'로 발음된다. 아직도 그렇다. 현대 중국어 발음도 그대로 우라파이다. 1세기 이전의 시대에 청나라, 곧 대청제국이 오이로파Europa를 우라파歐羅巴로 음차音借하였는데, 적어도 1천 년간의 발음차가 나는 중국과 한국의 음운차이에 의해서 한국은 구라파로 쓰고 읽게 된 것이다.

이렇게 서구와 구라파 같은 실제의 사례를 제시하는 이유는 현대 한국어에서 1세기 이전 무렵 근대화 시기 일본에서 번역되어 정착되기 시작한 용어[14] 혹은 개념이 엄청나게 많이 들어와서 대다수가 현재 쓰이고 있다고 하는 오해 혹은 오류적 개념 misconception을 이제는 교정해야 할 때가 되었기 때문이다. 정답을 이야기해 두면 일본 번역 정착 용어의 수가 통념이 상상하던 만큼 그렇게 많지 않다는 것이다.

우선 한국 사회의 한국어 개념어의 근간이 되는 대다수가 조선 500년의 법치국가 경영에서 굳어진 개념어들이고, 현재 아직도 쓰이는 것이 많다는 진실부터 알려야 하겠다. 다음으로 1876년 개항 무렵, 곧 개항 이전과 이후에 대청제국에서 일하던 서구인들에 의해서 중원에서 번역된 개념어들도 많이 들어와 사용되고 있었다. 개항 이후와 일제강점기에 일본에서 번역된 개념어들이 들어와서 이전에 사용되던 개념어들을 대치 혹은 치환replacement하는 경향을 보였다. 그러다가 현재 혼용되어 있던 것이 국어순화와 철학적 개념 분석들에 의해서 다시 한국어화하고 있다는 사실이다.

최근의 2016~2017년 촛불혁명[15]과 헌법재판소라는 상징을
통해서 우리의 심상적 공간에서 일상적인 그 어떤 것이 되어 버린
헌법憲法은 역사적으로, 문화적으로 어떤 모습을 가지고 있을까?
다시 말하면 헌법이라는 말 혹은 전문적 용어는 어떠한 역사적 궤
적trajectory을 거친 것일까? 헌법이라는 실체는 어떻게 제정되어 공
포되었을까? 그 시원적 모습은 어떠했을까? 헌법이라는 용어의
창출, 혹은 수용, 혹은 정착의 '사회적' 과정은 어떠한 역사적 궤적
을 거쳤을까? 헌법이라는 개념concept이 먼저였을까? 말하자면 개
념에 상응하는 실체가 먼저 제정되고 이후에 그것이 헌법이라고
지칭되면서 실체를 가진 개념어로 정착되었을까? 아니면 헌법이
라는 용어 혹은 개념어가 먼저 만들어지면서 그 실체가 제정되고
그에 따라서 헌법을 상위법 조항으로 하는 하위의 여러 개별 법률
들이 생겨났을까?

5. 개념사 – 촛불혁명, 헌법재판소, 역사적 궤적

'헌법' 개념concept의 역사적 궤적을 추적해 보는 것은 의미가
있다. 현재 대한민국 헌법은 1987년에 제정된 것이 30여 년간 지
속되고 있다. 1948년 제헌헌법 이후로 제9차 개정으로 형성된 것
이다. 그런데 이렇게 '87년 헌법'이 제정되고 문헌으로 존재하게

만든 역사적 관성이 생긴 것, 헌법이 국가의 제도와 국민이라는 의식 형성에 지대한 '사회적' 영향을 끼치기 시작한 것은 언제부터 어떠한 역사적 궤적을 거쳐서 형성되어 관성을 지니게 된 것일까? 헌법 개념은 언제부터 어떠한 역사적 궤적을 거쳐서 대한민국 사회의 '87년 헌법'으로 정착되게 되었을까? 헌법이라는 말 혹은 전문적 용어는 어떠한 역사적 궤적을 거친 것일까? 헌법이라는 용어의 창출, 혹은 수용, 혹은 정착의 '사회적' 과정은 언제부터 어떠한 역사적 궤적을 거쳤을까? 대한민국으로 귀결되는 역사상에서 헌법이라는 개념은 어떤 역사적·사회적 맥락을 가지고 언제 생겨났을까?

개념의 역사history of concept는 구체적 역사 자료들에 기초하여 이미지실상가 그려진다. 헌법에 관련된 재판을 전담하는 제도인 대한민국의 '헌법재판소'는 의원내각제를 채택한 제2공화국 시대에 설립되고 있었다. 1960년 '4·19혁명'으로 이승만 행정부가 선거부정으로 무너지고 난 이후 내각책임제가 제2공화국 시대에 설치되려고 할 무렵에 '5·16군사정변'으로 좌절되었다. 1987년 대학생과 시민들에 의한 대통령 직선제 개헌 운동에 의해서 성립된 '87년 헌법'에 와서야 헌법재판소가 부활되어 운영되기 시작하였다. '87년 헌법' 체제하에서 대통령 탄핵 심판은 두 차례가 있었다. 노무현 행정부와 박근혜 행정부에서 발생하였던 헌법재판소의 탄핵심판의 결정은 두 케이스가 반대로 나왔다.

2019년 100주년을 맞이한 대한민국 헌정사憲政史에서 대한민국 임시정부 시대인 1926년에도 탄핵에 의한 (임시)대통령 직무 중지의 사례가 있었다고 하면 흥미가 생긴다. 1919년 대한민국 임시헌법에 의해 선출된 이승만 초대 (임시)대통령이 그 대상자였다. 대한민국 임시정부는 1926년에 헌법을 처음으로 개정하고 새로운 정치체제를 실험하면서 항일독립운동을 지속하였다.

우리는 근대사에 존재하는 우리 나름의 '헌법주의Constitutionalism'에 대해 올바로 인식하지 못하고 있었다. 또 그 이전 조선 500여 년간의 기초 법전과 그 입법 과정에 대해 너무도 무지했다. 그리고 그런 기초 법전의 전통 위에 고종 조정에서부터 근대화가 진행된 역사적 사실에 대해서도 별로 관심을 기울이지 못했다. 헌법 개념이 형성되기 시작하여 한 국가를 운영하는 데에 헌법이 중요하기 때문에 제정하고 그에 따라서 운영해야 한다는 헌법주의로까지 진화해 온 궤적이 묘사되어야 할 필요가 있는 것이다.

1876년 개항 전후로 서구적 제도와 과학기술이 도입되고 사회가 변화되면서 겉모습도 개항 이후에 서구화되기 시작하였다. 현재의 우리의 모습이다. 물론 그 이전에 조선 나름대로의 화폐경제가 성립되었기 때문에 현재 우리가 생각하는 경제적 사고 방식은 18세기 정조 시대1776~1800 사람들에게서도 이미 찾아 볼 수 있다. 세계 자본주의 체제에 편입되기 전부터 우리 나름의 경제주의적 사고가 생겨나 있었다. 1873년 개항 이후로 직접 서구의 문물이 들어와서 도성 한성漢城의 모습이 변하고 도로와 위생 관념이 들어오기 시작하면서 생활세계의 변화는 법제에도 반영되기 시작하였다. 전보, 전기, 철도와 같은 과학기술의 도입에 의한 사회 변화에 따라서 개념들도 바뀌고 새로운 '사회적' 배열을 가지기 시작하였다.[16] 이러한 변화는 일제강점기에 시작된 것이 아니다. 독자적인 근대화가 성과를 낼 무렵 즈음에 외세에 의해서 1910년 우리식의 국가 근대화의 진행이 36년간 중단되는 역사적 방해를 받은 것이다. 정치적으로나 법제사적으로 9년여 정도의 휴지기를 지나서 1919년부터 첫 민정헌법인 대한민국 임시헌장 및 임시헌법을 만들고 헌법주의를 지속시켜버린 '사회적 현상'이 발견된다.

최근의 2016~2017년 촛불혁명[17]과 헌법재판소라는 상징을 통해서 우리의 심상적 공간에서 일상적인 그 어떤 것이 되어 버린 헌법憲法은 '개념적으로' 어떤 모습을 가지고 있을까? 130~140여 년 전의 우리 선조들이 걸어가기 시작한 역사적 궤적은 이러한 개념들의 변화와 함께 살펴볼 수 있다. 근대적 법제의 변화와 함께 구체적으로 살펴보는 것이 하나의 좋은 방편이기도 하다. 그러면 지리적 거리가 굉장히 먼 터키 - 투르크 - 돌궐이 한국전쟁과 월드컵 4강 신화에서 다시 대한민국의 국민들에게 구체적 경험으로 다가온 것처럼, 만주족 - 여진족을 300여 년 전의 병자호란에 의해 생긴 역사적 편견에 의해서 고구려 - 발해로부터 가지쳐 나온 형제 민족임을 '올바로' 보게 되는 것처럼, 근대적 심상적 공간에 근대화와 함께 다가온 근대적 법전인 『법규유편』과 헌법주의라는 사회적 현상이 어떻게 형성되어 지속되어 왔는지를 올바로 인식하게 된다. 그리고는 자신이 달라져 있음을 느끼게 될 것이다. 문화적 정체성에서 그동안 도외시되었던 층위가 올바로 인식되었기 때문이다.

제2장

법치국가 겸 예치국가 조선

조선^{朝鮮}이라는 전근대^{premodern} 국가가 법치국가^{法治國家}였다고 하면 의아해 할 것이다. 법치국가는 좀 어려운 개념이라서 대답을 잘 못 한다. 쉬운 질문을 한다. 조선의 법전은 무엇인가요? 퀴즈에서 질문이 나오면 삑 하고 버튼을 누르고는 국사^{國史} 시간에 배운 대로 '경국대전^{經國大典}'이라고 정답을 맞추면 된다. "경국대전은 어느 조선 국왕때에 편찬되었는가?"라는 퀴즈 문제가 나오면 "성종^{成宗}!"이라고 답하면 '딩동댕!'과 함께 아나운서의 "정답입니다"가 나오고 점수가 올라간다.

그런데 좀 더 수준이 높은 문제, 곧 깊이가 있는 질문으로 "경국대전이 존재했기 때문에 '법치국가'였나요?"라는 대학학부나 대학원 중간시험 및 기말시험 수준의 문제가 나오면 주관식으로 서술하기가 어려워진다. 그리고 그 시험문제는 "조선이 법치국가인지 아닌지에 대해 서술하시오"가 되고 답안지^{B4} 혹은 ^{A4} 용지 서너 장이 더 메꾸어질 수 있다. 역사적 사실과 연대를 정확하게 많이 쓰고 논리가 치밀하면 분명히 A학점이나 A플러스 학점이 나가게 되어 있다.

나아가 이 문제는 대학원 시험문제일 뿐만 아니라 석사학위 청구 논문 주제나 박사학위 청구 논문 주제에서 다루는 '문제틀problematics'[1]이 되기도 한다. 조선 왕조1392~1897는 제대로 된 법전法典이라도 있었나? 전근대 사회의 법전이 무슨 연구할 가치가 있나? 일본제국에게 망한 국가, 근대화에 뒤처진 전근대 국가에게 법치국가라는 '고상한 역사적 수사'를 붙여줄 필요가 있을까? 1948년 재건된 대한민국은 「제헌헌법」이 처음이고 전근대 조선과는 아무런 관련이 없이 '식민지근대화colonial modernization'로 독일식 – 일본식 법제와 연결된다고 생각하고 있는 것이다. 그들에게는 전근대 조선과 2019년 현재의 대한민국은 법제상으로는 아무런 연관성이 없는 것이다. 이러한 사고 방식을 가진 법전문가들이 현재의 대한민국에 존재한다는 사실은 조선 – 대한제국 – 대한민국의 역사적 연속성historical continuity에 너무도 무지한 '그들의 일그러진 자화상'이다.

근대사 집필가라고 하는 사람들도 1910~1945년 일제강점기 시대의 성격을 '식민지 근대화colnonial modernization'라고 함부로 정의해 버리는 것이 정당하다고 여기고 의심하지 않는다. 강제로 나라의 국권을 침탈한 일본제국으로부터의 독립 운동의 대의와 국외 망명 운동가들의 목숨을 건 투쟁은 인정하지만 실제로 총독부 통치하에서 이제까지 없었던 근대적인 모습이 거의 모두 만들어지기 시작하고 향유되지 않았느냐는 안일한 역사 해석을 늘어 놓기 일쑤이다. 근대성modernity을 규정하는 '지금 여기' 현재의 생활 양식과 사고 방식과 비슷한 습관들의 주요한 골자가 식민지 경험을 통해서 형성되었다고 하는 터무니 없는 주장으로까지 확대될 여지를 안고 있다. 1894~1895년 갑오을미개혁으로부터 시작된 우리식의 점진적인 근대화가 고종 조정 중기 이후1873~1907 좋은 성과를 내고 있었다는 최근의 근대사 연구의 결과[2]는 무시한다. 그 바람직했던 역사적 궤적이 일제강점으로 방해당하고 36년간 막혀 있었다고 보는 것이 정확한 역사해석이 아니냐고 반문하면 대답이 없다.

헌법주의라는 대한제국─대한민국의 사회 현상을 인식하는 국민이라면 우리의 근대성이 적어도 1880년대 고종 조정 중기[3]에서 현실화되기 시작하였고, 그 맹아는 이미 200여 년 전 서학西學의 영향을 나름대로 흡수하면서 청나라 고증학 및 양무운동, 변법자강운동과 상호작용하는 18세기 후반 정조대부터 19세기 중반 철종대까지의 기간에 형성되기 시작하였다[4]고 본다. 이 때문에 식민지 근대화라는 것은 '근대화의 부재absence'이며 오히려 '자주적인 독자적 근대화의 방해 시기'였다는 것을 증명하려고 한다. 근대성의 제도적이고 현실적인 모양이 고종 조정 중기에 구체화되기 시작하여 명실상부하게 '개화開化'라는 대세를 형성하고 있었다는 역사 인식이 중요하다는 것을 깨닫는다. 일제강점기는 우리의 독자적 근대화의 방해 시기이며 독립운동과 민주정치가 병행된 초기 민정헌법 시기[1919~1945]를 중심으로 하는 역사 서술에 의해서 균형진 역사 이미지가 만들어져야 한다고 주장한다.

근대성에 대한 올바르고 균형있는 역사 의식의 반대 방향 벡터가 '지나치게 강하게' 작용하여 19세기 조선사에 대한 올바른 연구의 부재를 초래하였다. '올바른 학문적 전제들'하에서 정조 사후의 순조대에서 헌종과 철종대의 역사학, 곧 19세기 조선사에 대한 연구는 별로 없다고 해도 과언이 아니다. 그것은 19세기 역사가 가지는 중요성을 그 시대 자체의 논리와 사회 성격을 가지고 연구한 결과물들이 존재하는 것이 아니고, 모든 조선 사회의 모순들이 1910년의 국망國亡과 연결된다는 '어설프면서도 모순적인' 역사인과론historical causality을 추종하였다. 국망 원인 찾기에 몰두한 나머지 19세기 조선 사회 전체가 국망으로 가는 열차였던 것처럼 역사적 이미지historical image가 형성되어 있다. 이러한 경향을 과학철학적 용어인 환원주의reductionism의 나쁜 경향을 원용하여 '국망환원주의'라고 할 수 있다. 국망환원주의에 사로잡혀서 국망 원인 찾기에 과도하게 주목한 나머지 사회 변동과 19세기 문화의 성격 규정이라는 '올바른' 전제하에서의 연구와 역사 서술이 아니라 당시의 조선 사회가 가지고 있던 부정적인 측면인 당쟁, 지방관의 비리, 사회 작동의 불능, 권력 투쟁과 세도정치 같은 과도하게 부풀린 편협한 사고를 전제하고 연구된 결과만을 교육하여 온 결과이다.

18세기 조선사에 대해서도 같은 일그러진 역사적 이미지가 그려져 있어서 교정해야 한다. 숙종대의 당쟁黨爭은 그 배경에 선대인 효종과 현종대의 국방력의 증대에 따른 강력한 군대를 배경으로 한 조정에서 당파를 이룬 관료들이 하루아침에 몰려 나가는 '환국換局 정치 시대'였다. 그럼에도 불구하고 그 폐해를 과도하게 강조하여 가르쳐 왔다. 이에 따라 숙종이라는 국왕은 인현왕후 및 희빈 장씨, 숙빈 최씨와 같은 후궁들과 연결된 정치 세력에게 휘둘린 듯한 시청자의 재미를 끄는 픽션fiction에 근거한 역사 드라마의 심상image만을 가지게 된 것이 사실이다. 그리고 그 드라마적인 심상을 학문적으로 정합성coherenece을 이루게 맞추어 두고 있었다. 이 때문에 보통 사람들이 숙종 당대의 역사적 진실에 대한 구체적 역사 서술을 들으면 이상하게 들리고 고개를 갸우뚱하게 되어 있었다.

그런데 실상은 숙종대는 굉장히 무서운 시대였다. 사당이름인 묘호廟號에 엄숙할 '숙肅' 자를 선택하여 넣은 숙종대를 경험한 고위층 관료들의 역사 회고는 정말로 겁나는 임금이 국정을 주도하던 시대였다는 것이었다. 조선의 임금이 승하하면 국장도감, 빈전도감, 산릉도감의 3도감이 만들어지는데 봉상시奉常寺를 중심으로 하는 국장도감에서 승하한 대왕의 묘호廟號를 논의하여 정하게 된다. 그때에 3가지 선택지가 올려지고 다음 왕으로 등극한 임금이 선택하게 된다. 희빈 장씨의 아들인 경종이 선택하였지만 실제로 숙종대를 경험한 신료들의 의견이 반영된 것이다.

엄숙할 '숙肅' 자로 묘호가 정해진 고려의 숙종 시대도 마찬가지였는데, 조카인 헌종을 몰아내고 삼촌이 등극한다. 조선의 세조가 단종을 몰아낸 것과 같다. 그리고는 개경에서 남쪽의 한성 지역, 곧 양주楊州로 천도할 생각을 하기도 하고 실제로 지관을 보내서 알아보기도 한다. 고려 숙종대에도 많은 고려 조정의 사대부들이 죽음에 내몰렸다. 그래서 묘호의 글자는 그 임금을 경험한 조정의 신료들과 나아가서는 그 당대의 승하한 대왕에 대한 일정한 역사적 평가를 담고 있다.

숙종대에는 선대부터의 군비 증강에 따라서 북한산성에 양주행궁을 갖추고 남한산성에는 전시에 대비한 우실右室과 좌전左殿을 마련하였다. 묘호가 없이 공정왕으로 신주에 쓰여 있었던 조선 제2대 정종定宗의 묘호도 정해지고, 노산군으로 강등되어 신주도 없이 떠돌던 단종端宗의 묘호도 정하고 신주를 마련하여 종묘의 영녕전에 부묘하였다. 이러한 종묘 신주 배열의 정비와 함께 『종묘의궤』가 편찬된다. 숙종의 큰어머니인 소현세자빈 금천 강씨의 인조대의 비극을 되돌리는 복위가 이루어지고 신주가 만들어져 소현세자 사당에 모셔지고, 소현묘와 민회묘의 정비가 이루어졌다. 살아남은 소현세자의 막내 아들도 복권되어 종친대우를 받았으며 종학宗學에서 교육을 받게 되었다. 숙종의 왕권이 미약하거나 강직한 성격의 군주가 아니었으면 이러한 정치적 사안에 대해서 반대를 하는 신료들의 저항에 도저히 성취할 수 없는 예제의 말끔한 정비가 이루어진 것이었다.

워낙 많은 신료들이 죽어나가기 때문에 숙종대 말년에 박세체의 '황극탕평론皇極蕩平論'이 제시되고 영조대에는 결국 '탕평비'를 반궁泮宮 성균관에 세우게 되는 지경에 이르게 되는 것이었다. 이런 역사적 사실들이 전제되어야지 좀 더 많은 역사적 증거와 사료史料들의 앞뒤가 들어맞게 되어 있다.[5]

엉성한 이론의 근대화론자들은 사회진화론의 영향을 비판하면서도 구미 열강歐美 列强 — 약소국弱小國 이분법에 매몰되어 대한제국大韓帝國을 '구한말舊韓末'[6]이라고 부끄러워하면서 두루뭉술 지칭하는 사고습관에서 벗어날 생각을 하지 않는다. 백수십여 년 전에는 그 이분법이 적절하였다고 한번 허용해 주면 기고만장한다. 정색하고 다시 '지금 현재도 그렇게 외세 중심의 사회 변화의 역사만을 부둥켜 안고 앞으로도 살아갈 것이냐?'고 물어 본다. 그러면 그들의 대답은 어쩔 수 없지 않느냐는 식이다! 이러한 역사적 인식을 가지는 것이 보수保守 진영이라느니 진보進步 진영이라느니 하면서 서로를 밀치거나 어떤 때는 정당화 논리로 사용한다.

이러한 생각에 쉽게 사로잡히는 '그들'은 전문가나 일반 국민이나 남녀노소를 불문하고 모두 '역사적 불연속성historical discontinuity의 함정'에 빠져서 허우적 대고 있는 것이다. 불연속성은 연속성과 같이 근대화 과정에서 병치되어 나타난다는 사실을 간과하는 것이다. 일본제국의 대한제국 강점, 곧 식민지 시대를 거의 절대적 기준으로 삼는 '식민지 함정colonial trap'에 빠져서 헤어나오지 못하는 근대주의자들modernist[7]이다. 근대는 식민지 시대를 기준으로 전근대와 명확한 구분선, 곧 불연속선을 그으면서 나타나는 '지금 여기'의 대한민국 사회의 성격이나 특성이라는 단순근대화simple modernization[8]의 그릇된 개념에서 빠져 나오지 못하는 사람들이다. 역사 의식의 측면에서 1910~1945년은 식민지 시대가 아니고 '독립운동 시대Independence Movement Era'가 정확한 것인데도 불구하고 그 합리적 역사 해석을 애써서 부정하려고 하는 것이다.

그런데 역사의 실상을 살펴보면 그들의 무례하고 어설픈 서사narrative가 별로 맞지 않는다는 '불편한 진실'에 직면한다.[9] 우선 18세기와 19세기 조선사가 그들에게 이러한 불편한 진실을 제공해 준다. 그리고 더욱 통시적으로 조선이라는 나라는 '법전'을 구비하고 그 법전에 근거하여 국가를 경영하는 나라였다. 서구적이지 않고 근대적이지 않은 양식으로 구성된 것이긴 했지만 법전은 법전이 아닌가.

또한 조선은 법을 만드는 입법立法의 과정을 나름대로 가지고 있던 나라였다. 근대적이지 않고 약간 구식에 사회주의자들이 '봉건적封建的'이라는 형용사로 수식하는 느낌을 가지긴 하지만 그래도 그런 과정을 구비하여 국가를 경영하였다. 문제는 이러한 실제 증거와 문헌이 존재하는 데도 불구하고 자신들이 가진 서구적인 이념과 사적인 이해관계에 근거하여 부정하려 하고 그 존재 자체도 은폐하려는 학자들과 정치가들이 아직도 활개를 치고 다닌다는 것이다.

1. 조선의 기초 법전, 경제육전經濟六典으로 시작하다

1392년에 창업된 조선朝鮮은 법치국가法治國家였다!『조선실록 조선왕조실록』[10]의「태조실록」부터 그 증거가 넘쳐난다. 검색을 통해서 실제로 한글을 아는 사람들이면 한글로 번역된 본문을 누구나 확인할 수 있다. 대한민국 '국사편찬위원회'의 조선실록 서버server의 검색창에『경제육전經濟六典』을 입력하고 검색해 보면,『경제육전』의 존재를 금세 확인할 수 있다. 이『경제육전』이 바로 조선의 첫 번째 군주君主 태조의 '수교受敎'를 받아서 법제화되는 6개의 개별 법전이었다는 것을 알 수 있게 된다. 그 6개의 법전[11]은 이전吏典, 호전戶典, 예전禮典, 병전兵典, 형전刑典, 공전工典이었다. 그리고 주로 태조의 종묘 배향 공신인 조준趙浚이 중요한 역할을 했음이 입증된다.

태조 6년[1397], 고려 우왕 14년[1388]에서 당시까지의 법령을 도평의사사 소속 '검상조례사檢詳條例司'에서 모아서 편찬하고 시행에 들어갔다. 태종 7년[1407]에는 '속대전수찬소續大典修撰所'를 설치하여 이후의 법령들을 정리하여 태종 13년[1423]『경제육전』 '속전續典'을 편찬하였다. 이전 것은『경제육전』 '원전原典'이 되었다.

태조, 정종, 태종, 세종, 문종, 단종대까지 시의에 적절하게 새로운 국법이 국왕의 수교를 거쳐서 제정되었고 당대의 현실에 맞지 않는 국법은 국왕의 재가를 거쳐서 폐지되었다. 말하자면 입법立法 과정과 개정 및 혁파폐지의 과정이 조선 태조 때부터 시작되어 유지되었다는 것이다.

세조대에 와서 태조부터 단종대까지의 경제육전은 새로운 이름인『경국대전經國大典』으로 교체된다. '경국대전'이라는 이름은 세조가 붙인 것이다. 그리고 세조대에『경국대전』의 호전戶典과 형전刑典이 완성되어 공포된다. 그리고는 예종대에 6개의 개별 법전이 완성되어 일차 간행된다. 그리고는 1471년 성종 즉위년부터『경국대전』이 반포되고 시행되는데, 그 이후의 변경 사항을 정리한 1485년[성종 16] '을사乙巳 대전'[12]을 주로『경국대전』이라고 한다. 성종은 그 이후에도 법개정의 필요성이 발생하는 것을 감지하고 '감교청勘校廳'을 설치하여 1492년[성종23]『대전속록大典續錄』을 편찬하고 다음해에 시행하게 한다. 성종대 내내 수교受敎의 과정이 있었던 것이다. 연산군대의 혼란을 반정反正으로 극복한 1493년 대전속록의 시행 이후부터 중종 36년까지의 변화를 반영하는『대전후속록大典後續錄』이 간행되고 시행된다.

조선 조정朝廷의 조직을 규정하는 조항이 「이전吏典」과 「병전

兵典」에 많아서 대한민국 정부조직법에 해당하는 조항들이 존재한다. 현재는 국방부가 일개의 행정부 여러 부ministry 중의 하나이지만 조선 조정은 관리를 문관文官과 무관武官으로 이원화하였다. 그리고 조선이라는 국가의 여러 제도들에 대한 조항들이『경국대전』으로 대표되는 법전들에 규정되어 있다. 동북아시아의 고대로부터의 법法이나 율律의 개념이 죄罪에 대한 형벌刑罰과 밀접히 관련되어 있었던 역사적 증거[13] 중의 하나는 「형전刑典」을 펼치면 가장 먼저 나타난다. 형전의 첫 항목 '용율用律'은 한 문구로 '대명률을 적용한다用大明律'이다. 대명제국, 곧 명나라의 처벌 규정을 원용한다는 규정이다. 이 부분은『대명회전大明會典』이라는 명나라 법전의 처벌 규정을 준거로 하는 것이다. 죄에 대한 처벌 규정의 사례는 '금제禁制'에서 금지 및 단속하는 규정의 뒤에 나열되어 있다. 예를 들어 국가 역원의 역말을 함부로 타는 자와 사적으로 내주는 자는 장형 100대杖一百와 도형 3년徒三年이라고 되어 있다.

금제에 규정된 조항 중에 일반 백성에게 굉장한 중요성을 가지는 조항을 하나 살펴보자. 조선의 난방취사 연료가 나무와 풀섶이었던 역사적 사실과 관련하여『경국대전』「형전」「금제」에 짧지만 굉장히 중요한 조항「사점시초장자병장팔십私占柴草場者竝杖八十」이 있다. 이 짧은 규정은 태조 때부터 실시되는 연료림 정책과 토지 정책과의 연관성을 가진다. 시초장柴草場은 시장柴場이라고도 줄여서 쓰기도 한다. 시초장은 난방 취사 연료를 채취하는 토지 혹은 산지를 의미한다. 조선 백성의 생활에서 연료림 접근권은 공유되어 있었기 때문에 '시초장을 사점하여 다른 사람들의 접근을 함부로 제한하거나 방해하는 자는 곤장 80대를 치도록 한다'는 처벌규정이다.

시초장 사점자의 처벌규정은 '산림천택여민공지山林川澤與民共之'라는 조선 태조의 새로운 왕조 개창과 함께 백성을 위하는 위민정책爲民政策의 정치적 구호였는데, 그 구체적인 법제적 조항으로 입법된 것이 이렇게 짧은 「형전」 금제 조항이다.[14] 산림천택山林川澤을 백성들과 공유한다는 원칙은 고려 시대 말기의 귀족들과 상류층의 연료림 사점에 의한 백성들의 민생피해를 제거하려는 조선 태조를 옹립한 새 왕조개창 세력의 의지의 표현이면서 실제 작동된 정책이고 법제이다.

토지 개혁에 의해서 토지대장을 불태우고 백성들에게 토지를 나누어 준 사례도 있지만, 산림천택의 이용권을 공유한다는 원칙을 조선 왕조가 법전에 규정한 것은 고려 왕조와는 아주 큰 차별성을 보이는 것이다. 고려 시대에는 관료들에게 관급 토지와 연료지인 시초장 혹은 시장을 같이 지급하였고 이를 '전시과田柴科' 제도라고 한다. 반면에 관료에게 토지만 지급하고, 시초장은 공유지로 백성에게 열어 둔 조선만의 제도가 바로 '과전법科田法'이다. 『경국대전』「호전戶典」의 녹과祿科와 제전諸田을 보면 품계에 따라 조선 조정 신하들에게 지급한 녹봉과 토지에 대한 규정은 있지만 시초장에 대한 규정은 언급조차 없다.

16세기 일본과의 전쟁임진왜란 및 만주족 청나라와의 전란병
자호란 이후에도 법전의 개정과 새로운 입법은 계속되었다. 명종 1
년1546부터 선조 9년1576까지의 조선의 중앙관아 관련 국법 개정
을 정리한 법서法書는『각사수교各司受敎』이다. 숙종 24년1698에는 인
조, 효종, 현종대 및 당대에 이루어진 입법과 수교受敎를 거친 법령
들을 모아서 수록한『수교집록受敎輯錄』이 편찬되었다. 같은 계열의
명칭을 가진 법서가 영조 19년1743경에『신보수교집록新補受敎輯錄』
으로 숙종 20년부터 1737년까지의 국법 개정을 정리한 법서로 편
찬되었다.

숙종 27년1701에『전록통고典錄通考』라는 법전이 편찬되었다.
이후 영조대 1744년영조 8 찬집청纂輯廳이 설치되고, 국법의 개정과 정
리가 이루어진『속대전續大典』이 영조 10년1746 편찬되었다. 조선 조
정 출판인쇄소인 교서관校書館에서는 이듬해 경국대전과 속대전을
간행한다. 충정공 전 영의정 김재로가 총재를 맡아서 편찬하였다.

정조대 1784년정조 8 새로운 찬집청纂輯廳이 설치되어『대전통
편大典通編』이 편찬되고 새로워진 국법은 1786년 1월 1일부터 시행
에 들어갔다.『대전통편』은 김재로의 아들인 영중추부사 김치인이
총재를 맡았고 서문을 썼다.『대전통편』은 법조항을 원原, 속續, 증增
으로 편집하고 있다. '원'은『경국대전』을, '속'은『속대전』을 그리
고 '증'은『속대전』이후의 정조 당대에 입법되어 들어간 것을 의

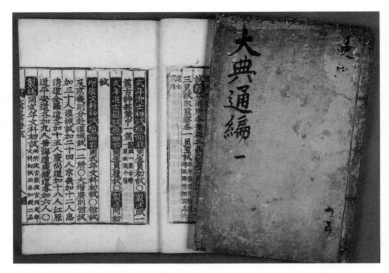

〈그림 2〉 조선 후기 18세기 정조대에 편찬된 기초 법전『대전통편』

미한다.『대전통편』의 대원칙은 선대의 입법인 성헌成憲을 존중한
다는 '조종성헌존중祖宗成憲尊重'으로 요약된다. 공식적으로 혁파폐지
된 것은 '금폐今廢'로 표기하였다.

정조 이후 순조, 헌종, 철종 및 고종 조정 초기까지 '대전통편
시대'였다. 나이 어린 고종 즉위 직후 풍양조씨대비 수렴청정垂簾聽
政과 흥선대원군 섭정攝政하에서『대전통편』이후의 80여 년간을
반영한『대전회통大典會通』이 고종 2년1865 편찬된다.『대전회통』이
담아내지 못한 각종 사목事目과 시행규례規例는『육전조례六典條例』에
수록되었다.

따라서 고종 조정 초기에는『대전통편』에서 일부 수정된『대

전회통』이라는 기초 법전이 존재했다. 조선의 법제와 정책 시행에는 기초 법전 조항의 개정도 이루어지지만, 기초 법전을 더욱 상세히 한 사목事目이나 절목節目, 규례規例 혹은 조례條例등이 도성과 지방의 각 아문 별로 만들어지고 유지되고 개정되고 혹은 이후 폐지되기도 하였다.

이렇게 태조 6년[1397]부터 고종 2년[1865]까지의 470여 년을 살펴보아도 조선이라는 전근대 국가는 왕조가 개창된 국초부터 국법國法이 '기초 법전基礎法典'으로 정립되어 있어서, 국왕과 조정 관료들의 국정 운영의 대부분이 규범적 구속력을 가진 기초 법전 조항들에 의해서 조율될 수밖에 없었다. 이 기초 법전 조항들은 잘 개정이 되는 것은 아니지만 시대 흐름으로 인한 사회의 변화를 반영하기 위해서 필요에 따라서 지속적으로 개정되는 역사적 과정을 여실하게 보여준다.

이렇게 조선은 전형적인 법치국가의 모습을 보여준다. 조선의 국법國法, 곧 기초 법전의 개정과 편찬이 역사속에 면면히 흘러 내려 오는 것이다. 말하자면『경제육전』으로 시작한 조선의 기초법전이『경국대전』,『대전속록』,『수교집록』,『전록통고』,『속대전』으로 이어지면서 정조대의『대전회통』패러다임이 고종 즉위 초기, 곧 풍양조씨 수렴청정 및 흥선대원군 섭정 시기『대전회통』과『육전조례六典條例』까지 유지되어 왔다는 것이다.

2.『용비어천가』의 경천근민敬天勤民과 조선 조정의 '정政'

조선의 대군주大君主, 곧 국왕은 그 기능을 '청정聽政'과 '만기재가萬機裁可'라는 두 개념으로 설명할 수 있다. 청정聽政은 한자 뜻 그대로 '정政을 듣는다'는 의미를 가진다. 여기서 '정政'은 조정의 업무를 분장한 여섯 개의 실행 부서인 개별 조曹에서 하는 행정行政을 의미하는 것에서부터 백성百姓을 보살피는 지방관의 업부에 이르기까지의 나라 살림살이와 경영을 의미하는 것이다. 영어 politics가 의미하는 현대어의 정치政治를 포함하면서도 government나 행정 및 governance에 해당하는 그보다도 포괄적인 개념을 가지고 있었다. 국왕이 나이가 어리면 할머니가 되는 대왕대비가 발簾을 드리우고 국왕의 뒤나 옆에 좌정하여 국왕의 청정을 돕는 방식이 '수렴청정垂簾聽政'이고, 국왕의 나이가 많아서 왕세자가 청정을 대신하여 국사를 처결하는 것이 '대리청정代理聽政'인 이유가 바로 조선 국왕의 집무실, 곧 편전便殿에서의 청정을 잘 설명해 준다.

조선은 이 '정政'의 의미를 조정의 의례 건물 명칭에 많이 사용하였다. 조선 초기 정궁인 경복궁의 중심 전각, 곧 법전인 근정전勤政殿, 창덕궁의 법전인 인정전仁政殿, 경희궁의 숭정전崇政殿에 이르기까지 '정政을 열심히 하자', '정을 인仁하게 하자', '정을 숭상하자'라는 의미가 편액을 보자마자 뇌리에 박히도록 조처하였다. 경복궁의 국왕의 집무실의 이름도 사정전思政殿이라서 정政을 생각하자라는 의미를 드러내고 있었다.

세종대에 세종으로부터 6세대의 선조의 고사古事를 노래하는 『용비어천가龍飛御天歌』가 유학관료들[15]에 의해서 쓰였다. 태종의 셋째 아들 충녕대군忠寧大君이었던 세종은 즉위한 이후 아버지 태종, 할아버지 태조, 증조할아버지 환조, 고조할아버지 도조, 5대조 할아버지 익조, 6대조 할아버지 목조를 읊은 서사시를 헌정받은 것이었다. 절대음감을 소유한 세종은 125수나 되는 이 시가詩歌에서 몇 개를 뽑아서 곡조를 붙였다. 『용비어천가』 한문가사를 몇 개 뽑은 것은 「여민락與民樂」, 한글가사를 몇 개 더 뽑은 것은 「치화평致和平」, 「취풍형醉豐亨」이다. 그리고 이 악곡에 맞는 8명의 무희가 추는 춤을 합쳐서 「봉래의鳳來儀」[16]를 창작하였다.

「봉래의」 한문 및 한글 가사의 곡에 모두 공통적으로 수록된 『용비어천가』 125장에는 '경천근민敬天勤民'이라는 가사가 존재한다. 후대의 임금들이 '하늘을 공경하고, 민백성 돌보기를 근면히 하라'는 조선 최고권력자들이 가져야 할 가장 높은 사회적 가치 혹은 정치적 가치를 천명한 것이었다.

조선의 국왕은 『경국대전』에서 언급하는 '정政 듣기', 곧 청정을 잘해야 했다. 정政을 잘 들을 줄 아는 대군주를 성군聖君이라고 하였다. 국왕이 될 국본國本, 곧 왕세자를 교육하는 세자시강원의 교육도 이렇게 정政을 잘 들을 수 있는 수준으로 한 개인을 교육하고 끌어 올리는 목표를 가지고 있었다.[17] 실무적인 정政은 국가의 관료들이 하는 것이었다. 국왕은 실무적으로 진행되는 정政을 제대로 이해하고 올바른 길로 인도할 수 있는 지도력을 가지도록 마음과 몸을 닦고 유학儒學 실력을 심화시키는 교육이 진행되었던 것이다. 그래서 이러한 교육 목표를 가지고 왕세자를 교육하는 것이 바로 성학聖學 교육이었다. 퇴계 이황이 왕의 공부인 경연經筵에서 강의를 한 이후에 어린 군주 선조에게 도표로 만들어 바친 10개의 유학 공부, 즉 성리학朱子學 도표가 『성학십도聖學十圖』인데 바로 그런 목표를 지향한 것이었다. 이후 율곡 이이가 유교경전인 『대학大學』을 중심으로 정리된 『성학집요聖學輯要』를 지어서 올린 것도 국왕 교육의 일환이었다.[18]

국왕의 집무실인 편전의 청정廳政은 '의정議政'과 '중추中樞'라는 최고위 관아官衙의 기능과 같이 작동되는 것이었다. 그리고 그 아래에 6조의 정政이 있다. 『경국대전經國大典』의 이전吏典과 병전兵典을 보면 가장 품계가 높은 관아인 1품 관아들은 보통 '부府'라는 어미를 가진다. 내명부, 종친부, 돈녕부 등과 함께 의금부도 '부府'라는 어미를 가진다. 그런데 실무적 정政과 가장 관계가 깊은 부는 정1품 관아인 의정부議政府와 중추부中樞府이다. 대한민국의 국회가 하는 일을 무엇이라고 하는가? 분명히 '의정議政'이라고 한다. 그 기능은 조선의 정1품 관아의 기능의 연속성을 가진다고 해도 과언이 아니다. 의정부의 당상관정3품 이상은 영의정정1품, 우의정, 좌의정, 우찬성, 좌찬성의 5명이다.

우리가 잘 모르고 있었던 정1품 관아는 중추부인데, 관아 건물도 있고 관원도 배치되어 있었다.[19] 일제강점기식 이해에 따르면 중추부는 국왕을 임시적으로 '자문'하는, 별로 관심을 두지 않아도 되는 그런 관아였고 『경국대전』의 어디에 그 조항이 있는지도 모르던 그런 관청이었다.

중추부 조항은 『경국대전』의 「병전兵典」에 있다. 반면에 「이전吏典」에 의정부가 있다. 시임대신時任大臣은 현재 조정에서 의정부 및 6조의 정政의 실무를 수행하는 대신이고, 원임대신原任大臣은 의정부와 6조의 실무를 맡은 경험이 있는 대신들이다. 중추부는 이런 경험이 있는 원임대신들로 구성된 관아였다. 국왕에게 의정부나 6조의 실무 안案이 나오면 그들의 의견을 반드시 묻도록, 곧 '자순諮詢'을 구하는 회의체의 성격을 가졌다. 국왕이 실무관료인 낭청郎廳을 보내어 중추부 당상들의 의견과 언급을 받아오도록 해야 했던 것이었다. 대한민국 국회가 하는 행정부 견제와 비슷한 기능이 작동되도록 하던 조선 관아였다. 또한 중추부는 법률 개정이나 법전 편찬에도 관여할 수 있었다. 조선 후기 정조대의 법전 『대전통편』의 편찬을 총괄하고 서문을 쓴 관료는 영중추부사였다. 중추부는 영중추부사, 판중추부사 등 당상관 인원수가 의정부의 몇 배나 되었다.

법치국가라는 성격에 맞게 조선의 대군주는 법률을 세우는 입법立法의 최종 재가권裁可權을 가지고 있었다. 이 재가권 행사 과정을 '수교^{受敎}'라고 하였다. 태조 대부터 수교가 이루어져『경제육전』이 마련되었는데, 조선 후기 수교를 거친 법률들을 모은 서적의 명칭이『수교집록^{受敎輯錄}』이다. 또한『경국대전』에는 '입법^{立法}'이라는 단어가 사용되고 있다.「예전^{禮典}」의 공문서 양식 부분에는「입법출의첩식^{立法出依牒式}」이 있는데 새로운 입법이 되면 도성과 지방 관청에 보내는 앞에 붙이는 공문서양식[20]이다. 국왕의 국정 재가권^{裁可權}이 아주 많기 때문에 만기재가^{萬機裁可}라 할 수 있었다. 이러한 국왕의 만기재가의 개념에 근거하면 순조대의『만기요람^{萬機要覽}』[21]이라는 국정 운영서의 제목에 담긴 내용을 짐작할 수 있게 된다.

3. 통치관련 문헌과 예치^{禮治}

조선의 통치관련 문헌인『경국대전』의 예종 즉위년¹⁴⁶⁹ 서거정^{徐居正}의 서문에는 "누가 [경국]대전의 만듦을 두고 주관, 주례와 함께 서로 안과 밖의 관계가 아니라고 하겠는가?^{熟謂大典之作不與周官周禮而相爲表裏乎}"라고 하여 조선의 법전 정리와 편찬의 완숙성에 대한 자신감과 자부심이 표현되어 있다. 왜 조선의 기초 법전은『주례^{周禮}』혹은『주관^{周官}』으로도 부르는 예서^{禮書}를 준거의 하나로 표현하고 있을까?

동북아시아 전통의 '3대 예서三禮'는 『예기禮記』, 『의례儀禮』, 그리고 『주례』이다. 『주례』는 고대 중원 주周나라의 예禮라는 문자 그대로의 의미를 가지고 있는데, 주나라의 6경卿인 천관天官 총재冢宰, 지관地官 사도司徒, 춘관春官 종백宗伯, 하관夏官 사마司馬, 추관秋官 사구司寇, 동관冬官 사공司工[22] 아래에 중대부, 하대부의 대부大夫, 상사, 중사, 하사의 사士, 그리고 이들이 이끄는 무리를 부府, 사史, 서胥 및 도徒를 연결망network 혹은 시스템적systemic으로 배치시키면서 각각의 직무 혹은 기능들을 밝힌 정치조직체 혹은 사회조직체 문헌이다. 이 『주례』의 6경卿은 동북아시아의 이후의 사회에서 이吏, 호戶, 예禮, 병兵, 형刑, 공工의 6부部 상서尚書[23]와 조선의 6조曹 판서判書 아래 관료와 직무를 조직화하는 기초 모델이고 전범典範이었다. 이러한 맥락에서 동북아시아의 전통에서 법法은 고대 사회에서부터 예禮의 범주 아래에 있어 왔다.[24] 조선의 『경국대전』과 6전典은 『경제육전』 시기로부터 형성된 법전法典을 이전보다 더욱 중시하기 시작한 경향을 보인다.

『경국대전』 「예전禮典」의 조항에서 '의례儀禮는 오례의五禮儀를 따른다'라는 규정이 존재한다. 법法과 예禮가 같이 가지만 병립적인 구분을 명시한 것이다. 그리고는 성종 대에 『국조오례國朝五禮』라는 예서禮書를 따로 다듬어서 편찬하였다. 법전法典과 예서禮書가 서로 같이 작동하도록 하는 통치 관련 문헌이었다.

법치국가를 주로 그 입법 과정으로 판단해서 조선을 법치국가라고 할 수 있다면, 예제禮制의 정립과 실행 및 개편 과정의 존재와 그 변화 모습을 반영하는 예서禮書의 존재로 판단할 때 조선은 법제와 예제를 갖춘 '법치국가 겸 예치국가禮治國家'라고 할 수 있다.

세종대로 거슬러 올라가 보면 세종대에는 '법전 – 예서Code of Law and Code of Courteousness 체제', 곧『경제육전』과『오례세종오례』가 존재했다. 그리고『세종오례』가『세종실록』「지리지」와 함께 부록으로 편찬되어 있었다. 세종과 성종의 당대에 법전 – 예서의 쌍이 성립되어 있었던 것이다.

통치관련 문헌에 지리지까지 포함하면 세종대는『경제육전』,『오례』및『지리지地理志』이고, 성종대에는『경국대전』,『국조오례』및『동국여지승람東國輿地勝覽』인 것이다. 성종대에는『국조오례』와 함께『악학궤범樂學軌範』이 편찬되어 예악무가禮樂舞歌의 조화가 이루어지는 오례五禮가 되는 데에 크게 기여하게 되었다.

『세종오례』와『국조오례國朝五禮』의 공통점은 오례五禮인데 국가의례는 다섯 가지 범주로 구분되기 때문이다. 오례는 길례吉禮, 가례嘉禮, 빈례賓禮, 군례軍禮, 흉례凶禮의 다섯 가지이다. 반면에 사대부의 의례는 관례冠禮, 혼례冠禮, 상례喪禮, 제례祭禮의 네 가지 범주로 구분되어 사례四禮이다. 오례의 길례는 사례의 제례에 해당한다. 오례의 흉례는 사례의 상례에 해당한다. 사례의 관례와 혼례는 오례의 가례에 편재된다. 국가 의례의 '공적인 규모'와 그 문화적 복잡성은 사대부 의례의 규모와는 비교가 되지 않을 정도로 수준이 높다.

국초로부터의 조선의 예서禮書의 정립, 실행 및 개정 전통은 임진왜란과 병자호란 이후로도 계속되었다. 개별 국가의례를 다룬 예서로 시작한『의궤儀軌』는 조선 초기에도 편찬되었는데 임진 왜란으로 소실되어 조선 후기와 대한제국의 의궤들만 현존한다.[25] 조선 후기 숙종대에 편찬된『종묘의궤宗廟儀軌』로부터 시작하여 영조대에는『속오례의續五禮儀』,『속오례의보續五禮儀補』가 편찬되어 시 행되었다. 1897년 대한제국 선포 때 원구단 및 태극전 의례를 포함한 여러 의례들을 정리한『대례의궤大禮儀儀』가 그 전통을 지속하였다.

정조대에는『사직서의궤社稷署儀軌』및『춘관통고春官通考』가 편찬되었다.『사직서의궤』는 정조 임금이 사직서 관원을 차출하여 원고를 쓰게 하고 지속적으로 의견을 제시해 만든 어정서御定書[26]로서『국조오례』의 의주儀註[27]를 '원의原儀'라고 하고 정조 당대에 실행되던 의례를 '금의今儀'로 구분하기 시작하였다는 점에서 큰 역사적 의미를 지닌다. 이러한 구분은『춘관통고』에서 지속되어『국조오례의』의 의주를 원의,『속오례의』의 의주를 속의續儀, 당대의 의주를 금의로 구분하는 진일보한 체제를 갖추고 있다.

영조 42년[1766]에는 예조禮曹 속아문屬衙門으로 제사와 시호제정과 적전籍田掌祭祀議諡東西籍을 맡은 '봉상시奉常寺'의 운영을 묘사한 운영서運營書『태상지太常志』를 편찬하여 실제로 조정 실무 관아의 운영과 도성의 국가 제사가 어떻게 실행되었는지 살펴볼 수 있게 되었다. 고종 10년[1873]에는 영조본을 저본으로 하여 110여 년간의 변화를 담아서 같은 제목의 『태상지太常志』가 편찬되었다.[28]

〈표 1〉 조선 500년의 법전과 예서(禮書)

기초 법전	군주	국조사전(國朝祀典)	특징
경제육전(經齊六典)	태조		
경제육전 원전(元典)과 속전(續典)	태종 세종	세종오례(世宗五禮)	
경국대전(經國大典)	세조 예종 성종	국조오례(國朝五禮)	세조가 '경국대전'으로 명명 서례(序例)와 의(儀)
전록통고(典錄通考) 수교집록(受教輯錄)	숙종	종묘의궤(宗廟儀軌)	
속대전(續大典)	영조	속오례의(續五禮儀)	
대전통편(大典通編)	정조	사직서의궤(社稷署儀軌) 춘관통고(春官通考)	
대전회통(大典會通), 육전조례(六典條例)	고종		신정왕후 수렴청정 및 흥선대원군 섭정 시기
법규유편(法規類編) [1897] 법규유편 속편[1898] 융희 법규유편[1907]	고종태황제 순종효황제	대한예전(大韓禮典) [1898]	대한예전은 편집중에 중단 된 예서

제3장

고종 조정, 500년 기초 법전 전통과의 연속성과 불연속성

　　근대성modernity은 대한민국으로 수렴되는 역사적 궤적에 위치한 '가까운 과거 역사'에서 찾는다.[1] 그런데 근대近代와 현대現代라고 쪼개어 놓은 일제강점기식 시대 구분이나 그 아류인 '근현대사近現代史'라고 하여 구분선을 긋고 사회나 사유 속에서 나 혹은 우리의 근대성을 묘사해 보려고 하면 아주 어려워진다. 우리가 현재 사유하거나 사고하는 습관적 혹은 무의식적 사고 방식이 과거 어떤 선조들의 시대부터 보이기 시작하는가를 찾으면 그때가 근대성의 시작이 아닐까? '지금 여기' 우리의 돈을 밝히고 계산적이고 합리성을 찾는 성향은 이미 일제강점기 이전에 형성되어 있었다. 그래서 우리의 복식이나 주거 구조같은 겉모습이 서구식으로 바뀐 것에서 근대성의 첫 모습이라고 할 것은 아니다. 조선 후기 18세기 후반 정도부터 경제적 이득 추구와 같은 가치관이나 의식적, 무의식적 사고 방식에서 근대성을 찾을 수 있다.

　　조선 후기 18세기 후반의 근대성 사례는 수원 화성華城 축성의 경제사회사에서 볼 수 있다. 화성의 축성築城은 정조대에 아주 빠르게 축조되었다. 경이로운 역사적 사건이었고, 정조와 다산 정약용의 거중기 제작과 같은 새로운 기계와 과학기술의 동원뿐만이 아니라 그 성곽의 미학적, 재료적 특성도 유엔교육과학문화기구UN-ESCO의 세계문화유산World Cultural Heritage으로 등재될 만한 충분한 가치가 있다.

그런데 이제껏 수원 화성의 축성을 백성들의 경제적 이득 추구 성향이라는 정조 당대의 사회경제적 측면에서 정당하게 인식해 본 적은 없었다. 18세기 말 조선 후기의 대동법大同法 시행 이후의 화폐常平通寶 사용이 증대된 사회경제상이라는 이미지, 곧 심상적 공간imagery space이 형성되어 있지 않았기 때문이다. 이 시대는 적극적으로 '자본주의 맹아가 발견된다'고 전세대 역사가들이 정당하게 주장했다. 하지만 수원화성 축성과 연관지어서 조선 후기 경제사회상을 적극적으로 선용한 정조 조정朝廷이 실시한 정책의 성공작이라는 역사평가는 없었다. 화성 축성은 조선 초기 도성 한성漢城 축성처럼 의무적인 역役으로 백성의 노동력을 결집시킨 것이 아니었다. 노동에 대한 댓가를 상평통보로 그대로 지급하였기 때문에 고향을 떠난 유휴 노동력을 빨리 모을 수 있었다. 자발적으로 수원 화성 축성에 노동력을 제공하면 돈을 벌 수 있다는 것을 알았기 때문이다. 이러한 사회경제적 측면 때문에 축성의 공기工期도 유래를 따질 수 없을 정도로 무지하게 단축시킬 수가 있었던 것이다. 수원 화성華城 축성築城의 경제사적인 측면을 묘사하지 못하고 있었다.

조선 후기 18세기 후반의 근대적 사회경제상에 대한 인식의 결핍은 정조대의 경제정책을 당대의 역사적 궤적에 맞게 분석하지도 못하는 우리 역사학계의 현주소를 설명해 준다. 정조 11년1787 정미통공丁未通共과 정조 15년1791 신해통공辛亥通共과 같은 경제정책, 곧 '통공通共 정책'을 들어 보았는가? 당장 "그게 무엇인가요?"라고 물을 것이다. 도성 육의전과 같은 시전市廛 상인의 도가상업都價商業의 기득권에 대립하는 난전亂廛의 소상인 및 장인匠人층의 성장에 직면한 조선 조정의 시전상인들의 금난전권, 곧 난전을 금하는 권력을 폐지하는 경제정책의 전환이었다. 조정에 물목을 대는 시전의 일부의 권리는 인정하면서 상업 발달을 촉진하게 한 정책적 결정이 '통공通共'이다. 조선 초기 태조 조정의 '산림천택여민공지'로 백성에게 연료림과 고유지 접근권을 개방한 것과 같은 엄청나게 혁신적인 정책이었다.

1800년 정조 사후의 순조, 헌종, 철종을 거쳐서 1863년 고종 즉위년으로 넘어오는 시대는 서구 주도의 자본주의와는 연결이 되지 않았지만, 조선 사회 나름대로의 화폐 경제monetary economics 운영의 시대라는 특성을 주목해야 한다. 이러한 맥락을 가진 역사 궤적을 정확히 인식하고 서술하면 된다.

조선 후기 정조 시대 이후는 조선 사회가 내리막길을 걸으면서 1910년의 국권 상실로 귀결되는 조선 조정과 지방관의 부패와 민란의 시대 및 세도정치가 복합적으로 묘사되는 '국망國亡 사회경제상socio-economic image of national collapse'이 실재했던 시대가 아니다. 그것은 분명한 국망환원주의 사고에서 벗어나지 못한 증거이다. 국망 사회경제상은 소설같은 허구에 가깝다. 국권을 상실하여 식민지화된 원인을 설명하기 위해서 역사적 인과성을 무리하게 과용한 식민지 함정colonial trap인 것이다. 스스로 독자적으로 빨리 벗어나야 한다.

1. 고종의 성학聖學 교육

근대성과 근대화modernization를 논의하고 성찰하는 작업에서 고종高宗 시대1864~1907에 올바르게 정립된 이미지, 즉 균형진 역사적 심상historical image은 대단히 중요하다.[2] 동북아시아에서 독자적으로 한반도가 가지는 역사적 궤적을 살펴보는 태도를 가지는 것이 중요하기 때문이다. 고종 시대는 모두 합하여 무려 44년이라는 반세기에 가까운 재위 기간이다.

고종 시대 44년은 더욱 세분화하여 자세히 살펴볼 필요가 있다. 소년의 나이에 조선 군주로 즉위하게 된 초기와 친정親政하게 된 이후의 통치統治는 분명히 구별된다. 조선 군주로 즉위한 후

성장하여 조선을 둘러싼 국제 환경의 변화에 직면하여 점진적인 개혁을 실시하고, 1897년 대한제국大韓帝國이라는 독립국 국호를 친히 제정하고 황제로 등극하여 통치하였고, 이후 일본의 외교적 사기와 군사적 강권에 의한 국권國權의 상실에 직면하여 1919년까지 지속적으로 투쟁하는 시기가 있었다.

고종 시대1864~1907에 올바르게 정립된 역사적 심상은 이후 순종純宗 시대1907~1926뿐만이 아니라 고종 시대 이전의 19세기 전중반기, 정조 대에서부터 철종 대에 이르는 조선 사회에 대한 여러 측면의 역사상 관련 증거들을 찾고 올바른 역사 인식을 가지게 하는 '성찰적 근대화' 시대의 근대사 작업에서도 대단히 중요하다.

고종의 교육 배경에 대한 이야기가 균형 있게 서술되고 가르쳐진 적이 별로 없다. 가장 중요한 것은 소년의 나이에 국왕으로 즉위하고 난 이후에도 조선의 제왕 교육인 경연經筵을 통해서 공부를 상당히 많이 하였고, 공부를 꽤 잘하는 범생이였다는 관념을 가질 기회가 우리에게나 우리 앞 세대에게 없었다. 조선 왕실과 종실의 교육 제도 자체에 대한 지식이 없었기 때문이다. 양반 사대부 교육제도인 성균관, 향교 및 서원에 대한 지식은 보편적으로 잘 알려져 있었지만 왕실과 종실의 교육에 대한 지식은 그야말로 전무했다.

1863년 즉위 이후 고종의 10여 년 '수렴청정 및 섭정 시기'는, 그가 조선의 국왕으로 즉위하였지만 종통宗統상의 어머니[3]가

되는 문조효명세자 및 익종의 왕후 풍양조씨의 영향력이 강하게 드리워지고 생부 흥선대원군의 국사國事 처결을 그대로 수용하고 지켜보아야 하는 시기였다. 1873년 이후 35여 년의 친정親政 시기와는 다른 국왕 수습 기간이었다. 수습 기간에는 국가의례의 주관 및 경연經筵을 통한 '왕의 공부'가 진행되었다.[4]

고종은 1863년 철종이 승하하고 즉위한 이후 10여 년 동안 경연을 통해서 조선의 군주 교육인 성학聖學 교육을 받았다. 왕위 계승 계통과는 멀어 보이던 왕가 종친宗親 가문[5]에서 태어났기 때문에 왕세자가 받는 세자시강원世子侍講院의 서연書筵을 통한 성학 교육을 받은 적이 없었다.[6] 영조·정조 시대의 경연은 국왕이 주도하고 정조 시대는 아예 임금이 유신儒臣들을 제자로 모아 놓고 강의하였다.[7] 정조·헌종 시대의 초계문신抄啓文臣 제도는 이러한 맥락에서 이루어졌었다. 왕세자의 위치에서 즉위한 순조와는 달리 세손의 자리에서 즉위한 정조와 헌종은 세손강서원世孫講書院의 성학 교육을 받았다. 강화도령인 철종과 종친 흥선군의 아들 고종의 경우는 그와는 정반대의 상황이었다. 한 세기 전 영조와 정조 시대에 경연經筵을 국정國政을 논의하는 자리로 국왕이 주도하던 과거는 철종 시대에 거의 사라지고, 국정을 모르는 국왕 철종을 교육하는 제도로 변질되어 있었다. 고종의 수렴청정 및 섭정 시기의 경연은 거의 이전의 왕세자 교육인 동궁 세자시강원 서연書筵 형식이었다.

고종의 성학 교육 환경은 철종의 경우보다는 훨씬 개선되어 있었다. 철종은 강화도에서 농사를 짓다가 도성으로 올라와서 즉위하고 종통상의 어머니 안동김씨순조비 연안부원군 김조순의 따님의 수렴청정을 거쳤다. 효명세자와 동항렬이라서 대수가 맞지도 않는데도 불구하고 안동김씨 세도정치 세력의 옹립으로 억지로 즉위하게 된 측면이 강하다.[8] 반면에 고종의 경우는 효명세자와 풍양조씨 대비의 친아들 헌종과 동항렬이고 종통상의 어머니 풍양조씨의 강력한 후원[9]과 철종 대의 폐단을 개혁하는 강력한 조치를 취할 정도로 흥선대원군의 위치가 고종과 균형을 이룬 유리한 성학교육 환경에 있었다. 흥선대원군의 스승이 합리성과 증거를 중시하는 청나라 고증학을 받아들여 한반도의 금석문을 모아서 정리할 정도의 학자이지만 추사 김정희에 버금가는 서예가로 더 유명할 정도로 운현궁雲峴宮 가문 내에는 가학家學이 존재했다.

고종의 성학 교육은 당대의 출중한 보수 및 개화 유학자들이 담당하였다. 경연관 중에 산림山林 출신[10]의 문경공 전재全齋 임헌회1811~1876나 문충공 연재淵齋 송병선1836~1905[11] 같은 보수 유학자들도 있었지만 연암 박지원의 손자로 '개화파開化派의 비조' 중의 한 명이라고 평가되는 개화 유학자인 문익공 환재瓛齋 박규수1807~1877[12]도 있었다. 고종의 성학 교육은 보수와 진보를 아우르며 다양한 당대 유학儒學을 올바로 배우고 성장할 수 있는 배경이었다.[13]

환재 박규수가 중요한 이유는 그가 풍양조씨의 남편이면서 헌종의 친아버지이며 순조의 왕세자인 효명세자孝明世子[14]와 인연이 깊은 사람이었다는 사실에 있다. 또한 순조의 생모인 정조 후궁 유빈 반남 박씨의 가문으로 인척관계가 있었고, 조부 박지원의 실학을 이은 노론 유학자였다. 환재 박규수는 젊은 시절 효명세자와 뜻을 같이하기로 하였지만 세자의 요절 이후로 두문불출하고 과거도 보지 않고 출사出仕하지 않았던 유학자였다. 효명세자와 박규수의 인연을 아는 풍양조씨는 고종의 즉위라는 정치적 환경이 변화된 시기에 박규수의 조언을 상당히 경청하였을 것이다. 따라서 고종 조정의 권력 투쟁을 마치 게임을 하듯 왕후인 명성황후와 흥선대원군의 마찰로 보는 과거의 소설과 같은 시각은 배제할 필요가 있다. 이후로는 이전과 다른 시선에서 조선의 지식인 국왕, 부지런히 청정聽政하였던 고종의 조정 운영을 정확히 올바르게 기술해야 할 것이다.

소년 고종은 서연 스타일이 되어 버린 왕의 공부 경연을 통해서 다양한 공부를 하게 되었다. 경연을 통한 성학 교육의 효과를 그 결과물로 살펴볼 수 있다. 고종 9년[1872] 박규수를 정사로 하여 사신들이 청나라 수도 북경에 다녀오자 고종은 대청제국 함풍제 시기 공친왕恭親王 중심의 양무운동洋務運動[15]과 동치제 시기 동치중흥同治中興에 대해 연행 사신들에게 질문한다. 19세기 헌종 철종대부터 서구의 외양선이 한반도에도 출몰하는 현상이 있었고, 병인양요와 신미양요라는 조선 조정의 경험을 숙지한 국왕 고종은 『해국도지海國圖志』』[16] 같은 양무파 서적을 알고 있었고 '외양사外洋事'의 중요성을 절감하고 있었다. 고종 10년[1873] 승지였던 면암 최익현의 상소를 계기로 흥선대원군의 섭정을 끝내 버리고 친정을 시작하였다.

또한 다른 측면으로 고종은 조선의 다른 국왕들 중에서도 사례가 별로 없는 개인 문집을 남긴 군주이다. 호號가 '주연珠淵'이었으므로 문집의 이름은『주연집珠淵集』이다. 명복이라는 아명兒名을 가진 고종은 개인 문집을 남길 정도로 19세기 후반기 유학儒學 환경에서 교육받은 지식인이었다.『주연집』에는 제문祭文이 상당히 많이 수록되어 있다. 제문祭文은 국가 길례 제사 중에서 유학자 관료인 지제교知製教가 맡는 대축大祝이 신위의 우편에서 읽는 시적인 호소문인 축문祝文 중에 제사를 올리는 맥락과 이유를 밝히는 시문詩文 부분을 말한다. 유학자의 개인 문집에는 이 시문 부분만을 제문으로 싣는다.『시경詩經』의 고시古詩 스타일의 시문을 지을 수 있는 상당한 수준의 유학 지식이 없이는 제문을 짓지 못한다. 사대부 유학자들의 개인 문집에 제문이 많이 등장하는 이유도 바로 이러한 배경에서이다. 군주이면서 국가 유학의 스승인 군사君師로 평가되는 정조의『홍재전서弘齋全書』에는 상당한 수의 제문이 수록되어 있다.

2. 고종의 개화조정開化朝廷과 통리아문시대1880~1894

1873년부터 고종은 국왕 청정聽政과 만기재가萬機裁可를 시작한다. 친정親政으로 조선 조정朝廷을 운영하는 시대가 온 것이다. 국왕 고종은 친정 기간 이전 10여 년의 수렴청정 및 섭정 시기의 통상 거부 외교 정책을 변화시켰다. 조선 국왕 고종이 절감하고 있었던 외양사外洋事의 필요성은 실제로 그 구체적 모습을 드러내기 시작한다.

친정 이전까지 고종 조정은 서구 나라들이나 일본에게 통상通商과 주재 외교를 허용하지 않았다. 1873년에서 1876년 사이에 고종은 내사內査를 거쳐서 그동안 일본과의 전통 방식의 교린外交을 담당하던 동래부사와 역관을 조용히 경질시킨다. 그들은 흥선대원군 시대의 척화적인 외교 정책을 수행하던 관리였기 때문이었다. 운요호사건을 일으킨 일본의 준동을 계기로 불만 요소가 상존하지만 1876년 조일수호조규朝日守護條規를 체결하도록 왕령을 내린다. 조선의 개항은 고종과 조선 조정의 의지가 더욱 강력히 작용하여 이루어진 것이지 일본의 준동에 수동적으로 반응한 것이 아닌 것이다.

1880년에 국왕 고종은 제2차 수신사修信使로 일본에 갔다가 돌아온 김홍집으로부터 청나라 관료 황준헌이 지은 『조선책략朝鮮策略』과 함께 변법주의變法主義 서적인 『이언易言』[17]을 받는다. 『조선

책략』을 여러 조정 관료 및 재야의 유생들이 읽을 수 있도록 조처하여 공론公論이 일어나게 하였다.[18]

고종은 친정 3년 후인 1876년에서 1880년대 동안 '점진적' 개화開化 정책으로 변화를 추구하였다.[19] 1876년 조일수호조규와 1882년 조미통상수호조약朝美通商守護條約을 필두로 하여, 1883년 조영수호통상조약, 조독수호조약, 1884년 조로수호통상조약 등을 체결하여 '만국공법萬國公法'이라고 하는 국제법을 중심으로 조약을 맺은 타국에 외교관을 주재駐在시키는 전 지구적 국제 관계를 수용하게 하였다.[20] 이전의 청나라를 중심으로 대청제국이던 일본이나 유구流求이던 사신使臣을 보내고 사신을 맞이하는 방식의 조공책봉 양식의 외교 관계와는 다른 외교 제도와 문화를 수용하기 시작한 것이다. 이제까지의 '사신 파견 체제'의 외교 방식에서 당대의 서구적 외교 방식의 '주재 외교관 체제'를 채택하기 시작한 것이다. 당시의 주재 외교관은 보통 공사公使라고 불렸다.

고종의 통상 개방과 개화開化 정책으로의 '외양사外洋事' 혹은 '양무洋務' 정책의 실행에는 새로운 조정 조직이 필요했다. 고종은 그러한 새로운 조직을 구성하게 하여 개혁을 지속적으로 추진하기 시작하였다. 조대비의 수렴청정 및 흥선대원군의 섭정시의 통상 거부에서 통상 개방으로 바꾼 고종 조정은 변화된 정책에 어울리는 이러한 새로운 국제 관계 조정 업무를 담당하는 새로운 아문 관청들을 만들어야 했다. 의정부 – 중추부 및 6조曹 이외의 새로운 아문이 창설되기에 이르렀다.

1876년 개항 이후의 외양사를 위해서 국왕 고종의 명에 따라서 조선 조정은 1880년 12월 통리기무아문統理機務衙門이라는 정1품 아문을 설치하였다. 흥선대원군 시대의 삼군부三軍府를 혁파하고 친정 조정의 외교와 군사의 업무를 전담하기 위한 아문을 경복궁 내에 설치하고 총리대신總理大臣이라는 이름하에 영의정을 겸임시킨 것이었다.

대전통편 모델의 『대전회통』과 『육전조례六典條例』 체제하에서 1876년 일본과의 조일수호조규 하나만 체결되었고 그 이후 1880년대는 모두 통리기무아문과 그 후속 외아문에서 체결한 것이었다. 1876년 일본과의 조일수호조규는 중추부 관료判中樞府事 신헌申櫶이 강화도에서 첫 근대적 외교 교섭을 벌인 결과였다. 이후 1882년부터 시작된 미국을 필두로 하는 일련의 서구 국가 및 청나라와의 외교 교섭은 1880년 창립된 새로운 아문인 통리기무아문의 외교 전담 조직이 나름대로의 체계를 갖추고 수행해 나간 것이다. 통리기무아문 예하에 내사인 12사司로 업무를 분장하였다가 얼마 후 동문사同文司, 군무사, 통상사, 이용사, 전선사, 율례사律例司, 감공사의 7사司로 통폐합하였다.

1882년 6월 임오군란이 일어나자 통리기무아문은 일시 혁파된다. 하지만 임오군란이 마무리되고 같은 해 1882년 12월 외교를 주로 담당하는 통리교섭통상사무아문統理交涉通商衙門과 내정을 담당하는 통리군국사무아문統理軍國事務衙門의 두 아문으로 재탄생된다.

1882년 12월 이후 통리교섭통상사무아문은 장교사掌交司, 정각사征権司, 부교사富教司, 우정사郵程司의 4사 및 동문학同文學의 구조로 아문 내의 업무 분장을 편성하였다. 속칭으로 외아문外衙門이라고 부르기도 하였다. 이후에 외무부外務府로 명칭이 바뀐다.

반면에 내아문內衙門21이었던 통리군국사무아문은 주로 지방과 군사를 맡기 때문에 내무부內務府라는 명칭으로 부르게 된다. 새로 개편된 내무부는 7개의 사로 업무 분장하여 이용사理用司, 군무사軍務司, 감공사監工司, 전선사典選司, 농상사農桑司, 장내사掌內司, 공상사工商司를 두었다. 내아문 혹은 내무부는 조선 후기 내내 중추부와 겹치는 조정 조직이었던 비변사備邊司를 일부 개혁한 조정 아문이었다.

외아문과 내아문의 최고위는 독판督辦이고 다음이 협판協辦이고 다음의 6조와 같은 참의參議였다. 1882~1883년부터 1894년까지 약 10여 년간 6조의 판서判書, 참판參判, 참의參議와 병립하고 있었다.22

1880년부터 1894년까지를 '통리아문 시대'라고 할 수 있는데, 1882년 임오군란 시기 잠깐을 제외하고는 통리아문이라는 이름을 앞세운 새로운 조정 조직에 의해서 고종 중기의 개화 정책이 입안되고 실행되었기 때문이다. 통리아문 제도는『경국대전』-『대전통편』체제의 승정원의 실행방식으로 구조화되었는데 개화 조정을 이끄는 국왕을 지근에서 모시던 승지와 같은 통리아문 관리들이 '개화開化'라는 화두를 내세우며 새롭게 시행하는 외양사와 그와 관련된 국내 내정의 개혁과 정책 실행을 맡게 되어 있었다.

이렇게 고종의 친정 이후에 새로 설치한 두 아문은 1894~1895년 의정부−궁내부의 이원적 개편 때에 이전의 6조曹의 내사內司들의 업무분장들을 전체적으로 새로 재배열 및 재편성하게 되고 외부外部와 내부內部라는 의정부 부서로 자리 잡는다. 조선의 조정은 외부, 내부, 탁지부, 법부, 군부, 학부, 농상공부의 국무대신國務大臣의 의정부와 궁내부대신의 궁내부로 재편된다. 이러한 1894~1895년 갑오을미개혁의 관제官制개혁의 전주곡은 이미 1882년에 시작되었고, 이후의 여러 운영 경험과 합쳐서 새로운 틀이 형성된 것이다. 1894년 이후의 궁내부에는 궁내부 대신과 특진관이 15명 이하로 배치되었고, 왕실 사무를 전담하도록 여러 아문 소속 속아문屬衙門들을 모아 통합적으로 구조화하였다.[23]

1883년고종 20 통리교섭통상아문外衙門의 박문국博文局에서 최초의 근대적 신문인 『한성순보漢城旬報』를 발행하기 시작하였다.[24] 통리아문의 장정章程에 "동문학同文學에서 서적을 간행하고 신문보사新聞報社를 개설한다"는 규정에 근거하여 매달 열흘마다 한 번씩 내는 신문보新聞報를 내기 시작한 것이다. 한성漢城은 조선국 도성都城의 공식적인 명칭이고 순보旬報라는 신문 이름의 순旬은 열흘을 의미한다. 음력 달력의 한 달에 상순, 중순, 하순의 10일씩의 주기를 지칭하는 것이었다. 조선은 도성의 관아에서『조보朝報』를 발행하여 도성 내부뿐만이 아니라 역원驛院을 통하여 관찰사의 감영 및 여러 지역에 조정의 운영 사항을 알리고 있었다. 고종대에는 조보를『관보官報』라고 부르고 있었다.[25]

이후 1887년 외아문 장정章程이 개편되어 총무사, 통상사, 교섭사, 번역사, 기록사, 회계사의 6사의 업무분장을 두었다. 1887년 대 무렵의 조선 조정에는 최근의 외무부의 업무를 연상하게 하는 근대적 용어와 업무 분장의 관청 구조가 생겨나 있었다.『한성순보』는 1884년 갑신정변의 발생으로 발행이 중단되었다가 1886년 1월『한성주보漢城周報』라는 제명으로 일주일에 한 번씩 간행되었다. 통리아문 예하 박문국에서 계속 발간되던『한성주보』는 1888년 7월 14일 박문국의 폐쇄로 폐간된다.

근대적 시간관의 형성을 보여 주는 증거 중의 하나가 바로『한성순보』에서『한성주보』로 신문의 제명이 바뀐 사실이다. 열흘 주기의 순旬이 7일 주기의 주周로 바뀐 사실이 근대적 시간관이 만들어지는 시작을 보여 주는 좋은 사례이다. 서구의 주기인 7일 한 주周가 정착되기 시작한 것이 1880년대 중반이라고 볼 수 있는 것이다.

『한성순보』와『한성주보』의 발간이 고종 조정의 개화開化 정책의 일환으로 나타난 결과라는 역사적 사실은 어심御心의 방향을 정확하게 살펴보고 올바르게 해석하게 만들어 준다.『한성순보』는 한문 전용이었는데,『한성주보』는 한문, 국한문 혼용 및 한글

기사를 보여 주고 있어서 고종 개화 조정의 '어문語文 정책'의 중요한 측면을 볼 수 있게 해 준다.『한성주보』시대의「관보」도 한문, 국한문 혼용 및 한글을 보여 준다.

두 신문은「관보」나 사보 및 기타 기사와 같은 내국 기사 이외에도 외국 신문에 실린 외국의 당대의 사정이나 제도 및 문화에 대한 기사들을 게재하였다. 새로운 두 신문은 관사에서 배포하였고, 살 수 있었으며 박문국에 직접 구독 신청도 할 수 있었다. 지방과 한성에 연락도 되어서 제한적이지만 전국에 배포될 수 있다.

이렇게『한성순보』와『한성주보』의 발간은 고종 조정의 외교 업무의 필요를 충실히 반영하고 그 사실을 중외中外에 널리 알리는 역할을 하였는데, 이미 1880년대에 만국공법萬國公法, 곧 서구식의 국제법 체제에 대한 긍정적 시각 및 부정적 시각을 포함하는 나름대로 정확한 인식을 가지고 있었다.[26] 국왕 고종은 "세계 각국이 공법公法에 의해 조약을 체결한다는 것을 소상히 알고 있었으며, 조선이 서양의 기술을 받아들이지 않으면 그들의 침략을 막을 수 없다는 것까지도 인식하고 있었다", "세계 정세가 전국시대戰國時代라는 것까지도 파악하고 있었"다. 1880년대 조선은 서구적 외교 방식을 동북아시아의 고대사인 전국시대 모델로 파악하고 있었던 것이다.

조선의 기초 법전인『경국대전』이나『대전통편』체제하에서 사신使臣을 보내고 사신을 맞이하는 방식의 외교 문화는 조정의 주무 부서가 예조禮曹[27]였다. 개화 조정 이전의 흥선대원군 시대에는 대전통편 모델의 『대전회통』과 『육전조례六典條例』의 「예전禮典」에 조항들이 있었다. 그런데 친정 개화 조정이 되면서 새로운 국제 관계와 군제 개혁을 위하여 통리기무아문의 절목節目이나 통리교섭통상사무아문의 장정章程과 같이 새로운 제도를 위한 규정들이 조선 500년 전통의 국왕 수교受敎 과정을 거치면서 만들어지기 시작하였다. 그리고 새로운 법규와 규정에 근거하여 개화 조정이 운영되었던 것이다. 이렇게 '통리아문 시대'[1880~1894]가 되면서 1881년에 일본의 제도를 시찰하는 조사시찰단朝事視察團,[28] 1882년에 수신사修信使를 보내어 일본 조정朝廷의 사무事務를 조사하고 살펴보는 기회를 만들었다. 또한 청나라에도 1881년 영선사領選使를 보내었고, 미국에는 1883년 보빙사報聘使를 보냈다. 그리고는 각국에 조선을 대표하는 외국 주재 공사관을 만들어 나갔다. 조선의 도성인 한성漢城에 미국과 서구, 일본의 공사관이 설치되어 외교관이 주재하게 되었다.

개화는 일차적으로 1870~1880년대 조선 조정이 추구해 가던 국가개혁國家改革과 동일한 맥락을 가지는 과정을 의미하였다. 그에 따라 사고 방식과 생활 양식의 변화를 가져 오고 있었다. 개화파니 수구파니 하는 정치적 이념의 투쟁의 문제에 초점을 맞추는 식의 역사 서술로는 이 시기의 조선 조정을 포괄적으로 정확히 묘사하지 못한다.

3. 역사적 연속성과 불연속성을 보이는
최초의 근대적 입법

『경제육전』이라는 기초 법전으로 시작한 500여 년간의 조선의 입법, 수교 및 법전 편찬의 전통은 1870~1880년대의 고종의 친정으로 시작된 개화 정책과 전지구적 외교 관계 정립에 의한 조정 업무와 내외적 변화를 맞이하여 그 비슷한 입법 과정이 진행되어야 했다. 『경제육전』의 「원전」과 「속전」을 각각 만들어낸 태조대의 '검상조례사檢詳條例司', 태종대의 '속육전수찬소續六典修撰所', 『속대전』과 『대전통편』을 편찬해낸 영조, 정조 시대의 '찬집청纂輯廳'에 해당하는 법제개혁위원회의 작업이 필요하게 되었다.

〈그림 3〉 조종성헌(祖宗成憲), 조선 500년의 법전과 예서의 변천(한국학중앙연구원 2018년 '봉모당' 전시)

1882년 정1품 아문으로 만들어진 통리기무아문統理機務衙門의 이름과 비슷하게 1894년 '군국기무처軍國機務處'라는 회의체가 설치되었다. 1894년 6월 25일에서 10월 무렵까지 제도개혁에 대한 회의를 개최하여 활동한다. 통리기무아문과 군국기무처의 공통된 개념어인 '기무機務'는 『대전통편』 비변사備邊司의 역할이 '총령중외 군국기무總領中外軍國機務', 곧 도성과 지방의 군사와 국정 사무를 총령한다는 규정된 것과 같다. 이와 함께 청나라, 곧 대청제국의 관아의 이름으로도 나타나는데, '군주君主의 국무國務'를 의미하는 용어이다. 청나라 황제의 황명출납의 업무를 관장하는 기관의 이름도 기무처機務處라고 불렀다.

군국기무처는 조선 국왕에게 품지稟旨하는 회의체會議體였다. 『고종실록』 32권, 고종 31년[1894] 6월 25일에서 10월 1일까지의 45개 기사 대부분이 군국기무처가 회의를 하여 제도 개혁에 대한 '의안議案'을 국왕 고종에게 올렸다는 기사들[29]이다. 처음 회의를 조직할 때인 음력 6월 25일의 기사에 나오는 '회의원會議員'의 명단을 살펴보면 『대전통편』과 『대전회통』의 이조, 호조, 예조, 병조, 형조, 공조의 전통적 6조의 관원들이 주축이 아니라는 것이 드러난다. 군국기무처회의軍國機務處會議 총재 영의정 김홍집, 내무독판 박정양, 내무협판 민영달, 강화유수 김윤식, 내무협판 김종한, 장위사 조희연, 대호군 이윤용, 외무협판 김가진, 우포장 안경수, 내무참의 정경원, 박준양, 이원긍, 김학우, 권형진, 외무참의 유길준,

김하영, 공조참의 이용익, 부호군 서상집이 '회의원會議員'으로 차출 되었다.[30] 1894년의 군국기무처는 내무독판, 협판, 참의 및 외무협 판과 참의와 같은 개혁 기구인 통리아문의 관리들이 주축을 이루 는 회의체 조직이었다. 조선 국왕 고종에게 제도 개혁 논의 기록을 품지稟旨한 의안議案은 현재 규장각한국학연구소서울대가 소장[31]하고 있다.

'내무內務'와 '외무外務'라는 관청 및 업무 명칭이나 '독판督辦' 과 '협판協辦'이라는 관직 명칭은 고종 조정의 새로운 아문인 1880 년 통리기무아문에서부터 만들어진 새로운 업무 명칭 및 관직 명 칭이라는 사실을 알게 된다. 이런 명칭들은 『대전통편』 조직 체계 에는 없다. 고종 친정 및 개항 이후의 1894년 당시의 군국기무처 회의원 명단에서 보는 바와 같이 6조의 판서, 참판, 참의의 전통적 관직 명칭 체계와 함께 독판, 협판 및 참의의 명칭 체계가 혼재되 어 있다.

군국기무처는 조선 500년의 입법, 수교 및 법전 편찬의 전통 을 계승하는 역사적 연속성으로 보여주는 사례이면서도, 국왕에 게 품지하는 의안議案을 기록물로 남김으로 인해서 역사적 불연속 성을 보여 주는 근대식 제도, 곧 입법회의체였다. 이러한 입법회의 를 두고 일본공사관기록 같은 별로 신빙성 없는 첩보 기록물을 근 거로 제시하면서 일본공사와 같은 외세의 영향이 강하게 작용하 였다고 하기에는 증거가 너무도 부족하다. 역사적 사건의 시일을 분석해 보아도 청일전쟁이 1894년 8월 1일 시작하여 9월 평양전 투에서의 일본의 승리로 끝나기 때문에 일본과 같은 외세의 영향 력이 작용하여 된 것이라는 주장은 어불성설이 된다. 우연히 군국 기무처와 청일전쟁은 동시에 병행되어 진행된 역사적 사건들이라 고 보는 것이 정확하다.

군국기무처의 입법 의안議案 회의가 종료되고 난 음력 1894 년 12월 12일양력 1895.1.7에 고종은 종묘宗廟와 사직社稷에 고유제告 由祭를 지낸다.[32] 군국기무처의 회의에 의해서 1894년 7월부터는 조선 개국기년開國紀年을 사용하기로 하여 각 공문서에서 개국기년 을 사용하기 시작하였다. 1894년은 개국 503년[33]이다. 음력으로 1894년 말의 '특별한 제사들'의 축문祝文을 국왕 스스로가 한문으 로 지었고 「서고문誓告文」이라는 이름으로 남았다. 이 「서고문」은 「관보官報」에 한문 원문, 국한문 혼용문 및 국문 번역으로 게재되었 다. 고종 조정의 「관보官報」는 전보를 보내는 전신의 가설을 통해서 이전의 「조보朝報」보다 더 빨리 전국에 전달되게 되었다. 「서고문」 은 황제국 군주 1인칭 대명사인 짐朕을 사용하고 있으며 자주독립 自主獨立이라는 개념어가 최초로 등장하는 근대 문헌이다. 독자적 연호의 사용과 함께 이 역사적 사실을 주목해야 한다.

1894년 군국기무처의 의안을 기초로 1895년에 다듬어서 건 양원년1896 1월 최초의 근대 법전인 『법규유편法規類編』이 내각기록 국 발행으로 편찬된다.[34] 「서고문」은 『법규유편』의 가장 앞에 개국 503년 12월 12일 자의 전통 역법으로 날짜를 기록한 두 건의 조칙詔勅, 곧 개국 503년 12월 13일 조칙순한문 및 개국 504년 5월 29일 조칙국한문 혼용과 함께 편집되었다. 1919년 고종태황제 붕어 이후 『고종실록』이 편찬될 때에 32권 고종 31년1894 조에도 수록되었다.

「서고문」은 축문으로서 제사를 지내는 이유 부분이 주를 이루는데, 어제御製 「홍범 14조」 작성의 목적이 명시되어 있다. "조선 개국 503년 (…중략…) 다른 나라에 의거하지 않고 국운을 융성하게 하여 백성의 복리를 증진함으로써 자주독립의 터전을 튼튼히 하려고 합니다歷有五百三年逮 (…중략…) 自今毋他邦是恃恢國步于舊于隆 昌造生民之福祉 以鞏固自主獨立之基." 이에 따라 "내정을 개혁하고 오래 쌓인 폐단을 바로 잡으려고 합니다釐革內政 矯厥積弊", "짐 소자는 이로써 14개 조목의 큰 규범「홍범 14조」을 하늘의 조종의 신령에게 맹세하며 고합니다朕小子 慈將十四條洪範誓告我祖宗在天之靈"라는 취지를 밝히고 있다.

「서고문」과 「홍범 14조」는 국왕 고종이 군국기무처 회의에서 품지하여 올라온 의안들을 직접 보고 작성한 근대적 법률 제정의 대의大義를 밝힌 것이라고 할 수 있다. 전통적 고유 제문의 형식을 가지고 있어서 앞부분은 대의를 천명하는 '전문前文'에 해당하고 14개조 홍범은 '헌장' 14조에 해당하는 것이다.

1894년 당시에는 헌법憲法이라는 근대적 용어를 조선 조정에서 공식적으로 사용하지 않고 있었다. 이것은 10여 년이 더 지나고 나서 1905년 무렵에 헌정연구회憲政硏究會가 '헌정憲政'이라는 용어를 '최초로 공식적으로' 사용하기 시작하고, 흠정헌법欽定憲法을 인식하였으며, 러일전쟁 이후의 청나라에서 1908년 '헌법대강憲法大綱'이라는 정치개혁 프로그램을 천명하면서 대한제국과 대청제국 공통으로 사용하는 용어로 정착되기 시작하였다. 하지만 고종 조정은 군국기무처 회의의 의안들을 친히 살펴보고 스스로 연구한 국왕 고종이 「서고문」을 작성하여 종묘와 사직에 고유제를 올리는 형식을 통하여 흠정헌법에 해당하는 것을 정립하고 「관보」를 통해서 전국에 알려지게 하였다. 그리고는 법령을 1895년 동안 더욱 다듬어서 완성시킨 최초의 근대적 법전인 『법규유편』에 포함시켰다. 최초의 근대적 법전의 가장 앞에 「서고문」을 위치시켜서 가장 중요한 문건임을 표현하였다.

1894년의 군국기무처의 의안을 근거로 거의 동시에 이루어진 개혁은 보통 갑오경장甲午更張 혹은 갑오개혁甲午改革이라고 한다. 1895년의 개혁은 을미개혁乙未改革이라고 한다. 그런데 근대 법제사法制史를 강조하여 '갑오을미개혁'이라고 한꺼번에 묶어서 이야기 하는 것이 옳은 것으로 나타난다. 군국기무처 의안이 국왕에게 품지되고 그 의안들이 더욱 다듬어져서 『법규유편』이 편찬되기에 이르는 기간 동안이 바로 갑오년 1894년과 을미년 1895년이다. 갑오을미개혁의 전모는 『법규유편』에 고스란히 담긴다. 1896년 1월 부로 『법규유편』이 출간된다.

갑오을미개혁의 와중에 단발령에 대한 강력한 반발도 있었지만 국왕 고종은 스스로 머리를 자르고 사진 촬영[35]을 할 정도로 개혁을 그대로 밀고 나갔다. 더욱이 1895년 8월 명성황후 시해 시도 사건인 을미사변乙未事變이 일어나고, 1896년 2월에 조선의 대군주 고종은 러시아 공사관으로 집무실을 옮기는 이어移御, 곧 러시아공사관으로 어소御所를 옮기는 아관이어俄館移御가 이루어진다. 『법규유편』의 편찬과 시행은 1896년 1월으로 되어 있으니 러시아 공사관 이어 이전, 곧 경복궁을 어소御所로 사용할 때이다.[36] 그리고 그 새로운 운영 방식을 건양 원년1896 2월부터 러시아 공사관에서 시행한 것이다.

1894~1895년 '갑오을미개혁'에서 가장 중요한 법제사적 변화는 조선 조정의 구조가 대규모로 『경국대전』-『대전통편』 체제를 벗어나 버리고 새로운 양식의 근대적 법전에 담겨져서 『법규유편』 체제를 성립시켰다는 사실이다. 『경국대전』-『대전통편』의 의정부-중추부와 6조曹 예하 각 시寺, 원院, 서署 시스템으로 되어 있던 조정의 국정 운영 방식이 1880년에서 1894년까지의 통리아문 시대의 과도적 체제인 통리아문-6조 체제 병립 구조를 거쳐서 과도적 체제의 '외무부外務部'와 '내무부內務部'를 계승하고, 개편된 '궁내부宮內府'와 일곱 명의 국정대신들을 필두로 하는 의정부議政府와 그 예하 각 원院, 사司, 서署 시스템에 의한 운영 방식으로 근대적으로 개혁되었다.

이러한 맥락을 살펴보면 궁내부라는 조정 조직을 살펴볼 때에 궁궐 내부만을 의미하는 것이 아니라 왕실과 황실을 의미하는 궁宮과 그와 관련된 국왕 주도의 개혁을 맡아 내정內政을 담당하는 '궁내부宮內府'였음이 드러난다. 1894년 이후에 광무정권의 개혁과 그 성과는 주로 궁내부에서 관장하고 주도해 나갔다.[37] 개혁의 성과가 만들어진 부분은 의정부 예하의 부서로 이관되기도 하고 실제로 궁내부 대신이나 예하 경卿들이 겸임하기도 하였다. 궁내부는 궁궐과 황실의 업무를 주로 하지만 국왕의 개혁정책을 담당하는 조정 조직인 1880~1890년대의 외무부—내무부처럼 편성되었다는 성격 규명은 『법규유편』 연구 이전에는 찾아보기 힘들다.

제4장

흠정홍범洪範 시대

헌법憲法이라는 보통명사의 사용은, 한자漢字를 사용하던 1세기 전 무렵의 동북아시아의 국가들, 특히 대청제국, 조선대한제국, 일본제국의 어느 시점, 어느 곳에서부터였을까? 이 질문은 동북아시아의 근대화modernization에 대한 성격 규명에 대하여 중요한 주제이지만 별로 자세히 천착되거나 여러 측면 및 여러 학제의 분석이 이루어진 적이 없었다. 영어로 Constitution이고 대문자를 앞에 붙이는 용어에 해당하는 동북아시아의 보통명사가 어떻게 여러 번역어들에서 차츰 선택이 되어 정착되었을까? 또한 이 보통명사를 통해서 사람들의 개념 정립은 어떻게 이루어졌을까?

이러한 방향의 연구는 아주 최근에야 인식이 되었고, 서서히 여러 학제 분야의 전문가들의 연구와 천착이 시작되었다고 해야 할 것이다. 또한 한편으로 동북아시아뿐만이 아니라 전지구적으로 근대화는 서구화Westernization를 의미한다. 동북아시아의 우리의 겉모습과 생활 양식의 대부분이 과거의 서유럽이 걸어온 역사적·문화적 궤적을 기준으로 하여 변화를 모색하고 그러한 방향성

directionality을 가지고 지난 백 수십여 년을 모색해 온 것이다. 보통 우리는 이러한 수준과 깊이 정도에 머물러 있었고, 그러다 보니 그 이전 시대와의 연속성과 불연속성이 어떠한 배열을 가져다 주는 지를 충분하게 살펴보지 못했다.

그러면 조선과 대한제국 사회의 화두로 서구화를 하면서도 우리의 것, 우리 전통을 중심에 부둥켜 안으려고 했던 '동도서기東道西器'는 무엇을 의미할까? 이러한 질문에 대한 연구와 천착을 하려면 백 수십여 년 전 우리의 문화적 정체성과 이미지 공간심상적 공간의 저 멀리 밖에 있었던 서구 사회에서 그들에게 헌법이란 무엇이었는가? 그리고 현재의 그들에게 헌법이란 무엇일까?를 물을 수 있을 것이다.

조선의 고종 조정이 1896년에 펴낸 최초의 근대적 법전인 『법규유편』은 500년 조선의 기초 법전 전통과는 연속성과 불연속성의 배열을 동시에 보여주는 사례이다. 17세기 말 정조대의 『대전통편』과 고종 초기 『대전통편』의 속편에 해당하는 『대전회통』이 만들어지는 것과 비슷한 입법 과정과 법전 편찬 양식을 보여주어 연속성을 보여준다. 동시에 그 내용은 굉장히 다르면서 근대적 국가가 가질 수 있는 법령을 근대적 범주와 형식으로 정리하여 이전까지의 전통과는 불연속성을 보여주고 있다.

『법규유편』은 건양 원년1896 편찬된 최초의 근대 법전이다. 첫 판본에 실리지 않았던 1897년 대한제국 선포와 새로운 규정과 개정은 또 하나의 책으로 묶여 광무 2년[1898] 편찬되었는데, 구분을 위해서『법규유편 속편續編』으로 표기한다. 대한제국의 선포로 인해서 예제禮制에 있어서 상당한 변동이 이루어졌고, 조선 왕실의 운영과는 다른 대한제국 황실 운영에 관련된 규정들이 새롭게 생겨났다. 이러한 부분을 '황실전장皇室典章'이라고 지칭할 수 있다.[1] 1907년 이러한 황실전장 부분이 빠진 실무용으로『법규유찬法規類纂』이 편찬되었다.

광무연간 초기에『법규유편 속편』과 후기에『법규유찬』이 나온 것이다. 융희 2년[1908]에 다시 새로운 황제의 서고문과 조칙을 담아서 권수가 엄청나게 늘어난 증보판이 편찬되었는데 구분을 위해서『융희법규유편』으로 표기한다. 이렇게 보면 '법규유편 시대[1896~1910]'에는 적어도 4가지의 근대적 기초 법전이 존재하였다는 것을 알 수 있다. 건양연간의 법제사는 최초의 근대적 기초 법전인『법규유편』을 중심으로

〈그림 4〉 1898년『법규유편 속편』겉표지(국립중앙도서관)

연구하면 되고, 광무연간의 법제사는『법규유편 속편』과『법규유찬』을 중심으로 살펴보면 된다. 융희연간의 법제사는『융희법규유편』을 중심으로 분석하면 된다.

그런데 이 130여 년 전의 근대적 법전에는 우리가 현재 가지고 있는 헌법이 포함되어 있었을까? 이러한 질문은 '헌법'이라는 보통명사 자체가 최초의 근대적 법전인『법규유편』편찬 이후에야 비로소 정착되었다고 역사적 사실을 인식하게 되면 조금은 핵심을 벗어나는 질문이라는 것을 알게 된다. 그리고 정답을 먼저 이야기 하면, 근대 성문 헌법이 하위 법령에 대해 가지고 있는 역할을 하는 실체가 최초의 근대적 법전인『법규유편』에 분명히 존재한다는 점이다. 그리고 그 헌법에 해당하는 조항을 갖춘 실체가『법규유편』전체의 개별 조항과 문건들의 방향성을 지정하고 있다는 사실이다.

1. 서고문 홍범洪範과 근대 법전『법규유편』

1896년 편찬된『법규유편』은 조선 500여 년의 기초 법전 전통을 이으면서도 근대적인 모습을 보여주는 법전이다.『법규유편』은 첫째로 조선의『경제육전』,『경국대전』,『전록통고』『수교집록』,『속대전』,『대전통편』및『대전회통』으로 이어져 내려온 기초 법전의 형식을 나름대로 가지고 있다⟨표 1⟩ 참조. 더 멀리 거슬러 올라가면 동북아시아의 유교적 예서『주례周禮』에서 유래한 전통을 잇고 있다.

두 번째로 법령을 묶는 범주들에서 근대적 용어 혹은 현재에 거의 가까운 개념적 용어들을 사용하기 시작하고 있다는 것이다. 항목들의 대분류에는 '문門'이라는 어미를 사용하고 그 아래는 류類라는 용어를 사용하고 있다. 『법규유편』의 '범례'는 12개의 문으로 구성되어 있다고 밝히고 있다. 그런데 목차를 보면 단지 11개의 문으로 구성되어 있는 것을 알 수 있다. 관제, 율령, 규제, 지방, 경찰, 위생, 재정, 학제, 군려軍旅, 공상工商, 체신遞信의 11개의 문은 그 내용의 길이가 서로 많이 다르다. 1개의 문이 없는 것으로 오해 할 수 있는데, 11개의 문이 시작되기 전에 제목이 없는 가장 앞의 문門이 주로 한문으로 된 어제御製 「서고문」과 「조칙」이다.

세 번째로 이전吏典, 호전戶典, 예전禮典, 병전兵典, 형전刑典, 공전工典이라는 『경국대전－대전통편』 구조 속에 『주례』에서 유래한 전통적 범주들을 사용하여 묶어 두었던 일부의 내용들이 새로운 대분류 범주 11가지 문門 아래에 새롭게 재배열되기도 하고 근대성을 가지고 재배치되기도 했다. 역사적인 연속성이 『법규유편』의 특징으로 나타나는 것이다.

가장 중요하게도 네 번째로 근대화modernization에 관계되는 입법의 결과들이 묶여져 나오기 시작하였다. '위생衛生'문이나 '체신遞信'문과 같은 새로운 근대적 범주와 내용이 『법규유편』에 포함되어 그 범주 아래에 서구과학기술의 도입에 의해 나타난 근대적 사회 변화를 반영하고 있다. 이러한 증거에 근거하여 그동안 일제강점기에 현재 우리가 일상적으로 사용하는 근대적 용어들이 거의 모두 일본에서 정착된 번역어이며 이러한 보통명사들이 한국 사회에 도입되어 사용되기 시작하였다는 주장은 철저한 조사와 성찰에 의하면 성급하고 오류 투성이임이 드러난다.[2] 우리의 이미지 공간 심상적 공간을 재구성해야 하는 과제가 있는 것이다.

헌법사적 측면에서도 중요한 부분이 500여 년의 기초 법전 전통 구조 속에 1896년 새롭게 등장하는 것은 더욱 중요한 변화로 평가된다. 『법규유편』의 가장 앞에 제목을 붙이지 않은 새로운 짧은 문[*]이 등장하여 특이한 구조를 보여 주고 있다. 조선 대군주 고종의 개국 503년[1894] 12월 12일 자 「서고문」과 두 조칙詔勅, 곧 개국 503년[1894] 12월 13일 조칙순한문과 개국 504년[1895] 5월 29일 조칙국한문 혼용을 제시하고 있다. 날짜는 모두 음력, 곧 태음력으로 되어 있다. 1895년까지는 태음력을 사용하고 있었다. 양력으로 하면 종묘 「서고문」과 두 조칙은 모두 1895년에 공포된 것이다. 「서고문」은 1895년 1월 7일이 되는 날에 발표되었다.

『법규유편』에 의하면 태음력을 사용해 오다가 태양력을 조정에서 공식적으로 사용하기 시작한 것은 조선 개국開國 505년, 곧 「서고문」 다음 해인 1896년 1월부터 라는 것이 「규제문規制門」에 명시되어 있다. 음력, 곧 태음력과 다른 서구 역법인 양력陽曆을 도입하여 쓰기 시작한 첫 해가 1896년이다. 근대성의 측면에서 볼 때 현재 우리 시간 관념의 기준으로 사용하고 있는 서구 역법은 1896

년 최초로 공식적으로 시행된 것이다. 일제강점기에 도입된 것이 아니다.

「서고문」의 구조는 앞에 종묘조종의 신위영령에 고하는 제문의 형식이고 "짐 소자는 이로써 14개 조목의 큰 규범「홍범 14조」을 하늘의 조종의 신령에게 맹세하며 고합니다朕小子 慈將十四條洪範誓告我祖宗在天之靈"라고 한다. 현재 헌법의 '전문前文'에 해당하는 부분이다.

14개조 홍범은 현재의 헌법이라고 보기에는 너무 짧다. 그런데 권위의 측면에서는 헌법 수준의 규범적 규정력이 있다. 조선 500여 년의 기초 법전과 유사하지만 근대적인 기초 법전을 간행하면서 그 근대적 기초 법전 자체가 만들어져 나오도록 한 정도의 강력한 '법제적 규범력'을 보여주고 있기 때문이다. 헌법적 권위를 가지는 상위법과 같은 기능을 보여주기 때문에 '헌장憲章'이라고 보는 것이 좋다. 군국기무처 회의원들은 '헌법'이라는 일본식의 근대적 용어를 이미 알고는 있었지만 헌법이라는 용어는 즐겨 사용할 정도로 보통명사화되어 있지 않았다. 그리고 조선 500여 년의 기초 법전의 전통적·역사적 무게가 더 컸었던 것으로 보인다.

『고종실록』1894년 음력 12월 12일 기사에 나오는 「14개조 홍범」 원문을 다시 번역하여 제시하면 다음과 같다. 불합리한 부분이 발견되는 현행 국사편찬위원회 제시 번역문을 저자가 일부 교정하였다. 『법규유편』과의 관계라는 맥락에서 원문 앞에 번역문을 배열하였다. '헌장憲章' 성격의 조항이므로 차례에 따라 후미에 조항 번호를 붙였다.

「홍범洪範 14조」

- 대청제국의 의중에 의존하는 생각을 단호히 끊어버리고 자주독립의 기초를 확고히 세운다割斷附依淸國慮念 確建自主獨立基礎.[제1조]

- 왕실전범을 제정하여 대통 계승을 밝히고 종친과 외척의 본분과 의리에 다다르게 한다制定王室典範 以昭大位繼承暨宗戚分義.[제2조]

- 대군주는 어전에 위치하여 국사國事를 보고 시의에 맞게 정무를 보고 대신들에게 친히 물어 결재하고 처결한다. 왕후, 후궁, 종친, 외척이 미리 아는 것은 용인하지 않는다大君主御正殿時事政務 親詢各大臣 裁決 后嬪宗戚不容于預.[제3조]

- 왕실 사무와 국정 사무는 중복되면 분리하고 서로 섞이게 하지 않는다王室事務與國政事務復卽分離毋相混合.[제4조]

- 의정부와 각 아문의 직무와 권한은 명백히 시행되도록 제정한다議政府王及各衙門職務權限明行制定.[제5조]

- 인민이 내는 세금 모두 법령이 정한 일정한 비율에 의하고 함부로 명목을 더 만들거나 불법적 징수를 할 수 없다人民出稅 總由法令定率 不可妄加名目濫行徵收.[제6조]

- 조세 징수 부과와 경비 지출은 모두 탁지부를 통하여 관할한다租稅課徵及經費支出總由法度支衙門管轄.[제7조]

- 왕실 비용은 솔선 절감하여 각 아문과 지방관의 모범이 되도록

- 한다王室費用率先減節以爲各衙門及地方官模範.[제8조]

- 왕실 비용과 각 관부 비용은 일 년 액수를 예정하고 재정 기초를 확고히 세운다王室費及官府費用預定 一年額算 確立財政基礎.[제9조]

- 지방관제도를 신속히 개정하고 지방 관리의 직무와 권한을 한정 한다地方官制 亟行改定以限節地方官吏職權.[제10조]

- 나라 안의 총명하고 재주있는 젊은이들을 널리 파견하여 외국의 학술과 기예를 전수받고 습득하게 한다國中聰俊子弟 廣行 派遣 以傳習外國 學術伎藝.[제11조]

- 교육은 장차 관청에서 시행하고, 징병법을 확정하여 군사 제도 의 기초로 한다敎育將官用 徵兵法確定 軍制基礎.[제12조]

- 민법과 형법을 엄중하고 명확하게 제정하여 함부로 시행하고 함부 로 감금하고 징벌하는 것을 허용하지 않으므로 인민의 생명과 재 산을 보전한다民法刑法嚴明制定 不可濫行濫禁懲罰 以保全 人民生命及財産.[제13조]

- 조정이 사람을 쓰는 데에 문벌과 지방을 고려치 않고 선비를 구 하는 일이 조정과 민간에 두루 미치게 하여 인재 등용을 확대시 킨다用人不拘門地 求士遍及朝野 以廣人材登用.[제14조]

「홍범 14조」를 포함하는 「서고문」에 의거하여 1894년 『군국 기무처 의안議案』들로부터 다듬어지는 과정이 있었다. 홍범의 조항 들은 최초의 근대적 법전 『법규유편』의 관제, 율령, 규제, 지방, 경 찰, 위생, 재정, 학제, 군려軍旅, 공상工商, 체신遞信의 11개의 문에 포함된 법령들에 대한 포괄적인 방향성을 제시하고 있다. 헌법 수준의 '규범적 규정력'이 있다.

중요한 사례를 들어 보면 조선 조정의 운영 구조에 관련하여 홍범 제4조와 제5조는 1894년에 실행되었던 조선 조정의 대규모의 조직 개편의 방향성을 밝혀 주고 있다. 『법규유편』의 내용은 군국기무처에서 1894년 6월 29일에 올린 의안議案[3]의 내용을 닮은 것이 많다. 그러나 의안의 개혁 방향과 똑같지가 않고 이후의 약 1여 년 동안 상당히 다듬어진 구조를 보여 준다.

『고종실록』 31권고종 31, 1894 6월 28일 계유 4번째 기사, 조선 개국 503년의 관제개편 의안에는 의정부 산하 관보국官報局의 직무가 정령政令과 헌법憲法을 반포하고 각 관청의 일체의 공판公判과 성안成案을 반포하는 것. 참의 1명, 주사 4명掌頒布政令憲法及各官府一切公判成案, 參議一員, 主事四員으로 제안되어 있다.[4] 1894년 음력 12월 12일「홍범 14조」를 포함하는「서고문」의「관보」게재는 이러한 관보국에 해당하는 고종 조정의 관리들이 이 군국기무처 회의원들이 의안議案에서 '헌법憲法'으로 인식한 그 실체를 반포한 것이다. 그런데『법규유편』의 어디를 찾아 보아도 헌법이라는 용어는 등장하지 않는다!

홍범 제4조와 제5조는『경국대전』—『대전통편』의 의정부—중추부와 6조의 각사司 체제[5]를『법규유편』에서 왕실 사무와 국정 사무를 궁내부와 의정부로 구분하여 재배열하게 만든 조항들이다. 조선의 관제官制를 시스템으로 보면 조선의 정부政府는 문관文官

과 무관武官 관료로 이루어진 이원적 구조를 가지면서 의정부 예하에 6조이조, 호조, 예조, 병조, 형조, 공조가 관련을 가지고 중추부 예하에 오위도총부의 무관武官 조직과 병조 및 공조가 상당한 관련을 가지고 견제와 균형을 이루고 있었다고 볼 수 있다. 국왕을 정점으로 하여 문무의 이원적 구조를 가지는 것이었다.

1896년 『법규유편』에서는 홍범 제4조, 제8조 및 제9조가 지시하는 방향성에 맞추어 왕실 사무와 국정 사무를 이원적으로 분리하고 있다. 다르게 묘사하여 군국기무처 의안들을 스스로 친람한 국왕 고종은 「서고문」의 홍범을 작성하면서 새로운 근대적 정부 구조를 이원적으로 구분한 것이었다. 그리고 그것을 조선 국왕이 홍범이라는 헌장憲章에서 제시한 것이다.

왕실 사무과 국정 사무의 구분은 우리가 지금 알고 있는 방향으로 이루어졌을까? 정답을 말하면 아니라는 것이다. 조선의 왕실 및 대한제국 황실은 국가의 관직과 품계를 가지고 있으면서 또한 소유 재산도 상당히 규모가 컸다. 그래서 왕실은 왕실재산을 가지고 '공적으로' 국가의 경제를 부유하게 할 수 있는 권력과 재력을 모두 가지고 있었다. 실제로 고종의 궁내부는 왕실 재산과 권력을 가지고 대한제국의 경제 부흥을 실현할 수 있는 정책을 수행하였고, 의정부의 각 부가 실시한 개혁과 경제 부흥의 실무의 성과 보다 상당히 잘 된 것이었다. 이러한 부분을 일본과 그 이전의 청나라를 포함한 외세가 간여하는 것을 올바로 방어하고 개혁의 성과를 내는 것이 중요했다. 통리아문 시대와 법규유편 시대의 개혁의 성과는 국왕과 지근 보좌의 근왕세력에 의해서 이루어진 규모와 수가 의정부의 관료들에 의해서 이루어진 것보다 훨씬 많았다.[6]

『법규유편』의 「관제문官制門」에는 궁내부에 칙임勅任급 궁내부 대신과 협판協辦과 이들을 보좌하는 관서대신관방, 내사과, 외사과와 함께 주임奏任급의 참서관 및 판임判任급의 주사가 있고, 칙임의 15인 내외의 특진관特進官이 있다. 궁내부 예하에 소속된 칙임勅任급 원院으로는 시종원, 비서원, 규장원奎章院, 경연원, 장예원掌禮院, 종정원, 귀족원, 회계원이 편재되었다. 주임奏任급의 사司로는 전의사典醫司, 봉상사, 전선사典膳司, 상의사, 내장사, 주전사, 영선사, 태복사, 종묘서, 사직서, 영희전, 경모궁, 조경묘, 경기전, 준원전, 각릉원관 역대전릉관으로 배열되었다. 특별히 왕태후궁, 왕후궁, 왕태자궁, 왕태자비궁, 왕족가는 주임급의 관서로 편재되었다.

'궁내부宮內府'는 정조正祖대 『대전통편』 관제에서 여러 상이한 조曹의 속아문屬衙門으로 있었던 관서들을 그대로 혹은 통합하여 '왕실 사무' 전담의 한 지붕 아래 조직으로 대대적으로 개편한 것이다. 예를 들어 대전통편 관제 정1품 아문 종친부를 '종정원'으로, 정1품 아문 돈녕부 및 의빈부를 '귀족원'으로 격을 낮추는 개혁을 단행하였다. 『대전통편』 관제 승정원을 '비서원'으로 예조禮曹 속아문 통례원通禮院은 '장예원掌禮院'으로, 봉상시는 '봉상사'로, 전의감은 '전의사'로 명칭 변경하면서 편재시켰다. 종묘서와 사직서 이하

국가 길례 관련 관서는 그대로 소속시켰다. 공조 속아문 상의원은 '상의사'로 명칭 변경하여 소속시켰다. 병조 속아문 사복시는 '태복시'로 명칭 변경하여 소속시켰다.

『법규유편』 '의정부議政府'는 『대전통편』 관제의 의정부와는 명칭은 비슷하지만 거대 조직을 의미하는 것이었다. 『대전통편』 관제에서 의정부—중추부와 6조曹의 내사內司와 속아문屬衙門을 그대로 혹은 통합하여 '국정 사무' 전담의 의정부 산하 각 부部와 '중추원中樞院'으로 대대적으로 개편한 것이다. 대한제국 의정부는 현재의 행정부, 입법부, 사법부를 모두 아우르는 정부政府로 바꾸어 불러도 될 만큼 거대 조직이었다. 황실과 관련하여 전담하여야 할 부서는 모두 궁내부 예하에 재편시켰다.

실제로 『독립신문』이나 『황성신문』과 같은 언론에서는 의정부를 그냥 줄여서 정부政府라고 부르고 있었다. 입법 및 정책 결정 과정에 간접적으로 참여하는 중추원中樞院과 함께 법부 산하에 전국적인 규모의 '재판소裁判所'를 창설한 것이 1894~1895년 갑오을미개혁에서 나타난 입법 및 사법 제도인데, 이후에 대한민국의 삼권분립의 모태가 된다.

의정부는 내각內閣이 있고 내각총리대신과 외부, 내부, 탁지부, 군부, 법부, 학부, 농상공부의 각부대신, 곧 국무대신國務大臣과 각부 협판協辦이 존재하게 되었다. 국무대신은 현재의 장관에 해당하고 협판協辦은 차관급 고위관료에 해당한다. 통리아문시대

1880~1894에 새롭게 생겨났던 외아문과 내아문의 관직명칭인 독판督辦과 협판協辦에서, 6조의 판서와 독판이 '국무대신'으로 승격, 통합되고, 6조 참판과 외아문과 내아문의 협판의 관료명칭 중에서 '협판'이라는 용어가 존속하게 되었다. 궁내부와 마찬가지로 직급은 칙임勅任, 주임奏任, 판임判任의 세 관급으로 나누고 있다. 9급의 품계가 있었지만 정3품을 기준으로 당상관堂上官, 당하관堂下官 낭청郎廳 및 참외관參外官의 세 관급으로 되어 있었던 조선 5백 년의 제도와 비슷하였다.

각부 대신과 예하 조직 이외에도 경무청警務廳 관제가 있고, 지방 관제의 개혁이 진행되고 있었다는 것을 보여준다. 지방관은 주로 내부대신의 지도를 받고 조정의 다른 부部의 사항은 다른 국무대신의 지도하에 처하게 된 지방관들 중에 관찰사는 칙임 3등 이하 주임 2등 이상으로 하고 지방 경무관과 군수는 주임이었다.

『법규유편』의 중추원中樞院이라는 '근대적' 회의 조직은 『대전통편』 관제의 정1품 중추부中樞府로부터 개편되었다. 『법규유편』이 편찬되기 1세기 이상 이전 조선 후기 『대전통편』 속의 중추부는 정1품 영사1명, 종1품 판사1명, 정2품 지사6명, 종2품 동지사7명, 정3품 당상 첨지사3명으로 총 18명의 당상관 원임대신原任大臣으로 구성된 관아였다. 당상관 수가 조선 전기 『경국대전』 23명에서 정조대에 18명으로 줄었다. 중부추 관직은 영중추부사, 판중추부사로 불렸다. 의정부가 정1품 영의정, 좌의정, 우의정 및 종1품 좌찬성, 우찬성, 정2품 좌참찬, 우참찬의 총 9명의 당상관 시임대신時任大臣으로 구성된 것보다 중추부의 당상관 수가 2배 정도 많았다.

중추부와 의정부의 관아 건물이 광화문앞 대로 좌우에 위치하였다. 의정부는 경복궁 동남쪽에 관아 건물이 존재하였고, 중추부는 서남쪽 대로 건너편에 존재하였다. 국왕이 어떤 정책안을 가지게 되었을 때에 실무급 낭청을 보내어 중추부 원임대신들의 의견을 묻는 것이 조선 조정의 운영 방식이었다. 정조正祖대 『대전통편』의 서문을 영중추부사 가 쓴 것으로 보아도 법제 형성에도 관여하였다.

『법규유편』 '중추원'은 정조正祖대 『대전통편』 '중추부' 제도를 개편하여 새롭게 회의체로 구성한 것이었다. 칙임급의 의장議長과 부의장副議長 및 50인 이하의 의관議官으로 구성되었다. 중추원은 다른 조직과 비슷하게 사무를 보는 참서관과 주사를 배치하였다. 중추원의 의장, 부의장 및 의관은 조선 대군주가 '임명'하는데 총리대신의 추천을 받는다. 『법규유편』에 규정된 자격은 1) 현직 칙임관, 2) 공신과 같은 국가 공로 소유자, 3) 정치, 법률 및 이재理財 전문가였다. 현직 칙임관은 의정부의 총리대신과 국무대신 및 각부 협판, 궁내부대신 및 협판 및 궁내부 특진관이다.

중추원은 "① 법률칙령안法律勅令案과 ② 각부가 내각을 통하여 자순諮詢하는 사항에 대해서 심사審査, 의정議定하는 처소"로 규정되었다. 국무대신과 협판은 지정한 위원委員을 통하여 의안議案에 대해 설명할 수 있었고, 자기 소속 부의 정책과 안건에 대해 논의 할 때에는 결의에 참여할 수는 없었다. 각부의 법률과 칙령 제정, 폐지 및 개정에 대해 총리대신을 통하여 건의建議할 수 있었다.

근대적 법제로의 개혁에서 가장 중요한 것 중의 하나는 '근대적 민법과 형법의 제정'을 명시한 홍범 제13조이다. "민법과 형법을 엄중하고 명확하게 제정하여 함부로 시행하고 함부로 감금하고 징벌하는 것을 허용하지 않으므로 인민의 생명과 재산을 보전한다."

근대적 민법과 형법을 제정하는 정부 조직도 마련되었다. 『법규유편 속편』이 광무 2년1898 1월부로 인쇄되어 나왔는데, 1년 6개월 후인 1899년 6월 26일 조칙詔勅에 의거하여 '법규교정소法規校正所'[7]가 설치된다. 법규교정소가 경운궁덕수궁 포덕문 안의 서양식 건물[8]에 자리한다. '의정관議政官'이 차출이 되어 법규교정소 회의에 임하도록 하였다. "법규교정소를 때에 맞추어 설치하는 것은 대체로 법률을 정하고 규정을 통일시켜서 훌륭히 개선하기 위한 것이다. 오늘날의 만국이 서로 우호관계를 맺은 때인 만큼 바로 의견을 묻고 두루 채택해야 할 것이다." 법규교정소는 광무 3년에 시작하여 광무 5년1901 무렵까지 회의를 가진 것으로 보인다.

군국기무처의 의안에서 궁내부와 의정부로 나누면서 조선의 형조刑曹가 개편되어 법부法部가 생겨났다. 법부로의 개혁에는 '재판소법'이라는 근대적 제도의 법제화가 포함되었다. 도성 한성과 지방 및 개항장에 재판소를 설치한다. 그리고는 그 재판소에서 준거로 삼아야 할 상위법전인 『법규유편』이 아닌 하위 법률을 제정하는 실무적인 사업을 하는 기관을 설치한다. 하위법을 제정하는 기관이 '법률기초위원회法律起草委員會'이다. 법률기초위원회는 고종 32년인 1895년 6월 15일 법부에 설치된다. 법부령法部令 제37호로 법률기초위원회규정이 발령된다. '법률기초위원회는 형법, 민법, 상법, 치죄법, 소송법들을 자세히 조사하고 또 법 초안을 작성한다'라고 규정되어 있다. 이것은 홍범 제13조의 민법과 형법 제정의 의지 표현을 구체적으로 실천하는 것이 법률기초위원회라는 조직체의 형성으로 나타나고 있음을 알려주고 있다. 초기의 법률기초위원회의 위원장은 법부 협판協判이 맡다가 법부 민사국장에게 맡겨 지기도 하였다.

법률기초위원회는 광무 4년1900과 광무 9년1905에도 재설치되기를 반복한다. 1905년대가 되면 이미 대한제국의 '형법대전刑法大全'9이 완성을 보고 민법대전 완성을 위해 집중적 노력을 기울였다.

2. 흠정홍범欽定洪範

고종이 서고문에서 14조의 조항을 갖추고 사용한 개념어 '홍범弘範'이라는 용어는 『서경書經』 혹은 『상서尙書』라고도 하는 유교

경전에서 가져 온 것이다. 『서경』은 「우서虞書」, 「하서夏書」, 「상서商書」, 「주서周書」로 구성되어 있는데, 이것은 신석기 후기 및 청동기의 고대사회 순舜임금의 나라 우虞와 그 이후의 하夏나라, 상商나라, 주周나라의 역사에서 중요한 시기의 연설이나 가르침을 문헌으로 남겨 놓은 것이다. '홍범'은 「주서周書」에 수록되어 있는데, 상나라 혹은 은殷나라의 폭군인 주왕紂王를 물리친 주나라의 무왕武王에게 상나라의 태사太史 였던 기자箕子가 기원전 11세기 무렵 당대의 중원의 세계관과 생활세계에 맞게 천하天下의 도리와 다스림의 방식에 대한 대법大法을 주周나라 무왕武王에게 가르쳐 주는 형식으로 되어 있다. 홍범구주弘範九疇로 아홉가지 큰 법大法, 곧 9가지 범주範疇를 알려주는데, ① 오행五行, ② 오사五事, ③ 팔정八政, ④ 오기五紀, ⑤ 삼덕三德, ⑥ 계의稽疑, ⑦ 서징庶徵, ⑧ 오복五福, ⑨ 육극六極이다. 이 아홉가지 범주 아래에 여러 내용이 담겨 서술된다.

고종이 '14개조 홍범十四條洪範'이라고 한 이유가 『서경』 「주서周書」의 '홍범'은 9개 범주이지만 고종이 친히 홍범을 작성하면서 14개 범주조항가 된 것이다. 그리고 14개 조항을 갖춘 실체인 '홍범'이 『법규유편』 전체의 개별 조항과 문장들의 방향성을 지정하고 있다. '헌법'이라는 말은 쓰지 않고 있다. 고종의 태음력 1894년 12월 12일 「서고문」은 조종祖宗에 고하는 축문으로서 현대적인 의미로 설명한다면 전문前文과 14개조 홍범이라는 아주 짧은 헌법 자체를 가지고 있는 것이다. 그리고 14개조 홍범이 다루지 않았던 하위 법령 입법의 취지趣旨는 조칙詔勅들이 보충하고 있다. 조칙들은 『법규유편』의 가장 앞에 위치하는 것과 함께 각 '문門'이나 '류類'로 붙인 내용의 중간 중간에 들어가 있다.

조선의 대군주 고종이 친히 14개조 홍범을 작성하여 헌법과 같은 기능을 하도록 되어 버렸으니 임금이 직접 지었다는 의미의 '흠정欽定'이라는 개념어를 사용할 수 있을 것이다. 조선의 전통적인 개념어로는 임금이 직접 작성한 시나 글을 어제御製라고 한다. 실제로 「서고문」 자체는 14개조 홍범과 함께 '어제 헌법御製憲法'이라고 할 수 있을 것이다. 어제와 관련된 개념어로는 '어정御定'이 있다. 임금이 신하들에게 명령하여 어떤 문헌을 편찬하게 만드는 것인데, 집필자가 임금에게 원고를 보여주어 임금의 의견을 받아서 집필을 진행하는 과정을 포함한다. 18세기 말의 정조임금은 어제서도 많이 지었지만, 어정서도 많이 편찬되도록 하였다. 이런 맥락에서 『법규유편』 자체가 바로 근대식 '어정 법전御定法典'이라고 할 수 있을 것이다.

『법규유편』의 법령들에 대한 포괄적인 방향성을 제시하고 있는 좋은 홍범의 조항 사례는 근대법제에 관한 것이다. 새롭게 생겨난 법부法部의 관제가 『법규유편』 「관제문」에 정리되어 있고, 법의 운영에 관한 조항은 「율령문」에 정리되어 있다. 『대전통편』의 형조刑曹와는 달리 근대적 국무부서인 법부에는 법률기초위원회, 재판소裁判所 및 법관양성소가 설치되었다. 이에 따라 검사檢事, 판사判事라는 근대적 사법제도 용어가 규정되어 있다. 1896년에 이러한 근대식 제도들이 형성되었으며, 일제강점기 일본식 법의 운영은 고종 조정에서 시작된 제도를 이은 것이었다. 식민지 시기에 근대적 법제 및 사법제도가 최초로 형성된 것이 아니라는 사실에 주목해야 한다.

「율령문」의 '재판소구성법裁判所構成法'1895년 제정에는 재판소가 ① 지방재판소, ② 한성재판소 및 인천, 부산, 원산재판소개항장 재판소, ③ 순회재판소, ④ 고등재판소 및 ⑤ 특별법원으로 구분되어 있다. 또한 '민형소송에 관한 규정'으로 재판소의 소송절차가 규정되어 있고, '행형' 조항도 규정되어 있다.

『법규유편』「율령문」의 규정을 넘어서는 하위의 법들은 법부의 '법률기초위원회'가 상세히 조사하고, 제정하고, 개정하는 것이었다. 『법규유편』「율령문」은 형법刑法, 민법民法, 상법商法, 치죄법治罪法, 소송법訴訟法을 열거하고 있다. 홍범 제13조에 나타난 방향성에 대한 구체적인 제도와 조항들이 생겨나 있다.

3. 대한제국의 『법규유편 속편』과 『법률유취성편』

건양 2년1896 『법규유편』이 나온 2년 후에 '속편'이 광무 2년인 1898년 1월 자로 나왔다. 『법규유편 속편』은 건양 2년1896에서 광무光武 원년1897 연말까지의 변화 사항을 엮은 것이다. 우선 『법규유편 속편』은 1896년 2월에 일어난 러시아 공사관 이어移御 이후의 법령의 신설, 개정, 폐지에 대한 기록을 보여 준다. 더욱 중요한 것은 1897년은 독립국 『대한제국』을 선포한 특별한 해인데, 이 해에 일어난 법령의 변화를 『법규유편 속편』이 수록하고 있다. 예를 들어 「관제문」의 궁내부의 직원 수나 명칭 개정이 이루어진 것을 수록하고 있고, 경연원을 '홍문관'으로, 규장원을 '규장각'으로, 전의사를 '태의원'으로 변경한 것이 기록되어 있다.

러시아 공사관 이어 이후의 조정 조직 변화에 대한 중요한 변화의 사례를 제시할 수 있다. 1896년 2월 경복궁에서 러시아 공사관으로 어소御所를 바꾼 고종은 내각內閣을 확대 개편하여 의정부議政府라는 명칭으로 바꾸어 버린다. 명칭만 변경한 것이 아니고 내각회의와 비슷한 의정부회의에 대해 자세하게 규정하고 있다. 『법규유편 속편』의 의정부는 회의체로 의정議政, 각부 대신 7인내부대신, 외부대신, 탁지부대신, 군부대신, 법부대신, 학부대신, 농상공부대신, 찬정贊政 5인, 참찬參贊 1인으로 구성된다. 그리고 「속편」은 이러한 회의체 '의정부 총무국'에서 편찬된다. 내각회의나 의정부회의는 현재의 국무회의에 해당한다.

또 주목할 만한 부분은 『법규유편 속편』 「지방문」에 있는데 홍범 제10조에서 지방관 제도 개혁 방향을 명시했던 것을 법제화한 것이다. 건양원년1895 8월 4일 자는 지방 제도 개정에 관한 것인데 조선의 8도를 13도로 개편한 것이다. 충청도, 전라도, 경상도, 평안도, 함경도를 남도와 북도로 구분한 조항을 수록하고 있다. 그 개혁 방식은 조선 8도^道를 일차 전체 23부^府 체제로 구분한 이후 약 3개월 후에 13도^道로 개편한 것이다. 1896년『법규유편』의「지방문」에는 개국 504년¹⁸⁹⁵ 5월 1일 시행하는 '행정구획급 관청위치^{行政區劃及官廳位置}' 조항이 있는데 전국을 23개 행정구획으로 구분하고 부^府라고 붙였었다. 한성부, 인천부, 충주부, 홍주부, 공주부, 전주부, 남원부, 나주부, 제주부, 진주부, 동래부, 대구부, 안동부, 강릉부, 춘천부, 개성부, 해주부, 평양부, 의주부, 강계부, 함흥부, 갑산부, 경성부의 23부 아래는 모두 군^郡으로 하였었다.

그러나『법규유편 속편』「지방문」에서는 이를 개정하여 건양 원년 8월에 조선은 13도^道의 행정구획을 확정하였다. 13도의 관찰사가 주재하는 도청 소재지는 경기도 수원, 충청북도 충주, 충청남도 공주, 전라북도 전주, 전라남도 광주, 경상북도 대구, 경상남도 진주, 황해도 해주, 평안남도 평양, 평안북도 영변, 강원도 춘천, 함경남도 함흥, 함경북도 경흥이다.

대한제국의 13도는 일제강점기 내내 그 모습을 유지하였다. 근대적 지방제도 자체도 대한제국 시대에 갖추어진 것이라는 사실을 인식해야 한다. 1948년 한반도 남부의 대한민국과 북부의 조선인민주주의 공화국으로 분리되었을 때에도 그 지리적 위치와 명칭이 존속되었다. 대한민국은 대한제국 13도의 9도를 그대로 유지하고 있고, 북한은 비교적 최근에 양강도와 자강도 및 황해도를 남북으로 분도하는 행정구역을 개편하였다.

부府와 군郡으로 대별할 수 있는 지방 제도가 대한제국기에 성립되었다. 현재 우리가 사용하는 시市라는 행정구역 용어는 아직 등장하지 않았다. 경기도는 4부광주부, 개성부, 강화부, 인천부 34군, 충청북도 17군, 충청남도 37군, 전라북도 26군, 전라남도 1목제주목 1부무안부 33군, 경상북도 41군, 경상남도 1부동래부 29군, 황해도 23군, 평안남도 1부삼화부 22군, 평안북도 21군, 강원도 26군, 함경남도 1부덕원부 13군, 함경북도 1부경흥부 9군이 되었다. 서울은 한성부로 특별행정구역이었고, 지방행정구획에서는 9개의 부府라는 부윤府尹이 존재하는 행정구역이 있었고, 제주목牧이 광역행정구역이고 4등급의 군1등군, 2등군, 3등군, 4등군의 전국 331개 군郡이 존재하게 되었다. 이러한 근대적 행정구획 개편은 정조대의 『대전통편』300여 개의 부목군현府牧郡縣의 총수와 거의 비슷하다. 도道와 관찰사의 수가 8에서 13으로 증가된 것이다. 또한 현縣이라는 행정구역 명칭이 사라진 것이다. 이것은 조선 전기 『국조오례』와 조선후기 『속오례의』 지방사직단을 '주현州縣 사직社稷'이라고 하던 것에서 대한제국기에 편집하던 예서인 『대한예전』의 '부군府郡 사직'으로 바꾼 것과 맥락이 같고 일관성을 보이는 것이다.

『법규유편』과 『법규유편 속편』「관제문」의 '지방청'과 「지방문」은 1894~5년 갑오을미개혁으로부터 1897년 대한제국의 성립에 이르는 근대적 제도 정착 기간 동안의 지방 제도의 변화를 개괄할 수 있게 해 준다. 국무부서 내부內部 예하의 13도 지방관리는 관찰사와·부윤 및 군수들로 구성되며 법부 예하의 지방 재판소와 함께 부산, 원산과 같은 개항장의 감리監理도 있었다는 것을 알게 해 준다. 『법규유편』과 『법규유편 속편』은 500여 년 기초 법전의 전통을 이으면서 새로운 근대 법전을 편찬하려는 노력과 연구가 분명히 있었다는 사실에 주목하게 만든다.

광무 3년1899에 1895년 법부 검사국장을 역임한 신재영申載永과 1899년 법부 법률기초위원이었던 경훈慶勳이 『법률유취성편法律類聚成編』을 완성하여 대한제국 법부에서 출간하게 된다. [10]

『독립신문』은 『대명률大明律』, 『향부례鄕附例』와 『당부례唐附例』와 『대전회통』을 참고, 연구하여 두 권의 책으로 집필하였는데, 법부대신이 그 초본을 '정부회의'의정부회의에 제출하였다고 보도하고 있다. 이러한 사실은 입법회의체였던 군국기무처의 의안을 다듬어 근대적 기초 법전으로 손질하면서 한편으로는 법률기초위원회의 위원을 통해서 조선 전래의 '열조대전列朝大典과 현행법률現行法律[11]'을 연구하는 근대적 법률 연구를 수행하였다는 것이다.

1895년 설립된 법관양성소의 강사教授로 최초의 근대적 법관들을 가르쳤던 프랑스인 로랑 크레마쥐Laurent Crémazy, 1837~1910는 법규교정소의 의정관이기도 하였고, 대한제국 법률고문이기도 하였다. 크레마쥐에 의해서 대한제국의 형법은 이미 1904년 프랑스어로 나오기 시작하였다. 프랑스어로 된 『대한형법Le Code Pénal de la Corée』을 유럽학계에 보고한 것이다.[12] 이후에 1906년에 대한제국 『국문형법대전』과 1907년 『형법대전』이 발간되어 나왔다.

1907년 무렵 『대한매일신보』 등에는 전통의 기초 법전과 함께 근대 법률 서적을 각 지방에서도 비치하고 공부하게 했다는 보도들이 있다. 1907년 무렵 『형법대전』, 『대명률』, 『대전회통』, 『속대전』, 『법규적요』, 『토지가옥증명부』, 『수수료규칙』, 『무원록』 등이 비치되어 있다[13]는 것을 보도하고 있다.

법학 서적을 포함한 여러 서적들은 일찍부터 판매가 되었는데, 예를 들어 『독립신문』 1896년 7월 28일 자에는 "'대동서시大東書市'에서 예수교 성경과 공법公法, 화학, 천문, 지리, 산학, 의학 등 책과 '학부' 책과 팔월 사변 보고서를 파니 (…중략…) 사보시오"라는 광고가 실렸다.[14] 또한 학부에서 여러 가지 책을 인쇄해 내기 시작한 것을 알 수 있다. 이후의 『황성신문』, 『제국신문』, 『대한매일신문』, 『만세보』 등에는 여러 다양한 서적들의 광고가 실리고 있다.

4. 홍범 제1조의 자주와 독립이라는 개념

태음력 1894년 12월 12일 「서고문」의 「전문」과 홍범 제1조를 음미해 보면 자주自主와 독립獨立이라는 개념어가 등장한다.[15] 군주에 의해서 이 두 개념어가 조선 조정의 공식 문서에 최초로 사용된 것을 확인할 수 있다.

시간적으로 독립이라는 개념이 먼저 확산되었다. '독립'이라는 어제御製 개념어가 신문의 명칭독립신문, 결사체 협회의 명칭독립협회, 상징 건축물독립문, 건물독립관에 한꺼번에 사용되었다. 당대의 지식인들과 그 결사체가 선양하여 이런 명칭 사용의 모든 것이 이루어진 것은 아니다. 『독립신문』의 주필이 서재필이라서 독립이라는 개념 자체가 서재필과 그의 배경이 되는 인적 연결망인 '독립협회'에 의해서 이루어진 것으로 보는 그릇된 역사적 이미지실상가 만들어져 있다.

〈그림 5〉 1896년 청나라 사신을 맞이하던 영은문을 헐고 건립한 독립문

홍범 제1조의 자주와 독립은 우선 대청제국, 즉 청나라와의 외교적 관계에 대한 측면에서 제기되고 있다. 동북아시아의 책봉과 사신교환의 외교 관계에서의 황제국과 친왕국의 관계를 당대의 국제법國際法을 지칭한 '만국공법萬國公法'을 기초로 근대적으로 재편하려는 의지의 표현이다. 자주독립自主獨立의 기초를 확고히 하여 서구 국가들로부터 자주독립 국가로 인정을 받는

다는 의미로 실제적으로 외교관을 상대국에 주재시키는 외교공관을 설치하는 개혁이 동반된다는 의미를 가지고 있다. 전통적 외교관례인 사신 파견과 영접의 중단을 의미하는 것이었다. 이것은 청나라 사신을 맞이하는 도성 밖 서쪽의 문이었던 영은문迎恩門을 헐고 그 자리에 독립문獨立門과 독립관獨立館을 세우는 조치로써 표현되었다. 또한 독립협회를 형성하도록 허용함으로써 이러한 대군주가 통치하는 조선의 독립을 선양하는 사람들의 모임을 만들도록 한 것이다.

제1차 세계대전 이전의 국제법을 지칭하는 '만국공법'이라는 용어는 이미 1884년 무렵 『한성순보』의 공법公法 개념의 등장으로 소개되어 있었다. 서구 법률학의 유입으로 인하여 1880년대 '공법公法', 1890년대 '만국공법', 1900년대 '국제법'이란 용어[16]로 용어가 변환되었던 것이다.

옛적에 우리 동양의 모든 나라가 저마다 한 나라를 고수할 뿐, 나라를 경륜하는 원대한 계책에 힘쓰지 않아서, 내정만을 중하게 여기고 각국과의 외교外交에는 겨를이 없었다. 오늘날에 이르러서는 만국萬國이 서로 통하고 업무가 날로 증가하여 허다한 관계가 내정에 비해 점차 번다해졌으므로 공법公法을 만들어 처리하지 않고는 수많은 업무를 해결할 수 없다. 이 때문에 구미법률가가 한 가지 글을 만들어 온 천하에 공포하면서 이름을 공법公法이라 하였다. 소위 공公이란 한 나라만의 사유물이 아닌 것이요, 법法이란 각국이 모두 준행하여 법률과 일체가 되는 것이니, 이를 공법公法이라고 한다. 또한 이 제도는 한 나라나 한 세대에 끝나는 것이 아니라 각국 사람이 대대로 익혀온 상례常例와 각 국 대헌大憲이 심사 판단한 공안公案에 대해 다른 나라에서 상례로 삼아 온 것들을 각국 명사와 함께 시비를 논정하고 의의를 천명해서 후세 사람들까지 열복悅服하도록 제정한 것이라.『한성순보』, 1884.9.19

『법규유편』이 편찬되기 위해 준비되고 집필되던 1890년대 중반은 조선 조정의 변화에 따라서『한성순보』,『한성주보』를 이 은『독립신문』이 발행되고 있었다. 조선 조정의 여론과 조정 운영 에 대한 정보를 「조보朝報」에 인쇄하여 전국에 유통시키는 전통[17] 을 잇는 것이었다. 1888년 7월 14일 박문국 폐쇄로 폐간된『한성 주보』를 이어서 1896년 4월 7일부터『독립신문』이 발행되기 시작 한다.

『독립신문』은 조선 대군주 고종이 러시아 공사관에서 집무 할 때인 1896년 4월 7일에 창간되어 1899년 12월 4일에 종간되 어『법규유편』이 나온 시기의 사회상을 개화開化의 측면에서 제대 로 잘 이해할 수 있는 언론매체이다. 당대의 지식인인 신문사 주필 과 필자들의 눈에 비친 조선 사회와 당대의 여론이 드러난다.

『독립신문』은 사설私設 신문이라기보다는 조선 조정이 사기 업이 아닌 공기업으로 운영한 언론사로 보는 것이 정확한 역사적 심상을 가져다 준다. 고종의 조선 조정이 그 정동貞洞 사옥이나 인쇄기 구매 비용 등을 모두 지급하고 당대로는 엄청나게 많은 봉급까지 서재필에게 지급한 것이기 때문이다. 조선 대군주가 러시아 공사관에서 집무할 때에 독립국의 상징인 건양建陽이라는 연호를 쓰는 그해 1896년 4월 7일에 첫 호를 발간하였다. 실제로 창간호를 살펴보면 금방 알 수 있는 내용이다. 『독립신문』이라는 공사公社의 설립으로 묘사해야 정확하다.

독립이라는 개념에 뒤이어서 자주自主 개념은 1897년 전후로 확산된다. 1897년은 태음력 1894년 12월 12일 「서고문」의 「전문」과 홍범 제1조의 자주自主와 독립獨立이 최고조를 이루는 한 해였다. 우선 『법규유편』과 『법규유편 속편』의 「규제문」 '연호'가 건양建陽에서 광무光武로 바뀐 것이다. 광무 원년 8월 14일 자로 광무로 바꾸었음이 수록되어 있다. 잘 알려지지 않은 것으로 『법규유편 속편』의 「규제문」에는 광무년부터 역서曆書의 이름을 명시明時라고 하여 독립국이자 황제국인 대한제국은 '명시력明時曆'이라는 역서를 독자적으로 반포한 것으로 되어 있다. 동북아시아의 전통에서 황제국, 즉 독립국은 자주自主하고 모든 면에서 독립獨立할 수 있었다.

조선은 책봉외교 관계에서 대명제국의 친왕국親王國의 지위를 가지고 있었기 때문에 이미 상당히 많은 측면에서 '자주'하고 '독립'하여 있었다. 그러나 연호를 대명제국의 연호를 사용하고, 태음력 달력, 곧 역법을 대명제국의 것을 채용하는 것이었다. 국가 길례吉禮 제사에 있어서 원단圜壇 기곡제 천지제사를 성종대에 폐지하여 조선 후기 숙종대에 가서야 기곡제를 방단方壇인 사직단에서 지내기 시작한 것이 조선이었다. 천지제사를 지낼 수 없는 것은 해당 군주가 치리하는 곳은 천하天下로 구분되지 않기 때문이다. 하지만 조선은 예제에서 상당히 독자성을 지니고 있었다. 주로 황제국에서만 쓰는 사당 이름 묘호廟號를 사용하였고, 태묘宗廟에 제후국의 오사五祀가 아닌 황제국 규모의 칠사七祀의 사당을 가지고 있었으며, 황제국의 악진해독嶽鎭海瀆 지신地神 제사에서 악해독嶽海瀆 제사를 지낼 정도로 준천하準天下를 경영하는 상징성을 길례 제사에 드러내고 있었다.

하지만 조선의 국왕은 신하와 백성으로부터 주상 전하主上殿下라고 불리우고 '천세千歲'라는 구호 찬양을 받을 수 있었다. 반면에 대명제국의 황제는 황상 폐하皇上陛下라고 불리우고 '만세萬歲' 구호 찬양을 받을 수 있었다. 그리고 조선 군주는 황상 폐하가 있는 곳을 향하여 드리는 망궐례望闕禮를 하도록 되어 있었다.

1897년 2월 러시아 공사관에서 경운궁으로 어소御所를 옮긴 고종은 연호를 건양建陽에서 광무光武로 고치고 원구단을 도성 내의 소공동에 옮겨 축조하여 천지天地제사를 올리고는 황제즉위식을 하였다. 1895년 건양이라는 연호를 정할 때에 현재의 용산 생태공원 부지미군 부대 터인 둔지방의 옛 남단풍우뇌우단 자리에 첫 원구단圜丘壇을 축조하였다.[18] 1894년 청일전쟁 이후로 청나라군과 그

거류민들이 물러가고 난 지역 첫
원구단 주위에 일본군이 주둔하고
일본인 거류민들이 거주하였다. 따
라서 원래 도성의 남교南郊에 세우
는 원구단을 황제국의 도성, 황성皇
城 내의 소공동으로 옮겨 축조하였
다. 도성 남문 숭례문 밖의 남교 둔
지방 원구단을 옮겨와서 황성 내
에 빠르게 축조한 것이다. 원구단
은 1897년 10월 이후로 지속적으
로 여러 제의 건축물을 더하고 그

〈그림 6〉 대한제국기 서민을 독자로 한 순한
글「제국신문」

길례 의주도 세련화시켜 갔다. 원구단사제서圜丘壇司祭署라는 새로운
궁내부 예하 관서도 창립되었다. 『법규유편 속편』은 원구단사제
서의 관직을 창출한 조항을 「관제문」 '궁내부'조에 수록하고 있다.

원구단은 둥그런 3층의 단으로 만들어진 것인데 네모난 단
인 사직단과 같은 제단 계열의 제사를 드리는 것이어서 고려 시대
개성開城의 원구단과 사직단은 교사서郊社署라는 고려 예부禮部 예하
관서가 관장하였다. 대한제국의 원구단 제사는 정월 상신일의 기
곡제와 동지제로 편성되었는데, 조선 초기 세조 시대의 둔지방 원
구단에서 올리던 기곡제의 전통에다 동지제를 가미한 것이었다.

1897년 10월 12일음력 9월 17일 황제즉위식을 거행한 고종은

조선의 국왕에서 대한제국 황제가 되었다. 조금은 부족했던 친왕
국에서 모든 면에서 자주적이고 독립적인 제국帝國이 된 것이었
다. 이것은 만국공법萬國公法이라는 1914년 제1차 세계대전 발발 이
전의 당대의 국제법 상으로 주권국主權國을 의미하는 것이기도 했
다.[19] 이에 따라 조선 국왕이 받았던 구호 찬양인 '천세'는 이 날짜
이후로 '만세'로 바뀌었다. 즉위식에 있었던 길례와 가례는『대례
의궤大禮儀軌』라는 문헌으로 정리되었다. 성곽을 가지고 있던 서울
은 도성 한성漢城에서 황성皇城이라는 이름을 얻게 되었다.

　　제국과 황성을 가지게 된 대한제국의 선포는 그 이름을 따르
는 신문들이 창간되는 계기를 만든 것이었다. 약 10개월 만인 광
무 2년1898에『제국신문』8월 8일과『황성신문』9월 5일이 창간되었다.
두 신문은 최초의 사설 언론사로 창립되었다.『제국신문』은 중류
이하의 민중과 부녀자를 주요 독자로 하고 있었고,『황성신문』은
한문을 아는 식자층을 주요 독자로 하는 신문이었다. 기존에 있었
던 공사 언론인『독립신문』과 함께 언론사들이 복수가 되었다.

　　통리아문시대1880~1894의 고종 조정은 만국공법 지식 도입
과 제도화가 급선무였다. 그래서 미국인 선교사이면서 베이징의
경사대학당현 베이징대학 교관이었던 윌리엄 마틴William A. P. Martin,
1827~1916이 헨리 휘튼Henry Wheaton, 1785~1848의『국제법의 원리
Elements of Interntaional Law』를 당대의 중국어로 번역한 저서『만국공법
萬國公法』이 있었다. 대청제국 베이징에서 1864년 출간되었는데 이

서적은 이미 고종 조정에 입수되어 있었고 연구되고 있었다. 1882년 통리교섭통상아문에서 이 문헌을 입수한 것으로 추정된다.

국제법 지식에 대한 수입과 연구 확립의 의지는 그보다 이전 환재 박규수가 경연을 하던 고종대의 『이언易言』에서부터 형성되어 온 것이었다. 청나라의 양무운동洋務運動의 주 저서 중의 하나인 『이언易言』은 대청제국 정관응鄭觀應이 1871년 편찬한 것으로 고종 조정에서는 1883년에 복각할 정도로 고종과 조정 관료들에게는 잘 알려진 개화 관련 문헌이었다. 이후에 1896년 학부 편집국장 이경직李庚稷의 서문이 있는 『공법회통公法會通』이라는 국제법 저서가 독일어에서 번역되었는데, 『대전회통』이라는 기초 법전의 이름을 뒤에 두고 '만국공법'으로 번역한 '국제법'의 의미가 들어간 것이었다. 자유주의자이면서도 보수주의자인 독일인 국가학자, 정치학자, 법학자인 블룬칠리Ohan C. Bluntshchili의 저서가 고종 조정에서는 『공법회통』이라는 제목으로 번역된 것이었다. 1896년 이후 1900년대 내내 국제법에 대한 저서들이 번역되고 연구되었다. 흥미로운 것은 『공법회통』은 고종 조정의 '학부'가 번역하여 출판한 것으로 보인다는 것이다.

국제법에 대한 지식의 증가와 병행하여 '외교外交'라는 개념이 1880년대부터 정립되기 시작하였다. 1885년고종 22에 『조일약장합편朝日約章合編』[20]을 필두로 하여 통리교섭통상사무아문에서 외국과 체결한 조약과 장정 같은 외교문서들이 편집되어 문헌으로 편찬되기 시작한다. 『조일약장합편』이 다시 1889년^{고종 26}에 증보 개정판이 나온다. 1890년^{고종 27}에 다른 외국과의 조약과 장정을 묶은 『각국약장합편^{各國約章合編}』[21]이 편찬된다. 그 이후의 대한제국 기인 광무 2년¹⁸⁹⁸에 『약장합편^{約章合編}』[22]이라는 보편적 제목의 외교문헌이 대한제국 외부^{外部}에서 편찬된다. 1907년 안국선의 『외교통의^{外交通義}』[23]가 번역되어 나오기까지 실제의 조정에서의 실무와 함께 외교학이라는 전문 분야에서도 번역과 집필이 시작된 것이었다.

고종 조정에서는 관립외국어학교를 설립하여 새로운 세대의 관료층을 길러 내기 시작하였다. 1886년 영어를 가르치기 시작한 육영공원^{育英公院}을 이어서 일어학교¹⁸⁹¹, 영어학교¹⁸⁹⁴, 러시아어학교¹⁸⁹⁶, 중국어학교¹⁸⁹⁷, 독일어학교¹⁸⁹⁸ 등을 세우고 가르쳤다.[24] 1910년 대한제국이 일본제국으로 병합된 이후 외국어학교는 모두 폐지되었다.

5. 광무 11년¹⁹⁰⁷ 『법규유찬』과
1908년 『융희 법규유편』

대한제국 황제 고종이 친히 작성한 「서고문」의 대의와 14개조 홍범과 조칙들을 중심으로 최초의 근대적 법전 『법규유편』과

『법규유편 속편』이 정리되고 편찬되어서 1910년까지 그 체계가 지속되었다. 따라서 1894년 음력 12월 12일부터 1910년의 일본제국에 의한 대한제국의 강점까지는 '흠정홍범 시대'인 것이다.

1898년 대한제국 선포 이후의 『법규유편 속편』은 1896년의 『법규유편』의 속편이므로 대한제국의 헌장인 「서고문」이 없다. 그리고는 광무 11년¹⁹⁰⁷에 『법규유찬^{法規類纂}』[25]이 민영기의 서문^序을 앞에 위치시킨 가운데 발간되었다. 현재 분석해 본 국립중앙도서관본은 '조선총독부 보전본'이라는 도장이 찍혀 있는 판본으로 '(현행)대한법규유찬^{大韓法規類纂}'으로 나와 있는데 한글이 들어갈 만한 부분에 카타카나를 집어넣어 문헌 변조된 흔적이 있는 판본이다. 이것은 서문과 본문 내용의 분석과 그 체제의 유사성에서 대한제국 『법규유편 속편』 이후의 법제변화, 곧 1898년부터 1907년 초무렵까지의 법규유편 법제의 변화를 반영한 법전인 것으로 밝혀졌다. 광무 11년¹⁹⁰⁷ 12월 정도에 발간된 것으로 추정된다.

『법규유편 속편』에서는 대한제국 시대의 '의정부 관제'의 지속성을 보여주고 있다. 보통 의정부—궁내부 체제에서 의정부는 줄여서 '정부^{政府}'라고 불

〈그림 7〉 최초의 근대적 기초 법전 1898년 『법규유편 속편』 속표지, 의정부 총무국 편찬(국립중앙도서관)

렀다. 『독립신문』과 『제국신문』 및 『황성신문』의 시대에 정부라고 하면 『법규유편』 체제의 '의정부'를 의미한다. 1908년의 『융희 법규유편』은 '내각관제'로 바뀌어 있다. 그리고 법규유편의 대분류 '문門'과 다음 분류 '류類'의 항목 설정이 대분류 '류類'와 다음 분류 '장章'으로 변화되어 있다. 『법규유편』의 11문은 『법규유찬』의 13류에서 거의 대부분 찾을 수 있다. 실무에 유익하도록 제1류는 「공문식公文式」을 싣고 있고, 제2류 「관제」 제1장이 의정부이고 제2장이 중추원, 제3장이 궁내부이다. 제3류는 「관규」, 제4류는 「민형民刑」, 제5류는 「재정」, 제6류는 「군사軍事」, 제7류는 「학사學事」, 제8류는 「경찰」, 제9류는 「농상」, 제10류는 「광업」, 제11류는 「재판」, 제12류는 「잡건雜件」, 제13류는 「조약條約」, 제14류 「부록」, 그리고 「추록追錄」으로 구성되어 있다. 「추록」은 앞에서 제2류 이후의 범주에서 빠진 것을 보충해서 싣고 있다.

융희 2년1908 4月에 순종효황제 시대의 『융희 법규유편』이 편찬된다. 고종태황제의 「서고문」과 함께 융희원년1907 11月 18일 순종효황제의 「서고문」이 법전의 가장 앞에 선황제의 「서고문」과 같이 실린다. 또한 순종효황제의 조칙도 부가되어 있다. 건양원년1896 1月 편찬된 법규유편과 같은 체제로 되어 있다. 1907년 『법규유찬』과 마찬가지로 '외부' 관제가 빠졌지만 대분류 「외사문外事門」이 확대되어 수록된 변화가 있다. 「체신문遞信門」이 대분류 범주에서 내려졌다. 그런데 11개 문門의 법령의 규모가 엄청나게 확대되어 있어서 7개 내지 8배 정도의 증가를 보여서 7권의 책으로 묶여 있다.

『법규유편』과 『법규유편 속편』과 1907년 『법규유찬』을 비교하면 앞의 것은 기초 법전의 전통을 그대로 유지하고 있는 반면에 『법규유찬』은 황실전장皇室典章이나 국제國制 부분이 없는 신민臣民들에 관계된 것들만을 묶어서 편찬하고 있다는 사실이다. 『법규유편』과 『법규유편 속편』 「규제規制」문에는 역曆, 연호年號 및 서품敍品, 의제衣制, 화폐貨幣, 도량형 등의 황실과 국제 부분이 명시되어 있다. 그런데 『법규유찬』은 관료의 관등 봉급이나 임면, 복무, 여비 및 징계 등에 관계된 부분만 수록하고 있다. 또한 『법규유찬』에는 대한제국의 부서에서 1905년 통감부 설치에 의한 영향으로 '외부' 관제가 빠져 있지만 제13류에 조약을 넣어 수록하고 있다.

헌법사의 측면에서 하나의 중요한 문제는 「대한국국제大韓國國制」라는 문건이다. 현재까지 의 근대사 및 법제사 해석은 모호하고 정립되어 있지 못했다. 광무 2년1898의 중추원 관제 개혁, 곧 민선民選 의원제도의 시작을 요구하던 최초의 정치적 운동 이후에 광무 3년1899에 이에 대한 수구파의 대응으로 해석해 왔다. 「대한국국제」를 발표하여 전제군주제의 전형으로 정치적 퇴행성을 보이는 것으로 해석하였던 것이다. 심지어 초기적 형태의 헌법憲法으로까지 추켜세운 사례도 존재한다. 그리고는 당대 일본인들이나 후대의 일본 역사가들의 해석처럼 일본제국은 입헌군주국인데 대한제국은 전제군주국이라는 단순 논리를 구성하는 근거가 되기도 하였다. 일본의『메이지헌법』과 그 하위법의 전체를『법규유편』과 하위법 전체와 비교한다면 일본제국이나 대한제국이나 모두 만국공법상의 입헌군주국이었다고 할 수 있다. 제1차 세계대전 이전의 만국공법 체제하에서는 그러하다. 우리가 성찰하지 않고 받아들인 전형적인 단순 근대화simple modernization의 사례이다.

전제군주국이라는 표상의 하나로서의「대한국국제」를 내세우는 것은 그 법규범의 구속력 자체에 대한 전체 대한제국 국법이라는 맥락에서의 구속력 분석이 전혀 없이 단순히 정치학적으로 설명해 버렸던 것이다. 일본을 모델로 하는 동북아시아 근대화 모델의 약점이고 식민지 함정의 일종인 것이다.

「대한국국제大韓國國制」가「서고문」같은 법규범적 구속력을 가지는 헌장憲章의 권위를 가진다면 서고문의 뒤에나 앞에 들어가야 하고 온당한 법규범적 권위를 가져야 한다. 그러나『융희 법규유편』에는「대한국국제」가 '국제급역연호國制及曆年號' 항목에 들어가 있다. 이 위치에 들어가 있다는 것은 1907년『법규유찬』에서는 빠진 황실전장과 같은 제도적 묘사라는 것을 명시해 준다. 그리고 다른 대분류에 묶여진 법규들과의 관계에서는「서고문」이 가지고 있는 헌법 수준의 상위법적 권위를 가지지 못하는 것으로 파악된다.

제5장

국가 근대화, 대한제국, 그리고 국민의 출현

　　근대사를 서술할 때에 정치 체제의 변화를 가장 중요한 기준으로 잡는 경우가 많다. 특히 임금이 국정 운영의 중심으로 권력을 휘두르는 이미지image를 보여주는 군주정君主政, 곧 왕정王政 혹은 황제정皇帝政과 국민 혹은 인민들의 선거에 의해서 선출된 사회의 대표들이 모여서 권력 기관을 구성하는 공화정共和政을 강조하여 크게 구분한다. 하지만 국왕이 있어도 상징적인 존재로 두고 공화제를 실시하는 경우도 있고, 겉모양은 공화정을 하는 것 같지만 실제로는 1인 독재 정치를 하는 나라들이 다수가 발견된다. 겉으로는 공화정이지만 나쁜 의미의 왕정과 거의 같은 모습을 유지하는 제3세계 저개발국가들의 경우들을 뉴스를 통해서 심심치 않게 접하게 된다. 이것이 우리가 가지고 있는 상식常識이다. 통념通念이라고도 한다. 그런데 이렇게 한 나라의 정치체제, 곧 정체政體가 그 국가의 실상이 아닌 경우가 있으니까 우리의 인식 자체에 오류가 많은 것을 인정하지 않을 수가 없다.

　　가장 큰 오류는 조선의 군주가 독재despotism에 가까운 권력 행사의 중심이었다고 가정하는 관습적인 잘못이다. 일제강점기 오류에 갇힌 사고의 결과이다. 조선의 군주, 특히 고종은 독재獨裁 권력의 중심에서 통치統治하고 있었던 것이 아니다.[1] 전제專制와 독재獨裁는 엄연히 다른 개념이다. 정확히 묘사하면 고종은 만기재가와 청정을 하는 전제 군주였지 독재 군주가 아니었던 것이 분명하다. 그 반대 방향으로 전 세대의 일본의 근대사가들이나 『매천야록梅泉野錄』을 같은 야사를 지은 황현의 묘사와 같이 명성황후와 국태공 흥선대원군과 그들을 따른 세력에 의해서 휘둘린 유약한 군주도 아니었다. 500년 법치국가의 전통을 이으면서 '점진적인 국가근대화'를 진행시키고 있었던 군주였다. 국가 운영의 모든 책임이 오로지 군주에게 있었던 것이 아니고, 의정부—중추부 및 6조와 예하의 관서들을 일컫는 조정朝廷과 함께 전국의 지식인이었던 초야草野의 상류층 지식인들이 조야朝野[2]를 이루고 있었다. 다른 말로 하면 조선 500년의 기초 법전 전통, 청정聽政 및 만기재가萬機裁可 문화를 별로 중요하지 않다고 해석해 버린 크나큰 오류가 그동안 가르쳐지면서 대한민국 국민의 의식에 확대재생산되는 악순환을 계속해 왔다.

일본제국 조선 총독總督들이 누리고 휘둘렀던 강권 정치의 경험에서 비롯된 권력 행사, 곧 '비법치주의' 독재가 만들어 낸 이미지상가 근대사 교과서의 잘못된 전제 혹은 가정으로 남아있다. 경찰과 헌병을 동원하여 칼을 휘두르고 강권을 쓰는 독재의 경험은 일제강점기^{1910~1945}에 와서야 비로소 강력하게 경험되었다. 제2차 한일각서^{乙巳勒約}나 대한제국의 국권을 외교적 사기를 치면서 빼앗아 가는 일련의 조치를 한 통감부 시절에도 조선주차 일본군을 동원하여 강압으로 강요한 것이었다. 조선 총독은 '덴노^{天皇}의 대권^{大權}에 의해 통치한다'는 1910년 합병 때의 일본제국 칙령^{勅令}에서 보는 바와 같이 조선총독부는 이전의 대한제국 법제의 수준에 미치지 못하는 스타일의 강권 통치를 시행하였다.

특히 일제강점기 후반 15년^{1930~1945}은 '독재'라는 정치 행위가 가장 강렬하게 경험된 시기였다. 자세히 1930년대와 1940년대의 일본 근대사를 들여다보면 1920년대 일본제국 다이쇼 덴노^{大正天皇} 시대의 민주주의 정치가 사라진다. 일본군부가 정치를 좌지우지하는 군국주의^{軍國主義 3}, 즉 파시즘^{Facisim}의 폭력이 판치는 시대가 된다.⁴ 또한 1930년대 초반에 세계적인 경제 공황^{Depression}으로 국민들의 삶이 팍팍하던 시대에 조선 총독의 통치는 그야말로 독재 그 자체였다. 1930년대에 안창호와 같은 대한제국의 유민 독립 운동가들의 많은 수가 해외에서 체포되어 서대문 형무소에서 집중적인 고문을 받게 된다. 1930~1940년대의 일본제국 군부가 정치 권력을 획득하면서 동북아시아도 많이 변화되었다. 군국주의 일본은 1931년 노구교 사건을 일으키면서 1932년 만주국을 세우고, 이어서 1937년 중일전쟁과 1941년 태평양전쟁을 일으켰다. 일제강점기 후반 15년^{1930~1945}은 일본제국의 '군국주의 시대'이고, 국민당 정부의 중화민국과 대한민국 임시정부도 국공합작을 통하여 연합국 측에 서서 일본과 교전하던 시대라는 역사적 사실을 명확히 인식해야 한다.

이렇게 '비법치주의'적이었던 조선 총독의 독재와 그 이전의 군주국인 조선과 대한제국의 법치주의 전통 사이의 극명한 대조를 분명히 인식한다면, 대한민국이 계승한 헌법주의Constitutionalism가 올바로 이해되고 한국 근대사와 연동된 여러 역사적 현상들을 제대로 분석할 수 있다.

1. 점진적 국가 근대화와 대한제국 예제禮制의 격상

『법규유편』과 법부 '법률기초위원회'에서 정교하게 다듬어 가던 고종 조정 당시의 조선과 대한제국의 법제는 일본제국과는 극명하게 다른 역사적 궤적을 보인다. 일본제국은 메이지덴노 시대에 제정된 '제국헌법帝國憲法'[5]을 앞세우고 일청전쟁, 일러전쟁의 승전의 여세를 몰아 군국주의로 귀착하여 제2차 세계대전의 주축국으로 패전을 경험한다. 현행 일본 헌법은 제2차 세계대전 후 미군정 시대 이후로 일본을 전쟁을 할 수 없는 국가로 만들려던 연합국 사령부의 의도가 패전국 고위관료들과 함께 상호작용하여 개정된 '평화헌법'[6]이다.

『법규유편』으로 대표되는 우리의 근대 법제사는 우리만의 독자성을 갖추고 있었다. 조선 500년의 기초 법전 및 예서 전통을 이으면서 1880년대 이후 국가의 근대화에 맞추어 천천히 변화되고 있었던 것이다. 이것은 개화와 수구의 단순 이분법을 넘어서서 당대의 고종 조정의 정책적 화두가 '개화開化'였다는 사실에 근거한다.[7] 고종의 친정 조정을 개화 조정으로 보는 것은 개화 좌표축을 설정하고 개화라는 당대의 시대 정신과 사회 구조 속에서 보수와 진보 세력들이 펼치던 점진적 국가 근대화를 분석한 것이다. 일본의 근대화와 같이 빠르고 급격한 변화, 혹은 혁명만이 이후의 큰 영향을 미치는 것은 아닐 수도 있는 것이다.

고종 조정 44년의 시대를 구분할 때에 1897년 대한제국으로의 국호國號의 변경과 황제국 격식의 예제 변화를 기준으로 시대를 구분할 필요는 없다. 오히려 태음력 1894년 12월 12일, 곧 양력 1895년 1월 7일의 고종의 「서고문」과 14개조 홍범에서부터 시작된 갑오을미개혁의 변화를 기준으로 하는 것이 '국가 근대화state modernization'의 구분선을 올바로 긋는 방법이다. 그리고 국가 근대화의 시초는 1880년대 중반 통리기무아문을 설치하는 관제 개혁이었다. 그렇게 시작된 국가 근대화가 『법규유편』에 와서 법제적인 구속력을 가진 정리된 모습으로 최초로 규정된 것이다.

1896년 『법규유편』의 조항과 규정으로 반영된 갑오을미개혁은 고종 개화 조정이 1876년 개항, 1880년의 통리기무아문의 설치, 1882년 임오군란과 각국과의 통상수호조약의 체결, 1884년의 갑신정변을 거치면서 나타난 제도 개혁의 필요성을 법제적으로 반영한 것이다. 지난 20여 년간의 조정의 개혁을 새로운 구조를 가지도록 14개조의 홍범의 방향성을 따라 제도적으로나 법률적으로 체계적으로 정리한 것이다. 이러한 맥락에서 1895년의 명성황후 시해를 시도한 을미사변은 이러한 점진적 개혁으로 방향타를 잡은 고종의 개화 조정에 대한 일본과 같은 외세와 수구 반발 세력의 저항이나 방해로 보게 된다. 1896년 2월 러시아 공사관이어아관이어를 통해서 경호가 개선된 대군주 집무실 이전은 개화 조정의 운영에 별 문제 없었음을 말해 주고 있다. 그동안의 일련의 개화 조정의 운영에서 인적인 네트워크의 교체들 중의 하나가 일어난 것이었다.

갑오을미개혁이라는 변화의 '점진적' 지속성을 갖춘 개혁이 1897년 대한제국大韓帝國으로의 국호 변경, 원구단 재설치 및 황제 즉위, 즉 '예제禮制의 격상'이다. 사실 1896년 연초부터 사용한 건양建陽이라는 독자적 연호의 사용은 고종대의 첫번째 원구단의 용산 둔지방 축조와 관련되어 있었다. 이 둔지방의 건양 원구단에 1897년 8월의 광무光武로의 연호 변경에 대한 고유제가 올려졌다. 그리고 그 고유 축문을 고종이 직접 지었고, 고종 개인 문집인 『주연집珠淵集』에 실려있다. 연호 변경의 고유제는 당대의 대사大祀에 해당하는 종묘사직 및 대보단에도 올려졌다. 점진적인 국가 근대화 프로그램에 동북아시아 전통 예제禮制의 격상이 포함되어 있었던 것이다. 이러한 예제의 격상은 홍범 제1조의 자주독립 조항과 가장 관련이 컸다. 대청제국의 눈치를 볼 필요가 전혀 없어져 버린 독립국의 의지를 예제 완전 독립국으로 표현한 것이다.

전통 예제禮制의 격상이라는 변화도 자세히 분석해 보면 점진적이고 단계적이었다. 1894~1895년 무렵 이미 예제의 측면에서의 변화, 곧 왕실의 호칭의 변화가 생겨서 새로운 호칭이 사용되고 있었다. 황제에게 붙이는 폐하陛下를 채용하여 '대군주 폐하' 및 '왕후 폐하'로 격상하였고, 주상 전하가 쓰던 일인칭 대명사 과인寡人은 '짐朕'으로 변경하여 이미 사용하고 있었다. 왕세자 및 왕세자빈 저하邸下로 쓰던 것은 '왕태자 전하殿下' 및 '왕태자비 전하'로 격상하여 이미 사용하고 있었다.

1897년의 황제 즉위는 대군주라는 명칭을 황제 혹은 황상으로, 왕후를 황후, 왕태자와 왕태자비를 황태자와 황태자비의 다음 단계로 바꾼 것에 불과하다. 후궁의 최고위에 대한 명칭이 빈嬪이었던 것에서 비妃로 한 단계 격상시킨 것도 이러한 예제의 시스템적인 변화의 일면이다.

예제 격상은 지리적 명칭이나 건축물 명칭에서도 변화를 가져왔다. 친왕국 조선의 도성都城 '한성漢城'에서 대한제국의 도성 '황성皇城'으로 명칭이 바뀌게 되는 것도 이에 동반된 변화였다. 숙종 대에 창덕궁 서북쪽의 황단皇壇이라는 이름으로 축조되어 제사되던 제단은 명나라 3황제들의 위판을 모시고 제사를 지내기 시작한 궁궐내의 제단이었는데, 대한제국의 예제 격상에 따라 명칭을 대보단大報壇[8]으로 바꾸어야 했다. 천지제사를 지내는 원구단의 다른 이름이 황단皇壇이었기 때문인데, 대한제국 황성皇城에는 황단이 있었기 때문이다. 대한제국이라는 국호의 채택과 예제 격상이라는 문화적 변화로 인해서 『황성신문』과 『제국신문』이 창간되기에 이른다.

조선의 국왕이었던 고종이 대한제국 황제로 격상되면서 종묘宗廟[9]에 있는 국가 신위도 그대로 둘 수가 없었다. 대한제국이라는 국호에 황제로 격상된 고종이 친왕급의 신위들이 모셔져 있는 종묘에서 그대로 국가 제사를 지내는 것은 위격位格에 맞지 않는 것이다. 그리하여 이것도 '점진적'으로 변화시켰다.

고종의 국정 개혁은 '점진주의piecemealism'라고 표현할 수 있다. 그리고 예제의 격상과 같은 개혁도 점진주의 개혁의 좋은 사례이다. 1897년 10월 12일에 황제로 즉위한 고종은 1899년 말이 되어서야 대한제국 황제와는 위격位格이 서로 맞지 않는 종묘 신위들 일부를 위격과 항렬에 맞추는 조치를 취하기 시작하였다.[10] 조선 태조를 대한제국 태조고황제太祖高皇帝로 추존하여 '대한제국의 시조始祖'로 받들게 하였다. 자신의 종통상의 부친으로서 친아들 헌종에 의해서 익종翼宗으로 추존되어 종묘에 신주가 모셔진 효명세자는 문조익황제文祖翼皇帝로 추존하였다. 효명세자의 아버지로 고종의 할아버지 세대인 순조純祖는 순조성황제純祖成皇帝로 추존하였고, 원래의 국왕 묘호가 정종正宗이었던 고종의 증조할아버지는 정조선황제正祖宣皇帝로 추존하였다. 고조할아버지 세대가 되는 사도세자는 아직도 세자 위격이었고, 종묘가 아닌 중사 1등 사당인 경모궁景慕宮에 신주가 모셔져 있었다. 사도세자의 경우는 2단계의 추존이 필요하였다. 따라서 일차적으로 사도세자를 장종章宗이라는 조선 국왕 묘호로 추존하고, 수일 후에 장조의황제章祖懿皇帝로 태조 및 정조, 순조, 문조와 함께 황제로 추존하였다.

현재의 UNESCO 세계 문화 유산 종묘는 이렇게 대한제국 추존 및 즉위 황제의 신주와 조선의 대왕 신주들이 모셔진 '대한제국의 문화 유산'이다.[11] 그것이 제대로 알려지지 않았을 뿐이다. 대한제국 황제 추존 시에 밤나무로 새로운 신주를 제작했을 뿐만이 아니라 신주에 써 넣는 신위의 명칭도 모두 바꾸었다. 그 이외의 조선국왕 신주는 그대로 두었다. 황제 추존이 이루어진 시조와 4대조는 이전의 조선국왕 신주는 매안하고 새로운 황제신주를 만든 것이었다. 1897년까지 조선의 종묘였던 것이 독립국이자 황제국인 대한제국의 태묘太廟가 된 것이었다. 또한 왕세자의 신위가 모셔졌던 경모궁은 신주가 없어지고 태묘의 정전에 장조의황제莊祖懿皇帝의 신주가 새로 제작되어 모셔진 것이고 이후 종묘제사를 받게 된 것이었다. 또한 광무 3년1899 이전까지 현릉원顯隆園으로만 불리어 왔던 원소는 새로운 황제 능호를 부여 받아 융릉隆陵이

되었다.[12] 수원으로 원행가던 것이 이제는 격상되어 능행가게 된 것이다.

점진주의 변화를 시행한 또 하나의 좋은 사례 하나는 원구단에 시조 추존 황제 배위配位를 올리는 것이다. 1897년부터 원구단의 천지제사에서 상단上壇에는 가장 상위의 위격인 황천상제하느님와 황지기땅님라는 정위正位만을 올리고 제사지냈다. 그런데 1899년 황제 추존 이후에는 상단 배위配位로 대한제국의 시조始祖 태조고황제[13]의 위판을 모시는 조치가 취해졌다. 사직단의 위판중의 정위는 조선의 국사와 국직이었는데, 1897년 대한제국의 태사太社와 태직太稷으로 승격시키는 조치를 취했다. 요약하면 대한제국의 시조와 고종의 4대조를 황제로 추존하면서 상응하는 예제 개혁 조치를 원구단, 사직 및 태묘에 단행한 것이었다.

2. 입헌정치는 나쁘다는 의식
– 1884년 갑신정변이 끼친 부정적 영향

1884년 양력 12월 고종의 개화조정에 우정국이라는 근대적 주무부서 창설을 축하하는 날을 기회로 '갑신정변甲申政變'이라는 정치적 충격이 일어 났었던 적이 있었다. 고종의 친정親政 조정은 전체적으로 보아 개화開化의 방향[14]으로 맞추어져 있었고, 1880년에 조선 전래의 6조와는 별도의 통리기무아문을 설치하면서 개혁 과정이 진행되고 있었다. 갑신정변은 적극간섭정책을 펴는 대청 제국 세력을 몰아내고 자주성을 회복하려는 젊은 세대의 정변이 었다. 따라서 갑신정변은 자주성自主性을 해치는 장로 세대의 미온 적 조치를 타개하기 위한 정변이었다.[15] 더군다나 파견된 조선주 차駐箚 대청제국의 관료들의 내정 간섭은 젊은 갑신정변 주도 세력 에게는 속방화屬邦化 정책으로 간주되고 있었다.

갑신정변은 근대적 국가 개혁뿐만이 아니라 2년 전 1882년 신식군대와 구식군대의 차별에 반감을 품은 군인들이 일으킨 임 오군란壬午軍亂과 그 사후 처리 문제와 관련이 있다.[16] 임오군란은 개화로 방향타가 잡힌 고종 개화 조정의 군제 개편 과정의 진통이 었는데, 그 진압과정에서 청나라 신식 군대가 3,000명 정도 도성 한성에 들어와서 임오군란을 수습하고 홍선대원군을 사로잡아 허 베이성河北省 바오딩保定에 인질로 잡고는 조선의 내정에 간섭하였 다. 또한 완전히 철수하지 않고 용산에 1,500명 가량의 청나라군 이 주둔하여 군사력을 배경으로 하여 적극적 내정 간섭을 하는 청 나라 조선주차 관료와 앞 세대 친청파親淸派 고위관료들의 행보와 관련이 있었다. 당시 조정의 권력을 잡은 앞세대 관료들의 친청파 적 행보는 개화라는 좌표축에서 '급진적인' 젊은 세대 정치엘리트 들의 반감을 샀다. 이들이 일본 세력을 등에 업으려고 했던 것도 친청파에 대항하는 정치적 행동이었다.

젊은 세대 갑신정변 주도자들이 서구와 미국의 입헌정체立憲政體의 내용을 숙지하고 있었다.[17] 영국이나 미국 및 프랑스의 정치 제도및 헌법憲法에 대한 나름대로의 지식도 이미『한성순보漢城旬報』1883.9.20~1884.12.4를 통해서 유입되어 있었다. 현재로서는 갑신정변 자체가 실패한 혁명시도였기 때문에 갑신정변 주도자들이 국왕의 권력을 약화시키고 신권臣權을 강화시키려고 했는지는 정확한 판단을 내릴 수는 없다. 그러나 공화제共和制를 포함한 서구적 입헌 정체는 분명히 군주제 500년의 전통과는 이질적인 것이었고, 500년 군주제의 역사적 무게는 고종의 개화 조정과 조선 사회 전체에도 지속되는 것이었다.

통리아문 시대1880~1894 초기에 『한성순보』를 통해 서구 국가의 정치체제를 입헌立憲[18] 정체政體라고 하는 서구적 국가학國家學 지식이 이미 소개 되어 있었다는 사실[19]에 주목할 필요가 있다. 이 때문에 고종의 조정과 이를 지켜보는 1890년대 조선의 당대 지식인들은 서구적 제도의 '입헌立憲'이라는 용어의 의미를 현재의 우리와는 상당히 다르게 가지고 있었다. 현재의 우리는 입헌이라는 것을 단순히 헌법을 제정한다는 것으로 통상적으로 알고 있다. 그러나 130여 년 전의 '입헌'이란 유교적 이념에 충실한 체제를 가지고 있었던 조선에게는 정치 제도와 사회의 변혁을 가져와야 하는 것으로 인식되었다. 역사적, 사회적 맥락이 현재와는 완전히 달랐던 130여 년 전의 한반도는 500년 군주제의 조선이라는 국가가 지속되고 있었던 것이다.

　당대의 입헌의 의미는 조선 전래의 군권君權을 깎아내 버리고 신권臣權을 신장시키는 정치적 의도로 볼 수 있는 여지가 많았다. 좀 더 나아간다면 조선의 전통에 맞지 않는 반역反逆의 정치성, 곧 역심逆心을 품은 것으로도 볼 수 있는 여지가 많았다. 프랑스와 미국의 공화제共和制에 대한 지식이 이미 도입되어 있었기 때문에 신하의 권력을 증대시키려는 숨은 의도나 실천적 시도는 군주제 국가인 조선에서 군주를 몰아내려는 정치적 지향성을 가지고 있는 것으로 보여서, 개화가 대세로 잡힌 조선 조정에서도 수구적인 앞 세대 관료들은 물론이고 개화 좌표의 보수쪽에 위치한 보수적인 지식인들에게까지 반감을 사게 되어 있었다.

　갑신정변은 고종의 개화 조정의 점진적 개혁의 속도로서는 너무도 급격한 변동이나 교란을 의미했었다. 갑신정변이 일어난 지 13여 년 후의 서구적 제도에 대한 지식이 심화된 사회의 상황은 이러한 측면을 분명하게 반영하고 있다.『승정원일기』1897년 양력 4월 21일 자에 실린 박영효의 처벌을 청하는 유학儒學 김운학의 상소에는 "외국의 '입헌'을 모방하는 자는 중신의 권력을 욕구하여 군주의 권력을 깎으려 하는데, 그 본심이 바로 공화共和에 있어서 먼저 '입헌'을 시험한 연후에 '공화'를 하여 곧 찬탈하려는 계산을 가지고 있습니다募倣外國之立憲者, 欲其重臣權而削君權也 其志本在共和, 而先以立憲嘗試 然後然入於共和, 以做奪之計也"라는 대목이 있어서 1880년 중반부터 1890년대 말까지의 보수적인 조선 및 대한제국 지식인들이 '급진적인' 서구식 개혁에 대해서는 그렇게 달갑지 않게 생각하고 있었고 군주제의 변경에 대해서 강한 반감을 가지고 있었다는 사실을 확인할 수 있다.

이렇게 입헌정치立憲政治가 나쁘다고 하는 의식이 존재했다. 일본과 같은 서구적 입헌정치 제도의 실시는 군주제 폐지로 갈 수도 있다는 측면에서 경계의 대상이었다. 1896년 4월 27일『승정원일기』[20]에 수록된 상소에서 "아, 갑오1894 6월 이후로 입헌 정치立憲政治에 대한 논의가 제멋대로 행해지고 난역亂逆의 무리가 꼬리를 물고 일어나더니, 작년1895 8월 20일에 이르러 윤상倫常이 어그러져 없어지고 천지가 뒤집혀 변했으니, 이는 참으로 만고에 없는 변고입니다. 이달 23일에 이르러서는 저들 무리의 흉악한 역심逆心이 더욱 방자해지고 더욱 확장되어 신명神明도 속일 수 있고 사람들의 이목도 현혹시킬 수 있다고 여겨"라고 하여 그 실상이 확실히 드러난다.

1880~1890년대의 입헌立憲의 의미는 개화 조정에서 급진적 반역 행위를 의미할 수 있었다. 따라서 500여 년의 기초 법전 전통에 맞게 우리 식으로 근대화한 1896년의 기초 법전인『법규유편』에는 '헌법'이라는 말이 등장하기가 어려웠다. '홍범' 14조라는 명칭은 수천 년 동북아시아의 전통에 존재하는 군주제를 가리키고 있었다. 헌법憲法이라는 보통명사, 곧 근대 개념어에 들어가 있는 전

통적 의미를 살펴볼 수 있다. 조선에서도 조종의 헌법祖宗之憲法, 祖宗憲法이라고 쓴 용례가 『승정원일기』에 존재하는 것이 발견된다.[21] 하지만 이런 헌법이라는 용례가 가리키는 내용은 현재의 헌법이라는 보통명사가 가리키고 있는 내용과는 다른 의미를 가진다.

　　『조선실록』 검색에서 '방헌邦憲'이라는 용어와 이에 연관된 '조종성헌祖宗成憲'이라는 어구가 더욱 자주 사용되는 것을 알 수 있다. 『승정원 일기』에서 발견되는 헌법이 가리키는 개념은 '방헌邦憲'인 것이다. '방헌'을 넣어 검색해 보면 헌법이라는 단어보다 더욱 많은 실록기사를 찾을 수 있다. 방헌邦憲'이라는 표현에 주목하면 이해가 쉬운데, '우리나라의 헌憲'이라는 의미이다. '조종성헌'은 '조종법전祖宗法典'과 비슷한 말인데 헌憲을 강조한 것으로 보면 개념이 잡힌다. 당대 국왕 이전의 열성조가 이루어 놓은 방헌을 의미하는 것이었다. 세종대의 '조종성헌'이 태조로부터 태종대에 존재한 『경제육전經濟六典』 원육전元六典과 세종대에 존재하게된 속육전續六典이라는 조선의 기초 법전을 의미하는 용례를 세종실록에서 찾을 수 있다.[22]

　　이 조종성헌을 지키는 조정의 부서가 '사헌부司憲府'였다. 사헌부는 의금부 및 종부시와 함께 현재의 검찰과 비슷한 유형의 일을 하는 것으로 보면 된다. 6조의 형조刑曹는 국법을 범한 죄인들에게 가하는 제재인 형률를 실무적으로 담당하는 관아였고, 사헌부는 조종성헌, 곧 방헌을 어기거나 무시하는 행위를 규찰하는 관서였다. 조선의 사헌부, 사간원, 홍문관의 3사가 국왕과 관료들의 권력 남용을 방지하는 견제 장치이면서 균형잡는 제도였다는 것은 잘 알려져 있다. 종친들을 규찰하는 종부시의 제도가 두 명이었는데, 한 명은 종친 중에서 임명하고 다른 한 명은 사헌부의 최고위인 대사헌이 맡는 것으로 보아 사헌부의 조종성헌을 지키는 기능을 잘 설명해 준다.

방헌은 방례邦禮와 개념적으로 겹치는 면이 많다. 방례는 다산 정약용의 『경세유표經世遺表』라는 주요 저작의 원래의 제목이 『방례초본邦禮草本』이었다는 사실에 주목하면 내용이 이해가 된다. 기원전 11세기에서 3세기까지 존속한 주周나라의 『주례周禮』에 해당하는 조선의 『주례』가 이 '방례'라고 보면 된다. 방례는 우리나라의 주례에 해당하니까, 『경국대전』―『대전통편』 체제의 관제官制와 그에 관계된 운용에 관한 규정들인 것이다. 『경세유표』, 곧 『방례초본』은 다산이 『경국대전』―『대전통편』 체제의 개혁의 방향을 서술해 놓은 연구 결과물이다. 이에 비해서 다산의 『목민심서牧民心書』는 지방관의 수령7사守令七事 곧 농상성農桑盛, 호구증戶口增, 학교흥學校興, 군정수軍政修, 부역균賦役均, 사송간詞訟間, 간활식奸猾息의 범주에서 지방 수령의 임관 자세를 논의한 저서이고, 『흠흠신서欽欽新書』는 형조의 형률刑律의 적용에 관해서 연구해 놓은 결과물이다. 따라서 이러한 조선 후기 학술적 맥락을 적용해 보면 방헌과 방례는 고종대라는 시기를 정해 보면 『대전통편』과 『대전회통』이라는 기초 법전을 가리키고 있고 그 법제가 적용되는 사회의 법제적 운영을 지칭하고 있다.

조선의 법전과 예서에 관한 연구 분야는 유학자들의 연구물들이 조선 초기부터 없었던 것도 아니고 지속적으로 연구되어 왔는 데도 불구하고 임진왜란과 병자호란 이후의 학문적 경향을 실학實學[23]과 허학虛學을 대비시키면서 영조—정조 시대 실용성을 강조하는 방식의 역사 서술이 있다. 이러한 역사 서술은 정확하게 따져보면 그렇게 중요한 것이 아니다. 유학儒學이라는 조선의 정학正學의 맥락에서 정조—순조 당대의 대학자 정약용이 그의 완숙한 학문적 성과물로 내놓은 것이『경세유표』,『목민심서』,『흠흠신서』인 것이다. 19세기의 사회와 대비시켜서 연구하고 당대의 사회상과 연결시키면 된다.

예학이라는 큰 범주 속에 법제 연구가 포함되어 있었고, 조선 초기부터 정약용 당대의 조선 후기에도 그러한 전통이 지속되고 있었던 것이다. 서구 사회학sociology 혹은 사회과학social science과 같은 유형의 서적들이라는 사실을 제대로 인식해야 한다. 그 맥락이 정조—순조대의 기초 법전을 연구하고 그 개혁의 청사진을 다산 나름대로 제시한 사회과학적 저작이었다는 것이다. 예를 들어 순조 17년[1817]『방례초본邦禮草本』, 곧『경세유표』에서 제시된 조선 8도 체제의 개혁론인 남북 분도론分道論[24]은 제시된 지 80여 년만인 1896년 대한제국 시대의 지방제도 개편때에 거의 비슷한 형태인 13도로 개편된 것은 전통 사회과학적 연구 결과가 사용된 사례를 보여준다.

또한 현재의 우리 헌법의 수준의 규범적 구속력과 권위를 보여주는 「서고문」에 헌법과 같은 상위법적 조항이 존재했다. 한문으로 쓰여진 그대로가 『법규유편』에 실려 있다. 1894년 군국기무처 회의 이후 고종 조정 '법부'의 1895년 실무 작업을 통해서 다듬어진 『법규유편』이 1896년 편찬되어 나오는 과정에서 우리는 「서고문」과 14개조 홍범이라고 하였지 헌법憲法이라는 일본식 용어를 쓰지 않았을 뿐이다. 당대까지 방헌과 방례에 해당하는 기초 법전의 '헌憲 개념'이 의식을 장악하고 있었다.

기초 법전 전통이 없었기에 흡수가 빨랐던 일본과 같이 서구적 헌법과 그 제정을 의미하는 입헌立憲과는 그 문화적·법제적 맥락이 상당히 다르고 정치적 의미가 완연히 달랐다. 그러므로 「서고문」과 14개조 홍범은 기초 법전이라는 광의의 헌 속에 근대적인 상위법적 구속력을 가지는 헌을 넣은 형태로 조선의 법제적 전통과의 연속성과 불연속성을 동시에 보여주는 것이다.

500여 년의 기초 법전 전통에 맞게 우리식으로 근대화한 법전인 『법규유편』을 편찬하였다는 사실은 개화開化나 헌법 및 입헌의 개념 혼동으로는 제대로 이해가 되지 못한다. 120여 년 전 당대의 여러 문헌들에서 의미들이 어떻게 다른 것인지를 구별하지 못하여 개념적 혼란이 있었다.

전제군주국과 입헌군주국의 대조를 즐겨 쓰기 시작한 것도 일본 공사관과 같은 외교관들이었다는 사실에 주목할 필요가 있다. 1905년 제2차 한일각서_{乙巳勒約}를 마련하는 과정에서 이토 히로부미와 하세가와 요시미치가 이끄는 조선주차군의 강압에 못 이겨서 외교권을 일본제국에게 넘기기로 서명한 5명의 국무대신들이 올린 상소[25]가 『승정원일기』에 수록되어 있는데, 대한제국이 전제專制군주국이고 일본제국은 입헌立憲군주국이라고 구분짓고 그에 따라 강요하는 일본 외교관을 묘사하고 있다. 전형적인 일본식 성격 규정인 것이다. 그런데 고종태황제는 제2차 한일각서를 비준한 적이 없다!

조선과 대한제국은 일본식 전제인 독재와 입헌의 대조로 구분하여 성격을 규정하는 방식과는 거의 맞지 않은 법제사적 논리 및 문화적 맥락이 있다. 조선과 대한제국의 입법 과정이나 회의체 운영에서는 일본과 비교도 안 될 만큼 다른 법제 문화를 가지고 있었기 때문이다. 법을 세우는 것이라는 의미의 입법이라는 용어도 『경국대전』에서부터 확인이 된다는 사실을 상기해야 한다.

3. 1898년 중추원 민선民選 의관議官 요구 시위에서
출현한 '국민國民'

1895년 12월로부터 시작된 일련의 변화는 1897년 대한제국
의 선포라는 최고점에 도달하여 『법규유편』과 『법규유편 속편』을
가지는 근대적 법전 시대에 돌입하였을 뿐만 아니라 1898년 6월
15일 이후로 '법규교정소'가 다시 설치되면서 기초 법전 개정과
법부 하위 법률 제정 기관인 '법률기초위원회'가 가동되어 대한제
국의 법전과 법제를 지속적으로 다듬어 나갔다.

1885~1896년 갑오을미개혁 이후로 제도적으로나 의식으
로나 변화된 사회가 만들어지기 시작하였다. 1897년 대한제국 황
실과 조정의 변화에 이어서 주목할 만한 사회적 변화가 드러난 역
사적 계기는 이듬해인 광무 2년1898에 일어났다. 이 역사적 사건은
당대에는 '만민萬民'으로 지칭된 것으로 현재의 '국민國民'이라는 보
통명사의 실체와 개념이 완연하게 형성된 것을 보여준다. 만민萬民
이라는 낱말은 황제를 대면하는 신민臣民이 외치는 '만세萬歲!' 환호
와 같은 맥락의 낱말이다. 조선 국왕을 대면한 신민臣民이 외치는
'천세千歲!'라는 환호는 대한제국 선포 이후 '만세萬歲!' 환호로 변화
되었다. 백 가지 성씨姓氏를 의미하던 백성百姓과 함께 '만성萬姓'은
빈번히 쓰이던 당대의 문화적 맥락에서 보통사람들을 의미했다.

광무 2년1898 3월부터 황성 서울 종로에는 독립협회가 주도

하여 서민들이 모이는 집회인 만민공동회萬民共同會가 개최하기 시작한다. 러시아와의 협력을 중시하는 대한제국 정부의 성향에 따라 러시아에게 이권을 주고 있던 당시 정부 정책을 비판하고 독자성을 가지자는 성향의 정치적 집회였다. 독립협회 회원이 연설하고 만민이 듣고 공감하는 집회가 계속되었다.

1898년 4월 3일부터는 만민공동회의 주제가 '의회원議會院을 설립하는 것이 정치상 가장 긴요함'으로 정해지고 토론회가 열렸다. 1880년대부터 『한성순보』와 『한성주보』의 기사들과 정관응의 『이언』 '논의정論議政' 편26에도 의회원에 대한 정보가 실려 있었으며, 근대적 선거election에 의해서 구성되는 의회에 대한 지식이 대한제국 사회의 각층에 알려져 있었다. 이러한 지식이 전국의 지식인유생들에게, 또 최소한 황성과 그 주변의 만민들에게도 상당히 확산되어 있었던 것이다. 또한 『법규유편』의 규정, 즉 대한제국 중추원이 의장議長과 부의장副議長 및 의관議官이라는 당대의 명칭의 사람들로 구성되는 국정 논의 및 회의 제도라는 것과, 의관들을 황제가 내각의 추천과 함께 임명하는 제도라는 것도 알려져 있었던 것이다.27 또한 1896년 창간된 『독립신문』을 통해서 이러한 근대적 제도에 대한 지식이 확산되고 있었다. 민선 의회원 제도 요구에 대해서 4월 14일에 법부 고문 미국인 이선득Charles W. Lengendre이 독립협회 지도자들이 주장하는 '완전한 대의 정부thoroughly representative government'의 수립은 시기 상조이고, 정부의 행정을 감시하는 기관으로는 '자문諮問 기관Consultation Board'의 설치가 합당하고 하였다.

당시는 고종태황제의 개인사와 황실의 흉사가 겹쳐 있던 기간이었다. 광무원년1897 12월에 명성황후의 재궁이 청량리 홍릉洪陵터에 하현궁되었다. 황후의 국상 기간이었는데 1898년 2월 고종태황제의 부친 흥선대원군과 모친 여흥 민씨가 서거하였다. 겹치는 국상國喪 3년상이 시작되고 있었다. 흥선대원군은 1897년 10월 12일 황성 내부 소공동으로 옮겨온 원구단에서 올린 천지제사와 그 이후의 황제 즉위식에 참석하였다. 대한제국을 선포하고 3개월 가량이 지난 후에 서거한 것이었다.

1898년 10월 28일부터 11월 2일까지 6일간 황성 서울 종로에서 관민공동회官民共同會가 개최된다.[28] 독립협회 자체가 고종 조정의 지원을 받는 반관반민半官半民 단체[29]로 대한제국 정부의 관료로 임용된 사람들이 주도하였고, 『독립신문』 사장 서재필도 중추원 고문이었다. 광무 2년 11월 1일 자『독립신문』은 '관민공동회 사실'을 기록하고 있다. 11월 4일 자는 '공동회 편지'라는 제목의 논설에 만민공동회 대표들이 정부에 보낸 편지와 그 답변을 기록하고 있다. 그런데 11월 5일부터 12월 23일까지 황제가 경운궁 남문 인화문仁化門 앞에 모인 군중들 앞에 나타나 친유親諭한 6일간을 제외한 40여 일간 계속된 군중 집회 농성이 만민공동회의 계속이었다. 모든 사람들은 '충군애국'하는 대한제국 인민의 자격으로 만민공동회 시위에 직접 참가하거나 전폭적인 지지를 보냈다. 시위대를 위해 자발적으로 마련한 장터에서는 장국밥을 제공했으며 이른바 '규찰대'를 조직하기도 했다. 1898년 11월 28일 자 『독립신문』의 논설 「국태민안」에는 광무 2년 11월 26일의 전대미문의 유조諭詔가 들어있다. 고종태황제가 공동회 군중, 곧 백성의 요구를 들어주기로 약속을 한 것이다. 그리고는 12월 24일 만민공동회는 해산되었다. 독립협회를 비롯한 모든 협회도 이후에 해체의 칙령勅令이 떨어진다.

하지만 광무 2년의 만민공동회의 중추원 의관議官의 일부를 '민선民選'으로 하는 정치 개혁안을 군주제 정부에게 올리는 성과를 얻어내고 새로운 내각을 꾸릴 준비와 중추원 관제의 개혁까지도 진행되고 있었다. 그러나 이렇게 민의가 반영되는 급격한 개혁에 대해 수구적인 고위 관료군이 '공화제 설립 음모'라는 소문을 유포하여 1884년 갑신정변에서 유래한 논란을 잡고 늘어지자 급격한 반전을 이루면서 좌절되었다. 1884년 갑신정변 이후 입헌정치는 나쁘다는 의식, 즉 입헌정치 모색은 군주제 폐지로까지 갈 수 있다는 위험성에 대해 경계하던 대한제국 사회에서 공화제를 설립하려는 음모라는 날조된 소문은 먹혀 들었고, 고종태황제의 만민공동회 진압 칙령과 독립협회 및 황국협회와 같은 모든 민회民會 해산 칙령까지 유도하는 성과를 얻어 냈다.

민선 중추관 의관 제도 쟁취가 실패로 돌아가고 이듬해

1889년 초에 「대한국제大韓國制」가 제정되었다. 「대한국제」의 제2조가 황제 폐하가 전제專制하는 군주라고 규정하고 있어서 대한제국이 입헌군주국이 아니라 전제군주국이라고 하는 것은 '전제'라는 단어를 크게 확대 해석한 일본 공사와 그 배후인 일본제국의 침략 의도를 그대로 따라 가는 것이다. 「대한국제」는 근대적 헌법의 기능이 아니라 제1차 세계대전 이전의 만국공법萬國公法이라는 문맥 속에서 독립국들 중 황제국에서 황제의 기능 규정 정도에 해당한다. 조항에 '공법公法'이라는 단어가 매우 빈번하게 등장하는 이유도 그러한 맥락에서이다. 이후 1908년 『융희 법규유편』 「규제문」에 와서야 기초 법전에 포함된다. 『융희 법규유편』의 가장 앞에 등장하는 고종과 순조의 서고문과 같이 들어가 있으면 그것이 흠정헌법의 규범적 구속력을 가진다고 볼 수 있지만 법전에 수록된 위치는 「규제문」이다. 황실전장皇室典章으로 기능한 것이다.

대한제국 도성 황성 내의 군중들로 한정되었다고 하더라도 과거의 군주와 조정을 나랏님으로 알고 무조건 따르는 백성이 1880년부터 이루어진 개화開化 과정을 통해서 광무 2년에 와서는 근대적 인민人民, 곧 국민으로 성장해 있었다는 것을 알 수 있다. 이 초기의 국민은 주권에 대한 의식이 나름대로 생긴 수준 정도였으며, 완전하게 근대적 국민의 권리와 의무를 인식하는 정도는 아니었다고 볼 수 있다.

제6장

대한제국에서 헌정憲政 개념 자리 잡다

광무 2년1898 '만민공동회'로 인하여 대한제국 황제가 거처하는 어소御所 경운궁慶運宮의 남문인 인화문仁化門 앞에서는 수 개월간 시위가 계속되었다. 국정을 논의하는 대한제국 중추원 의관의 반 정도를 백성의 선거로 뽑는 관제 개혁을 요구하였다. 『한성순보』와 『한성주보』에 이어서 독립협회와 『독립신문』을 통해서 더욱 확산된 권리 의식, 즉 천부인권설에 의한 권리 의식이 제한적으로나마 무의식적으로 발현되기 시작한 것이다. 지금의 우리가 가진 개념과 같은 '국민國民'이 1898년 만민공동회를 통해서 완연하게 출현한 것이다.

만민공동회에서 나타난 국민의 민선 중추원 의관 제도 쟁취 시도는 좌절되었다. 새로운 의정부를 인선하여 황성皇城 백성들의 민의를 받아들이기로 했다가 공화제 설립에 대한 유언비어에 그만 민회民會를 모두 해산하는 황령이 내려지고 모든 것을 원위치시키는 조치가 이루어졌다.

하지만 그 역사적 의미는 상당한 것이다. 정치적으로 근대적 국민의 권리를 강하게 요구하는 정도는 아니었다. 또한 하원과 같이 만민 혹은 국민 중에서 중추원 의관을 '모두' 선출하자는 것도 아니었고, 선거를 통해서 상원 같은 의회를 만들어 보자는 것이었다. 그리고 황제가 임명하는 전체 의관 수의 반 정도를 민간 선거로 뽑자는 요구였다. 대한제국과 황제에 대한 충성심의 측면에서 황제의 민회 해산 명령은 진통을 겪기는 하였지만 그대로 시행되었다.

1898년은 황후의 국상 및 황제의 생부와 생모의 국상이 겹친 해였다. 명성황후의 재궁은 1897년 12월에 원래의 홍릉터인 현 국립산림과학원 뒷산에 하현궁되었다. 1898년 2월에 흥선대원군과 부인 여흥민씨의 국장으로 인하여 공덕동의 사당 공사가 시작되고, 원소園所가 지정되었다. 고종태황제는 중요한 정치적 동반자였던 명성황후와 생부, 생모를 짧은 기간 안에 의식적으로 떠나 보내야

〈그림 8〉 고종대에 중건된 한성(漢城)의 동대문, 흥인지문(興仁之門)

헌법주의

하는 심리적으로 저하된 상태에서 만민공동회 사건을 겪었다.

국가의례 오례五禮 중의 흉례凶禮의 경우는 국가 제사에서 곡哭을 해야 한다. 참여자들이 우는 순서가 반드시 들어가게 되어 있다. 경운궁 인화문을 나간 거가車駕는 종로를 통과하여 흥인지문동대문을 나가서 현채의 제기동과 청량리 지역을 지나서 새로운 양식의 대한제국의 황후릉으로 조성된 원래의 홍릉으로 간다. 지아비되는 고종은 오열하였다.

만민공동회라는 역사적 계기는 고종 황제에게 갑신정변이라는 1884년의 정치적 충격과 같은 정도의 영향력을 행사하였을 것으로 보인다. 홍범 제1조는 갑신정변을 일으킨 젊은 세대 정치 엘리트들이 요구한 '자주독립自主獨立'을 10여 년 후인 1894년에 그대로 수용한 것이었다. 고종은 같은 해에 일어난 동학운동이라는 백성의 국정 개혁 요구를 실제로 대면하였고, 1880년부터 추진하여 오던 개화 정책의 방향을 내정으로까지 확대한 국왕이었다. 1897년 대한제국 선포와 예제의 격상도 자주독립의 맥락에서 이루어진 점진적인 개혁의 일환이었다.

대한제국 고종황제는 만민공동회의 계속된 경운궁 인화문 앞 시위에서 대한제국의 '국민'이라는 실체를 보게 되었다. 국민의 출현은 개화 정책의 심화에 의해서 나타난 결과였다. 국민이 민선 중추원 의관 제도를 요구한 것이다. 최고의사결정자의 입장에서 이러한 국민 여론과의 대면은 서구적인 입헌군주국으로의 정치개혁에 대한 요구를 허용할 수 없다는 입장에 서도록 하는 효과를 가져온 것 같다. 그러나 시간이 흐르면서 고종의 어심御心은 달라졌다.

1. 국가학 지식의 확산

국가國家에서 자신들이 가지는 권리와 의무를 의식하는 정도의 '국민' 형성은 광무 2년[1898] 만민공동회를 기점으로 '실천적으로' 진행되었다. 1894~1895년 갑오을미개혁으로 인한 조선 전래의 노예제 폐지[1] 여파로 백성, 즉 신민臣民의 숫자가 급격히 증가하였고, 1880년대 『한성순보』 및 『한성주보』와 1896년 이후 독립협회의 활동과 『독립신문』을 매개로 확산되기 시작한 서구 국가의 정치 체제에 대한 지식은 보편화되었다. 국문國文으로 많은 사람에게 읽혀지도록 집필된 유길준의 『서유견문西遊見聞』[2]이 국왕 고종에게 상주上奏된 것은 출간[1898]되기 10여 년 전의 일이었다.[3] 1880년대 중후반에 이미 상주되어 고종은 그 내용을 잘 알고 있었다.

『서유견문』은 단순한 서양 사정 소개서가 아니다. 이제부터는 『서유견문』을 고종에게 상주한 '국정개혁입안서'라는 개념을 가질 필요가 있다. 1884년 갑신정변으로 미국 보스턴에서 유학하던 유길준이 미국에서 서구 국가를 답사하고 이집트 수에즈 운하를 거치고 인도양을 거쳐서 남쪽에서 한반도로 귀국하게 된 배경에는 암묵적인 국왕의 지시가 있었을 것이라는 사실을 주목해야 한다. 그리고는 한규설을 가택에 연금한 상태로 한글, 곧 국문으로 집필하도록 배려된 상황을 정확히 인식해야 한다. 이 『서유견문』의 내용과 군국기무처의 「의안議案」을 살펴보면 『서유견문』의 내용을 기초로 하여 토의되고 발전된 것이라는 전후사실을 분명히 파악할 수 있다. 1880년으로부터 약 20여 년이 지난 시간적 간격과 그동안의 급격한 사회 의식의 변화 상황을 이제까지의 근대사 서술은 제대로 반영하지 못하고 있었다.

　우리가 제대로 평가하지 못하고 있던 역사적 사실은 1세기 이전에 존재한 '국가학國家學'[4]이다. 1세기를 넘기는 이전의 시대에 서구에는 정치학이나 헌법학이라는 분야도 있었지만 국가학이라는 학문이 존재했다. 당대 서구 사회에서 '국가state란 무엇인가?'에 대해 이론을 세우고 학문적인 답변과 논의를 하는 것이 국가학이었다. 이런 국가학이라는 배경에 의거하여 일본의 메이지 헌법을 이해할 수 있다.

　단순히 근대화의 속도에서 일본제국은 빠르고 대한제국은 느렸다고 할 수는 없다. 그리고 고종 조정과 대한제국은 일본의 근대화를 모델로 하여 개화를 진행시킨 것이 아니다. 오히려 대한제국은 형법 대전을 프랑스인 법률고문이 프랑스어로 출간할 만큼 서유럽으로부터 직수입하려고 했던 증거가 있다. 다른 말로 하면 대한제국의 기초 법전 형식의 근대화인 『법규유편』과 「서고문」의 법제 체계와 일본제국헌법과 그들의 하위법 체계의 역사적 궤적은 완연히 다르게 움직이고 있었기 때문에 그 역사적·법제사적 맥락을 정확히 묘사한 이후에야 차별성을 설명할 수 있다.

첫째로 1905년 전후에 와서야 대한제국 사회에서 서구적 헌법과 일본 헌법이 별다른 제한 없이 연구되고 가르쳐지고 있었다는 사실을 올바로 인식해야 한다. 1905년에 설립되어 1907년에 첫 졸업생을 배출한 보성전문학교에서의 '헌법' 강의 사례와 1905~1907년 관료 임면 준비 교과서들에서 일본 헌법을 중심으로 각국의 헌법을 풀어서 설명하는 헌법학 책과의 연결을 확인할 수 있다. 서구적 제도와 일본식 헌법이 없어서 근대화를 하지 못하던 것이 아니다. 또한 입헌군주국이 아닌 전제군주국이라는 성격 규정과 비판은 맥락에서 벗어난 당대 일본 외교관들이 주도한 것이니만큼 귀를 기울일 필요가 없는 것이다.

두 번째로 1908년부터 대청제국도 '입헌대강立憲大綱'[5]과 계획안인 '축년주비사의청단逐年籌備事宜淸單'에 따라 실제로 1910년 자정원資政院이라는 명칭의 의회를 베이징에 소집할 정도로 군주제를 유지한 채 서구 헌법과 의회 제도를 도입하려는 개혁 시도가 이루어지고 있었다는 역사적 사실[6]이다. 러일전쟁을 전후하여 서구적 헌법과 정치 제도를 형성하는 입헌 정치의 모색이 중국과 한반도 모두에서 확산되고 있었던 것이다. 대청제국의 경우는 1911년 무창

기의武昌起義를 통해서 이루어진 남중국 중심의 신해혁명辛亥革命을 통해서 마지막 황제 선통제의 생부 섭정 순친왕醇親王이 주도하던 이러한 정치 제도 변화가 별 성과를 거두지 못하고 좌절되었다.

세번째로 1905년 전후에서부터 1910년까지 대한제국기, 혹은 그보다도 1894~1895년 갑오을미개혁 무렵부터 서구적 국가 개념과 헌법 개념의 점진적인 확산이 있었다는 사실이 중요하다. 고종 조정이 이끌던 갑오을미개혁 이후의 대한제국에서는 국가학 지식이 심화되어 1905~1906년 무렵에는 학문적 번역서 발행으로 나타나고 있었던 것이다. 중요한 역사적 사실은 이 시기에 국가학 지식이 국민 계몽을 위한 소책자로도 나와서 널리 읽히게 되었다는 것이다. 바로 1905년에 설립된 헌정연구회憲政研究會의 『헌정요의憲政要義』라는 소책자이다. 근대적 '국가학의 대중화'와 전문적 법학, 정치학, 국가학 서적의 출간과 번역은 사회 전반의 지식을 확산시키고 심화시키는 계몽운동으로 연결되었다.

1904~1905년 전후의 국가학의 대중화, 전문적 심화, 헌법 개념 및 군민동치君民同治의 국민 헌정憲政 개념의 확산이야말로 15여 년 후의 1919년 3·1독립선언—대한민국 임시정부 및 헌장과 헌법으로 이어지는 일련의 정치적·법제사적 개혁의 저변 및 기초가 되었다는 사실을 인식해야 한다. 기초 법전 전통, 서구적 헌법의 이해도의 성숙 및 서구적 국가학의 대중화에 의해 형성된 대한제국 사회의 근대적 지식의 증가와 의식 변화가 바로 1919년 3월 1일 전국

적 삼일 만세 운동의 저변에 깔려 있었다. 이러한 계몽에 의한 의식 변화가 제1차 세계대전 이후 미국 대통령 윌슨의 민족자결주의보다도 일반 국민의 의식에 더욱 강한 규범적 구속력과 실행력으로 작용하게 되었다. 그래서 이러한 저변에 깔린 국가에 대한 근대적 인식과 헌법 개념의 형성이 1919년 3월 1일 독립을 선언하고, 4월 11일 국호를 '대한민국'으로 결정하고 공화제와 인민의 기본권을 명시한 (임시)헌장을 제정 공포하게 하였으며, 9월 11일 삼권분립을 명시한 이상적인[ideal] (임시)헌법의 제정 공포로까지 이어졌다.

2. 흠정헌법의 인정 여부

광무 8년[1905]에 대한제국 법관양성소에서 길러진 검사 출신 이준李儁[7]이 1905년 5월 24일 윤효정, 양한묵, 심의성 등과 함께 '헌정연구회憲政研究會'를 조직한다. 만민공동회와 독립협회 해산 이후 6여 년이 지난 시점이었다.

헌정연구회의 창립총회에서 회장은 장기렴, 부회장은 이준, 평의원으로는 유학자인 홍필주, 홍재기, 이기, 이윤종, 양한묵, 윤병, 김병식 등이 선출되었다. 계몽운동을 하던 '국민교육회國民敎育會' 인물들인 김정식, 이원긍, 서병철, 유진형, 서병길 등도 참여하였다. 국민교육회라는 명칭에서 보는 바와 같이 1905년 무렵이 되어서는 1898년 만민공동회의 중추원 민선 의관 요구 시위에서 나타났던 그 근대적 '국민國民'에 대한 교육이 사회 운동의 차원으로 끌어올려져 있었다. 이준이 실질적으로 이 헌정연구회를 이끌었던 것은 한국의 법관양성소 졸업생이었고, 일본에서도 서구 근대법학을 공부했고, 독립협회 경험이 있었으며, 서구의 정치학이나 국가학에 관해 당대로서는 해박한 지식을 가지고 있었기 때문이다.

이 헌정연구회에서 『헌정요의』라는 소책자를 발간하였다고 한다. 그리고 그 소책자는 『황성신문』에 게재되어 더 많은 사람들에게 읽혀지게 되었다. 『황성신문』의 기고문을 싣는 '기서寄書'란에 처음 실린 『헌정요의』 제1회 '국가의 본의本義'의 앞에 양한묵이 설명문을 게재한 것이 있다.

근일 헌정연구회에서 『헌정요의憲政要義』라는 한 소책자를 저술하였는데 그 취지는 국민이 먼저 국가의 성립한 요령要領을 각오覺悟한 연후에 정치의 사상이 시동始動하고 정치의 사상이 시동한 연후에 헌정憲政의 본의를 연구코자 하는 이유로 저술한 것이니 대략적인 그 편명編名은 국가의 본의와 국가와 황실의 분별과 국가와 정부의 관계와 군주와 정부의 권한과 국민과 정부의 관계와 군주의 주권과 국민의 의무와 국민의 권리와 독립국의 자주민이니 다만 이 한 책만 이해하여도 가히 국사國事를 여의與議하며 이 책만 실행하여도 황실의 대권大權과 국민의 솔복率福을 보호할진대 뜻이 있는 여러분이 한 번씩 살펴보시기 위하여 이어서 [황성신문에] 게재할 것을 알립니다.

헌정연구회 양한묵[8]

〈그림 9〉 대한제국기의 지식인을 독자로 한 한문투 신문『황성신문』

이『헌정요의』라는 소책자는 1905년 초엽에 만들어졌는데 그 소책자의 내용을『황성신문』에 게재하고 있다.[9] 이듬해인 1906년에 전군수前郡守 해풍 김우식이 인쇄하여 나누어 준 소책자『국민수지國民須知』[10]도『헌정요의』의 내용을 거의 그대로 담고 있다. 이 소책자의 제목도 '국민이 필수적으로 알아야 할 지식'이라는 의미이다. 현재로서는『헌정요의』는 발굴이 되어 있지 않고『국민수지』는 국회도서관 및 연세대 도서관 등에 몇 권이 소장되어 있다. 1898년 만민공동회의 중추원 민선 의관 요구 시위에서 나타났던 그 근대적 '국민國民'이 필수적으로 알아야 하는 지식이 바로 대한제국 나름대로의 국가학이었다. 그리고 그 개념이 국민 헌정憲政이었다.

1907년『제국신문』에도『헌정요의』및『국민수지』의 내용을 담은 글들이 게재되었다. 『제국신문』은 그 당시의 제호에는 '뎨국신문'으로 중산층 이하의 민중 및 부녀자를 주 대상으로 하는 신문이었으며, 순한글로만 발행되던 신문이었다. 『황성신문』이 유학과 한문을 아는 당대의 지식인들이 주요 독자층이었던 것에 반해 『제국신문』은 보통 사람들, 즉 서민들의 신문이었다. 1899년 12월 4일자로 『독립신문』이 폐간되는데, 1898년 8월에 『제국신문』이 창간되어서 발행되어 배포되는 기간과 겹친다. 『제국신문』에는 내용이 좋으니 독자들이 『독립신문』도 자주 보라고 권유하는 광고도 실려있다. 광무연간 말기 애국계몽운동의 여러 채널을 통해서 대한제국 국민들에게 널리 읽혀지도록 국민교육회와 대한자강회 등의 운동가들이 노력한 것으로 보인다. 이러한 시기는 제2차 한일각서乙巳勒約가 강제체결되고 통감부統監府와 이사청理事廳이 설치되어 일본인들이 대거 대한제국에 들어오고, 대한제국 외부外部의 일이 축소되어 외사국으로 격하되어 있던 시기였다.

　1905년 법률학 전문의 사립 한성법학교가 설립되었다가 6개월 만에 해산되는데, 교장이었던 현채玄采, 1856~1925가 당시 급격히 증설되던 사립 소학교들의 문제였던 교과서를 집필한다. 그는 1907년 발간된 교과서 『유년필독幼年必讀』과 교사용 지침서 『유년필독석의幼年必讀釋義』를 집필하였는데, 교사용 참고서인 『유년필독석의』 안에 『국민수지』가 그대로 전제되었다.[11] 교사들이 소학교 학생들에게 우리 나름대로의 국가학을 가르칠 수 있도록 교안으로 들어가 있었던 것이다. 국민이 알아야 할 지식, 즉 국민수지인 헌정憲政이 소학교 학생들을 가르치는 교사들의 지침서에 들어가 있다는 사실은 참으로 역사적 의미가 크다고 하겠다.

초등학교 교과서『유년필독』은 1909년 치안 방해를 이유로 이토 히로부미 통감부의 강력한 영향 아래에 있었던 대한제국 내부에 의해 발매 및 배포 금지 조치를 당한다. 현채는 새로운 교과서『신찬초등소학小學』을 집필하여 학부의 검정을 받고 내부의 출판 인가를 받아 출간한다. 일한합방 프로그램을 실행하고 있던 이토 히로부미 통감부의 구미에 맞는 내용으로 완전히 바뀐 교과서가 된 것이다.

『유년필독』은 1909년 11월 미주교포들의 애국심 함양을 위해서『국민독본國民讀本』이라는 이름으로 재간된다.[12] 미주의 교포들이 '국민독본'이라는 제목으로 발간한 것도 그들이 대한제국 국민이라는 의식을 가지고 있음을 말해 주고 있다.

『헌정요의』 및『국민수지』의 내용을 자세히 살펴보면 '군주제 국가'를 설명하고 국민의 근대적 권리와 의무가 명확하게 이해되도록 하는 데에 주안점을 두고 있다.『국민수지』에는 '국가國家의 본의本意'가 가장 먼저인데, 국가란 무엇인가를 국민에게 가르치는 글이다. 첫 문장에 '국가는 국민 만성萬姓의 공동체'라고 정의한다. 백성百姓이 아니라 만성萬姓이다. '군주의 사유물이 아니다'가 그 다음에 따라 온다. 국가에 군주를 세우는 것은 통치統治하기 위한 것이요 사유私有하게 하기 위한 것이 아니라는 사상은 제2장 국가와 황실의 분별에 나온다.

그리고는 맹자의 사직社稷 천명이 포함되어 있다. '민위귀 사직차지 군위경民爲貴 社稷次之 君爲輕!' '민여사직民與社稷, 곧 민民과 사직은 국가를 가리킨다'는 사상을 그대로 명시하고 있다. 사직과 연결된 민民에서 국國을 접두어로 붙이면 '국민國民'이다. 『헌정요의』 및 『국민수지』에서 나타나는 '근대적 국민'과 '전통의 사직 개념'과 연계성은 연속성과 불연속성 이중주의 또 하나의 사례이다. 이러한 연계성을 일제강점기가 끊어 놓으려고 한 것으로 평가된다. 대한제국 말기부터의 초기 독립군 및 독립운동에 투신하였던 지도자들의 의식 속에 '사직을 지켜야 한다!' 혹은 '사직을 회복하여야 한다!'는 의식의 존재는 복벽주의複壁主義로 오해되어 왔다. 물론 강한 의미의 복벽주의자들도 존재했지만 대한제국 말기의 애국계몽운동에는 비밀결사 신민회新民會의 경우에서 보는 바와 같이 이미 공화제에 대한 의식이 상당히 저변에 확대되어 있었다.

조선 및 대한제국의 사직단은 도성에만 있었던 것이 아니고 대한제국 13도 전국 330여 개 부府와 군郡에 모두 설치되어 있었고, 봄과 가을에 전국 330여 개 향교의 문묘에서의 제사 다음 날에 지방관이 제사를 지내도록 되어 있었다. 도성의 사직 제사는 조선 후기의 국왕과 대한제국 황제가 친제하는 경우가 많았다.

1910년 일한합병이 이루어지고 난 이후부터 조선총독부는 도성의 종묘와 전국의 문묘는 그대로 둔 채로 도성 사직단 제사를 원구단 제사와 함께 폐지하였고 아주 급격하게 지방 사직단들을 철거하였다. 거의 다 철거하여 200여 개의 사직단이 있었던 한반도 남부에서 단지 전라북도 남원부 사직단[13]과 경상남도 단성현[14] 사직단만 해방 후에 남겨져 있었다. 유학적인 조선의 사직 개념을 메이지 시대의 종교 근대화의 상징 신도神道로 대체하려고 획책하였다. 1930~1940년대의 신사 참배는 1910~1920년대 전 단계에서 지방 사직단의 철거에 이은 식민지 종속 의식의 강요였다. 서울 남산에 조선신궁神宮을 짓고, 백제의 마지막 수도인 부여에 부여신궁을 지었으며, 부산이나 원산을 필두로 하여 주요 도시에 신사神社를 지어서 일본제국이 식민지 조선의 주권sovereignty을 차지하고 있음을 과시하였다. '대한제국 국민'이라는 의식을 도말하고 일본제국 내의 일부로서 사직의 의미를 망각하도록 획책하였다. 1919년 3·1운동은 이러한 국민 의식을 제대로 다시 회복하려는 대한제국 유민들의 강력한 몸부림이었다.

『국민수지』에는 '헌법憲法'이나 '황실皇室'이라는 말들이 등장하는 데 반해 '입헌군주국'이라는 말은 쓰지 않는다. 헌정연구회의 '헌정憲政'이 있을 뿐이다. 국사國事를 여의與議하는 국민, 곧 의논하는 헌정을 의미한다. 군민동치君民同治의 '국민 헌정國民 憲政'을 일반인들에게 교육하려는 목적의 소책자가 『국민수지』인 것이다.

이것은 조선의 법전 전통에서 조종성헌祖宗成憲과 방헌邦憲의 의미를 상당히 포함하는 뉘앙스를 풍긴다는 것을 의미하고, 앞에서 살펴본 바와 같은 일본식의 입헌立憲의 정치성과는 다른 유형과 내용의 정치성을 가지고 있다는 것이 된다. 현재 우리가 쓰는 서구적 입헌군주제와 같은 유형의 정부 형태를 보이는 민선民選 의회議會나 미국 같은 유형의 공화제의 삼대권三大權과 삼부三府,[15] 즉 현재 용어인 입법부, 행정부, 사법부에 대한 언급은 없다.

1905년 이후의 국가학 책으로는 대한제국 법관양성소와 일본에 유학한 사람들이 낸 많은 번역서들이 있는데 『국가학』김상연 역, 나진, 1906, 176쪽, 『국가학강령綱領』블룬츨리, 안종화 역, 광학서포, 1907, 52쪽, 『국가사상학』블룬츨리, 정연호 역, 우문관, 1908, 46쪽 등[16]이 있다.

헌정연구회[17]는 1904년 12월 초에 상공인인 도성의 시전 도매상과 보부상을 중심으로 설립된 '공진회共進會'[18]에서 출발한 조직이었다. 1904년 8월에 조직된 친일파인 일진회一進會의 친일운동과 대립하는 조직이었다. 헌정연구회는 또한 '국민교육회'[19]라고 하는 계몽운동단체와 연결된 연구회였다.

공진회共進會는 처음에 상민회商民會라는 이름으로 시작하여 진명회進明會라고 하였다가 공진회로 바꾸었다. 1904년 12월 6일의 집회에서는 공진회 회장은 진명회의 회장인 나유석이 맡았는데, 12월 10일의 임원진 개편에서 이후에 헤이그 밀사가 된 이준이 회장이 되었다. 일진회는 청일전쟁 이후로 대한제국에 주둔한 일본군을 뒷배로 생각하여 대한제국 정부에 대한 반정부 정치활동을 한 세력이다. 대한제국 정부도 1904년 무렵 이 일진회 세력을 해산시키려는 노력을 하게 되는데 공진회는 자발적인 결사체로 이렇게 외세 대항 세력으로 결성된 것이었다. 공진회는 1898년 만민공동회 때의 독립협회와 맞서서 수구파의 편에 섰던 것을 반성한 도성 도매상과 보부상이 결집하여 발족한 것으로, 독립협회 회원들 중의 이준, 윤영하, 정항모 등의 젊은 세대들이 참여하여 전면에 나서서 반외세 및 반일본 운동을 한 것으로 평가되는 사회단체였다.

『황성신문』에 게재된 문헌 증거에 따르면 '공진회'의 3대 강령과 '헌정연구회'의 3대 강령은 매우 유사하다. 공진회와 헌정연구회의 강령들에는 이미 황실의 전범과 정부의 명령 및 법률규칙 그리고 인민의 의무와 권리에 대한 의식이 존재했으며, 이러한 의식은 1904년 공진회와 1905년 헌정연구회의 회원들이 추구하는 당대의 대한민국 사회 내의 정치적 가치로 등장해 있다는 사실을 알려 준다.

'공진회'의 3대 강령[20]은

첫째, '황실의 권위와 권력 중에 전범典範이 정하는 내용 안에 존재하는 것들을 존중한다皇室威權이 典範所定以內에 在한 者를 尊重할 事.

둘째, 정부의 명령은 법률규칙 이내에서 연유된 것을 복종한다政府命令이 法律規則以內에 由한 者를 服從할 事.

셋째, 인민의 의무와 권리가 고유 범위와 한계 내에서 얻은 것들을 자유한다人民義權이 固有範限以內에 得한 者를 自由할 事.

는 것이다.

6개월 정도의 시간 간격을 두고 발표된 '헌정연구회'의 3대
강령[21]은

첫째, '흠정헌법'에 게재된 제실의 권위와 권력이란 것의 의도된 존
엄을 영광되게 한다帝室威權之揭於欽定憲法者 其圖尊榮事.

둘째, 관제장정에 게재된 내각의 직권이란 것의 의도된 책임을 이
루게 한다內閣職權之載於官制章程者 其圖責成事.

셋째, 법률의 범위에서 획득한 인민의 의무과 권리라는 것의 의도
를 자유한다人民義權之得於法律範圍者 其圖自由事.

이다.

특히 헌정연구회가 추구하는 정치적 강령 중에 '흠정헌법'에
게재된 황실 혹은 제실의 권위와 권력을 인정하고 존중한다는 강
령을 채택하고 있다는 사실은 을사늑약 이전 1905년에 이미 '흠
정헌법欽定憲法'이라는 실체의 존재를 인정하고 있다는 사실을 반영
하고 있다. 헌정연구회가 강령에서 지칭한 흠정헌법은 기초 법전
『법규유편』과 「서고문」을 가리키고 있다.

헌정연구회 첫번째 강령에 언급된 '흠정헌법欽定憲法'은 더욱

구체적으로 1894년 발표되고 1896년 『법규유편』에 포함된 「서고
문」에 따라오는 '14조의 홍범'과 그에 동반되는 '불분헌법unwritten
constitution'을 지칭하고 있는 것이다.

　　1880년대 『한성순보』에서부터 심화된 헌법에 대한 지식
은 서구 국가의 헌법들에 대한 지식의 유입과 숙지를 가져 왔으
며, 영국은 군민동치君民同治하는 나라로서 불문헌법을 가지고 있다
는 사실[22]도 대한제국 사회에 일정하게 확산되어 있었다. 유길준
의 『서유견문』[23]은 영국이라는 군주국을 고종의 개화조정이 모델
로 해야 하는 제도로 묘사하고 있었다. 프랑스나 미국의 공화제는
1880~1890년대의 조선이 모델로 할 수 없는 것으로 인식하고 있
었다. 이러한 사상을 계승하여 헌정연구회가 국민들에게 확산시
키려던 필수적인 지식은 따라서 을사늑약 이전 1905년 당대에 존
재한 흠정헌법 인정에 근거한 '국민 헌정國民 憲政', 곧 처음으로 형
성되고 있었던 '헌법주의Constitutionalism'로 판명된다. 그 헌법주의
는 헌정연구회를 중심으로 『헌정요의』및 『국민수지』와 같이 대중
화시키는 단계로까지 발전되어 있었던 것이다.

　　1905년 제2차 일한 각서을사늑약 교환 이후에 대한제국의 흠
정헌법 인정과는 대조적인 주장 아래에 서구적 헌법과 비슷한 양
식의 일본 헌법을 전제로 『헌법』이라는 제목으로 번역되고 편찬
된 책들은 헌정연구회의 강령에 나타난 흠정헌법의 존재 인정과
는 달리 대한제국에는 '헌법'이라는 실체 자체가 존재하지 않는

것으로 주장하는 문장들을 담고 있다. 1907년 이후의 『헌법』책들은 '대한제국은 일본의 메이지 헌법과 같은 헌법이 없다'는 구절의 서문들을 포함한 것들이 존재한다. 조성구의 『헌법』이나 윤치형의 『헌법』 서문을 보면 당대의 대한제국에는 일본제국헌법과 같은 실체의 헌법이 없다는 문장이 들어가 있는 것이 확인된다. 500여 년의 기초 법전에 대한 무지 혹은 무시하는 '단순 근대화론자들simple modernist'이 이 당시에 이미 등장해 있었던 것이다.

다시 말하면 『헌법憲法』이라는 제목의 책이 나오는 것은 1907~1908년 무렵인데, 1907년 2월 보성전문학교 제1회 졸업생들의 강의 혹은 설명하는 저서들도 포함된다. 『헌법憲法』조성구, 1907, 281쪽, 『헌법憲法』윤치형, 1908, 138쪽, 『헌법憲法』김상연, 1908 정도가 알려져 있다.[24] 조성구의 『헌법』의 목차나 내용을 보아도 국가國家를 배경으로 하여 헌법을 이야기하고, 군주제 국가의 신민臣民이라는 용어를 사용하는 반면에 삼권인 입법, 사법, 행정이라는 용어가 사용되고 있다. 다른 책도 국가학을 배경으로 하기는 마찬가지이다. 일본 헌법 자체와 여러 국가의 헌법 자체를 담은 책도 번역되었다. 메이지 헌법을 싣고 간략히 설명한 『헌법요의憲法要義』다카다 사나에高田早苗, 정인호 역, 1908, 44쪽라는 제목의 얇은 책자로 발간되었고, 메이지 헌법과 일본제국의 '황실전범', 국적법, 법례法例, 재판소구성법이 수록된 『헌법憲法』박승빈 역, 1908, 64면도 발간되었다. 박승빈은 『일본국 육법전서』1908 도 번역하였다.[25]

대한제국『법규유편』속의 「서고문」과 14개조 '홍범'을 '흠정헌법'으로 인정하면서 강의된 헌법 과목이 존재한다. 1907년 헌법이라는 제목의 책이 나오기 이전에 이미 헌법과 경제 관련 법제가 전문학교 수준에서 교육되었다. 보성전문학교는 궁내부 이용익 내장원경이 1905년 4월에 설립한 2년제 전문학교이다. 1907년 1회로 졸업한 경제전문과 학생의 졸업장에 기록된 이수 과목 중에『헌법憲法』강의가 명시되어 있다. 1905년이나 1906년에 교육된 것이다.

〈표 2〉 1907년 제1회 보성전문학교 경제전문과 졸업장

제2호 졸업증서

경상북도 의령군 최병찬 26년(세)

우인ㅎㅅ이 본교 경제학 전문과의 전과를 이수하여 그 학업을 마쳤기에 이 증서를 수여함

경제학, 재정학, 법학통론, 헌법, 민법총론, 물권법, 채권법, 상속법, 상법총론, 회사법, 상행위론, 보험법론, 해상법론, 파산법, 행정법, 국제사법, 조세론, 화폐론, 은행론, 공채론, 세제론, 통계학, 부기학, 산술

광무 11년 4월 일

사립 보성전문학교 교주 이종호, 교장 신해영, 교감 조재환, 학감 박승영, 강사 원응상, 장헌식, 신우선, 윤문한, 장도, 유치형, 석진형, 이면우, 지일한, 박만서, 상호

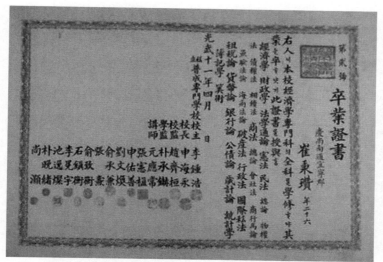

〈그림 10〉 대한제국 궁내부 이용익 내장원경이 세운 보성전문학교의 제1회 졸업장(1907)

이 졸업장에는 이용익 공의 손자가 현재의 재단 이사장에 해당하는 교주校主로 기록되어 있다. 첫 입학생을 받을 때의 교주는 이용익이었다. 이종호는 이용익 공의 손자로 두 번째 교주이다. 경제전문과 학생이 수강한 강의 중에는 거의 반은 상업관련 과목이고 그 나머지 반은 대한제국 국법에 대한 과목으로 짜여져 있다.

제1회 보성전문학교 경제전문과 졸업생이 1905년 4월 이후, 1906년 및 1907년 4월 이전까지 배운 경제관련 과목은 경제학, 재정학, 조세론, 화폐론, 은행론, 공채론, 세제론, 통계학, 부기학, 산술이 확인된다.

보성전문학교의 경제전문 학생에게 강의된 법제 관련 과목은 법학통론, 헌법, 민법총론, 물권법, 채권법, 상속법, 상법총론, 회사법, 상행위론,

보험법론, 해상법론, 파산법, 행정법, 국제사법이라는 명칭으로 되어 있다. 법학통론에다가 경제전문과에 필요한 민법과 상법 및 파산법을 배우고 헌법과 행정법 및 국제사법을 배운 것으로 기록되어 있다.

보성전문학교의 과목들과 1906년 이후의 교과서 리스트를 교차 분석해 보면 당시의 상황에 대해 더욱 상세한 심상image이 그려진다. 1894~1895년 갑오을미개혁으로 전통 관료 선발 시험이었던 과거科擧제도가 사라지고 난 이후의 관료등용 입문서가 필요했다. 관료 임면 준비 교과서들이 많이 출간된 사실로 보아 1905~1907년 국가학, 헌법학, 정치학 교과서의 편찬은 중요성을 가진다. 이 시기의 대표적인 교과서로는 유길준의『정치학』, 나진 김상연의『국가학』, 안국선의『정치원론』, 조성구의『헌법』등으로 파악된다.[26] 이 교과서들은 상당수 독일어 원본을 일본어로 번역한 책을 다시 국문國文으로 번역한 것이었다.

박주원이 정리한 '1895년에서 1907년 출간된 단행본 및 교과서의 년도별 추이'라는 표[27]에서는 1906년에 법부 편찬의『형법개정초안』,『국문형법대전』,『형법개정초안』이 출간되어 나온 것을 볼 수 있다. 옥호서림 간행의『헌법요의』도 관리 임면 교과서로 볼 수도 있는데, 실제로 발굴되고 분석되면 매우 유용한 사료로 사용될 것이다. 이 표에는 김상만서포의『대한법규유찬大韓法規類纂』1907이라는『법규유편』과 비슷한 이름의 단행본도 볼 수 있다. 정부재정고문부편의『현행법규유찬賢行法規類纂』1907도 목록에 있다.

김상만서포 간행『영국헌법사』1907로 기록된 책도 있고, 출판사 미상의『만국헌법지』1907와 박정동 옮김의『국제공법지』1907 등이 이 무렵의 법제 관련 출판의 동향을 볼 수 있게 해 준다. 표에는 김우식의『국민수지』도 1907년 김상만서포에서 출간된 것으로 등재되어 있다.

보성전문학교는 출판사인 보성관과 인쇄소인 보성사도 같이 거느린 당대의 교육 및 출판 재단이었는데 보성관 출판의 책들도 박주원의 '1895년에서 1907년 출간된 단행본 및 교과서의 년도별 추이'표에 등재되어 있다. 1907년에 보성관에서『회사법강요綱要』,『화폐론』, 석진형의『채권법 1부』, 신우선의『민법총론』, 유완종의『상업대요』, 장도의『형법총론』, 주정균의『상법총론』, 홍재기의『민사소송법』, 그리고 안국선이 번역한『외교통의外交通義』도 출간되었다. 보성관 교과서 집필자 중 신우선, 장도라는 이름은 보성전문학교 제1회 졸업생에게 강의한 '강사'로 졸업증서에 기재되어 있다. 국민교육회의 유성준 집필의『법학통론』도 1907년에 출간된 것으로 목록에 나타나 있다. 김우균의『경제원론』이나 여러 권의 책을 낸 것으로 보이는 김상연은 1907년 황성신문사에서『회사법』을, 주문서관에서『상법총론』을 낸 것으로 나타나 있다.

이러한 교차 분석을 통하여 만들어진 역사적 이미지실상는 1905~1907년에 이르는 시기에 대한제국 홍범의 흠정헌법 인정

여부와 메이지 헌법만이 서구적 의미에서의 헌법으로 보는 주장을 담은 흐름이 병존한다.

어떻게 되었든지 이 시기에 헌법에 대한 개념이 용어와 함께 현재의 우리가 아는 유형으로 자리잡고 있었다는 것이다. 이것보다도 중요한 것은 국민 동치의 헌정 개념이 확산되어 대중화 운동에 의해서 이미 상당히 계몽되어 있었다는 사실이다. 『헌정요의』의 내용과 『국민수지』라는 제목의 소책자가 국민들 일반에게 유포되게 만든 것은 상당한 계몽 및 국민교육의 효과를 발휘하기 시작하고 있었다는 것이다. 국민이 반드시 알아야 할 지식으로서 국가와 헌법과 국민의 권리와 의무가 중요했다. '국민 헌정'이야말로 국민들에게 교육해야 할 중요한 내용이고 국민의 필수적인 기초 지식이었던 것이다. 헌법주의가 국민들의 의식 속에 차츰 자리 잡아가고 있었다는 것이다. 이러한 속에서 대한제국의 주권 sovereignty이 일본제국의 외교적 사기와 군사력을 동원한 강권에 의해서 일본으로 넘어가고 있었다는 것은 아이러니한 일이다.

1910년 이후 9년 동안의 일본제국 조선총독부 치하에서의 식민지적 삶을 경험한 대한제국의 유민들은 식민지 조선의 삶이 그 이전의 시기보다 너무 열악하다고 느끼게 되었다. 1898년에서 1907년 정도까지의 한반도의 법제적·사회적 배경은 국민 헌정을 기초 지식으로 하는 '헌정의식憲政意識'을 더욱 강화시켰다.

국민동치의 헌정을 골자로 하는 헌법주의는 1919년에 고종의 국장 장례 날짜라는 출구를 통해서 분출되어 나왔다. 1919년 3월 1일 독립선언서를 중심으로 한반도 전역에서 한 달 동안 무려 1,500여 회의 비폭력 정치적 운동이 벌어졌다. 보통 3·1독립선언에 이은 만세 운동만을 근대사의 큰 전환점의 하나로 성격 규정한다. 그러나 3·1운동을 단독으로 떼어서 이해하는 사고 방식은 크나큰 한계를 노출한다.

반면에 국민 헌정 의식의 확산에 의한 헌법주의의 심화를 올바로 이해한다면 1919년 3월 1일 독립선언은 4월 11일 '대한민국'이라는 새로운 국호의 민주공화국 정치체제 수립과 민정民定 임시헌장憲章 제정과 공포로 이어진다는 역사적 과정을 정확히 주목할 수 있다.[28] 독립선언을 하고 비폭력 독립운동만 전개한 것이 아닌 것이다. 독립선언을 필두로 하여 민정 헌법을 만들고 한반도 바깥에 망명 정부를 수립하여 주권을 되찾는 정치적 운동과 무력 투쟁을 해야 했던 것이 우리 선조들의 의지였다. 그리고 1904년부터 1919년까지 일본의 대한제국 침탈을 저지하는 저항과 일한합병 이후 1919년 1월까지 주권을 되찾는 운동의 구심점 역할[29]을 한 고종태황제와 순종효황제는 주권을 찾는 운동이라면 공화제까지도 수용하겠다는 의지를 보인 것이 사실이다.

헌법주의 시선이어야 1919년 4월 상해 프랑스 조계지에 설립된 의정원議政院과 그 헌장 및 법제 제정 활동과 함께 항일 독립운동이 같이 진행된 역사적 사실의 전모를 본다. 독립선언을 한 여러 조직들을 통합하여 대한민국 임시 정부가 조직되고 1919년 9월 11일에 최초의 민정民定 헌법인 임시 헌법을 제정하여 공포하였다. 헌법주의 시선으로 보아야 1905년 헌정연구회 강령이 인정한 대한제국의 흠정헌법과는 질적인 차이를 보이는 민정헌법이 만들어지는 과정이 3·1독립선언—민정 헌장憲章—민정 헌법憲法의 시간적 계열을 이루는 전체적 정치적 과정으로 보이는 것이다.

3. 외교적 사기詐欺와 국망國亡

점진적 개혁과 법제의 정비가 이루어지던 대한제국이 국망國亡을 당하여 국가의 주권sovereignty을 잃게 된 것은 어떤 연유에서일까? 여러가지 요인들 중에 가장 큰 요인은 무엇일까? 보통 이 질문에 대한 대답은 고종태황제나 순종효황제는 좀 명청하고 물렁한 꼭두각시로 세종이나 영조, 정조와 같은 '영명한 군주' 스타일이 아니었다고 보는 시선에서 시작된다. 민비명성황후와 흥선대원군의 정치적 싸움이 깊어지고 조정의 신료들도 대응을 못 했으며 이완용과 송병준을 필두로 한 친일파들이 일본의 고명한 정치가 이토 히로부미와 결탁했기 때문에 그 나쁜놈들이 나라를 팔아먹었다고 설명되어 왔다. 이와는 다른 설명으로 시간적 인과관계를 제시하면서 조선의 약점이 바로 '정조 사후의 순조대부터 철종대까지의 수렴청정과 결부된 일당 독재의 세도정치가 연거푸 긴 기간 지속되었기 때문이었다'고 그럴듯하게 설명하는 것이다. 그 이전에는 노론이니 소론, 시파니 벽파니 하는 당파싸움으로 일관하고 백성은 돌보지 않은 썩은 상류층 대신들과 관료들 때문에 나라가 망했는데, 우리 이제 정치권이 당파싸움 좀 하지 말고 여론을 장악하고 통제하여 단결력과 단일한 여론을 형성해야 되지 않느냐?

조선에 많은 문제점들이 있었고 부패한 관료가 있었음에도 불구하고 500여 년을 이어온 전통에는 법전에서 나타나는 법치주의 및 예서와 예제에서 나타나는 예치주의의 시스템이 지속가능성을 유지하고 있었기 때문이었다. 시스템 이론[30]으로 설명해 보자면 임진왜란이나 병자호란과 같은 규모가 크고 수준이 높은 외부의 교란distrubance에 직면하여도 조선이 가지고 있었던 법전과 예서로 표상되는 '견고한 사회 시스템robust social system'이 존재하여 상당한 수준의 문화적 지속가능성이 존재했고, 두 전쟁이라는 강력한 교란을 극복 혹은 소화하는 복원성resilience이 있었던 것이다. 바로 조선 사회 혹은 조선 문명이 가지고 있는 시스템적 성격system's chracteristics과 무관하지가 않다.

이러한 시스템 이론의 측면에서 보아서 고종 조정은 상당히 점진적이면서 근본적인 개혁을 소화할 만한 작은 교란을 스스로 적용하여 새롭게 사회시스템을 진화시켜 나가고 있었다. 약점이라면 군제의 개혁과 그 비용의 문제가 많았고 군사기술 도입과 새로운 근대식 무장과 전법의 경험을 쌓기에는 예산도 부족하였고, 군사기술과 무기류, 서구로부터의 전법戰法의 도입이 그렇게 여의치 않았고 정착이 느렸다[31]는 사실에서 하나의 요인을 찾을 수 있다.

가설적인 주장을 하자면 법치주의적 전통이 가진 무게 때문에 문관 관료의 수가 많은 편이었고 세수의 상당부가 이러한 새로운 제도들에게 분배되어야 했기 때문에 재정이 국방비에 그렇게 많이 배정될 수 없었다. 그리고 300여 년 동안 이웃 나라와의 큰 군사적 마찰이 벌어진 적이 없었기 때문에 메이지 유신 이전에 일본에서 덴노파天皇派와 바쿠후파幕府派 번藩들끼리의 내전civil war을 치루고 군부가 권력을 쥔 일본과는 사뭇 다른 양상의 역사적 궤적[32]을 보이게 마련이었다.

청일전쟁 이후로 서울의 도성 남쪽, 곧 남산의 남록의 용산 지역에 청군을 대체하여 주둔한 일본군과 연계된 일본공사관과 이후의 통감부統監府에서 시작한 일본의 대한제국 국권 침탈은 러일전쟁 중인 1905년 1월부터 한국 주둔 일본군이 자의적으로 실시한 '집회와 결사에 대한 군사경찰軍事警察' 활동이 강화된 것에서 그 성격이 자명하게 드러난다. 이러한 대한제국의 집회와 결사에 대한 임의적인 정보 취합 및 군사적 방해 및 단속 활동을 실시한 국가 주권 유린의 맥락을 정확히 이해해야 한다.

1905년 11월에 일본에서 대한제국으로 온 이토 히로부미는 11월 6, 7일 일본군의 군사력을 배경으로 만들어진 일진회一進會가 대한제국이 일본제국의 보호국이 되어야 한다는 성명서를 발표하게 하고 11월 17일 대신들을 강요하여 외교권을 침탈하는 제2차 일한각서을^{사늑약}를 강요하여 강제로 체결하게 된다. 고종 조정과 대한제국이 세계적 국제 외교 관계망에 동북아시아에서 가장 늦게 편입되면서 외교력에 있어서도 열세를 면치 못한 것도 국방력의 약점과 함께 역사적 맥락에서 국망의 원인이라면 원인일 것이다.

그런데 현재의 근대사 서술에만 근거하여 역사적 사건을 살펴보면 "왜 대한제국 의군^{義軍} 참모중장 안중근은 이토 히로부미 통감을 사살해야 했을까?"와 "그 이전에 왜 미국 외교관 출신 더럼 스티븐스는 샌프란시스코에서 사살되어야 했을까?"라는 의문을 설명할 수가 없다. 정답부터 말하자면 더럼 스티븐스는 이토 통감을 도와 대한제국의 외부의 고문으로 일한 적이 있었다. 대한제국과 결부된 국제적 외교 사기의 장본인 중의 한 명이기 때문이었다. 스티븐스는 대한제국 국가 유공자인 미국인 헐버트와는 반대 측면에 서 있었기 때문이다.

더럼 스티븐스는 1908년 3월 23일 장인환과 전명운에 의해서 샌프란시스코에서 사살되었다. 이것은 1년 6개월여 이후의 더 큰 사건의 전주곡이었다. 1909년 10월 26일 안중근에 의해서 만주 하얼빈에서 전 조선 통감 이토 히로부미가 사살되었다.

대한제국의 외교권을 군사력을 동원하여 앗아간 외교관 이토 히로부미 통감과 외부 고문 미국인 더럼 스티븐스는 일본제국의 대한제국 병합annexation을 보지 못한 채 사살되었다. 일본제국의 입장에서는 대한제국을 삼키는 데 가장 큰 공을 세운 인물들이 그 성과를 제대로 보지도 못 하고 사망한 것이었다. 이유는 이들이 저지른 '외교적 사기diplomatic fraud' 때문이었다. 이토 히로부미 통감은 일본제국 내에서도 군부 세력이 아니었고, 강경했던 군부와는 정치적 견해를 달리하는 문관이었다. 메이지 헌법을 기초한 일본제국 최고의 문관이었던 이토 통감이 하세가와 주차군 사령관의 군사력과 더럼 스티븐스 같은 용빙 외교고문을 아주 적절하게 이용한 외교적 사기 방식으로 대한제국의 국권 침탈 정책을 효과적으로 수행하였다. 이토 통감은 가장 오랜 기간 통감 직무를 수행했다. 반면에 조선총독부 데라우치 초대 총독은 군부 출신 정치가였다.

국제법상 불법성의 증거는, 1904년 8월 22일에 '제1차 일한각서'한일협정로 명명되어야 할 외교 '각서Memorandom'가 한문과 일문으로 작성된 것에는 문서의 명칭 자체가 없는데, 영문으로 번역되면서 '협약Agreement'으로 둔갑한 것[33]에서부터 찾을 수 있다. 을사늑약은 협약이 '조약Convention'으로 격상 둔갑되어 외국에 알려졌다는 것이다.[34] 이것은 외교적 공식문서 '변조fabrication'라는 범법 행위criminal action에 해당한다. 외국인 고문을 초빙하는 것에 대한 외교적 각서가 협약으로 변조되고, 협약은 조약으로 격상 둔갑한 것이었다. 당대의 영국, 미국, 러시아, 프랑스, 독일, 이탈리아, 청나라는 이러한 일본의 둔갑된 '영문' 홍보와 선전을 자국의 이익에 따라서 그대로 수용하고 대한제국의 문제 제기와 만국공법에 근거한 호소와 도움 요청에 귀를 기울이려 하지 않았다.

대한제국의 고종태황제는 1905년 11월 22일 미국에 체제하고 있던 황실 고문인 헐버트Homer B. Hulbert[35]에게 "짐은 총칼의 위협과 강요 아래 최근 양국대한제국과 일본제국 사이에 체결된 이른바 보호협약이 무효임을 선언한다. 짐은 이에 동의한 적도 없고 금후에도 결코 아니 할 것이다. 이 뜻을 미국 정부에게 전달하기 바란다"라는 문장을 전달한다. 이러한 강력한 의지의 표현은 이전의 불법성의 증거와 관련이 없는 것으로 보이지만 최근에 이러한 측면이 외교적 문서 연구자들에 의해서 발굴되었다.

일본제국은 1905년 7월 미국과 태프트―가쓰라 밀약1926년까지 비공개을 맺었다. 그리고 1905년 8월에는 영국과 일본이 동맹을 체결한다. '제2차 일한각서'로 명명되어야 할 외교문서, 즉 보통 을사조약乙巳條約이라는 현행 근대사 용어로 알려진 협약 자체는 일본국 조선주차군 하세가와 요시미치 대장이 이끄는 일본 헌병과 주차군을 경운궁의 중명전에 밀집시킨 가운데 국무대신들을 압박하여 승인 의사를 받아낸 것이었다. 서명한 사람도 외부대신이었다. 고종태황제가 조약에 서명한 것도 물론 아니고 중추원의 자순咨詢과 대한제국 국민 여론을 살펴보는 절차도 거치지 않았으며 이후

비준批准한 것도 아니었다. 비준권은 대한민국 황제에게 있었다!

제2차 일한각서乙사늑약에 조선 국무대신 5명이 승인하자 이토 히로부미 통감과 더럼 스티븐스 외교 고문이 엇갈려 서서 음흉한 미소를 짓게 된 모양이다. 그 사진이 현재 남아 있다. 외교적으로 보아 두 사람의 합작품이었을 것으로 추정된다.

1908년 샌프란시스코에 도착한 대한제국 더럼 스티븐스 외교고문은 미국 기자와 회견을 했다. 스티븐스는 굉장한 사기성 발언으로 미국 언론의 한국 관련 여론을 휘어잡으려고 했다. "일본제국이 대한제국을 보호국으로 삼은 뒤 대한제국에 유익한 바가 많다"라든지 "대한제국 국민은 일본제국의 보호 정치를 환영하고 있다"라는 기자 회견장 발언으로 여론 조작을 서슴지 않았다. 이전 기자 회견장에서 경청하던 최종익, 정대관, 문양목, 이학현 등 4명이 걸상을 들어 구타하는 사태가 벌어졌는데도 이후 철회하지 않았다. 스티븐스를 구타한 대한제국 미국 동포 최정익과 정대관은 공립협회共立協會 회원이었고, 문양목과 이학현은 대동보국회大同保國會 회원이었다. 1905년 4월 창립된 공립협회와 1907년 1월 창립된 대동보국회는 북아메리카의 대한제국 교포 단체들이었다.[36]

1908년 3월 23일 전명운이 스티븐스를 먼저 쏘았으나 다리에 총상을 입고 격투를 벌이게 되는데, 전명운과는 상관없이 독자적으로 사살을 준비한 장인환의 총에 맞은 후 병원으로 옮겼지만 얼마 되지 않아 사망하였다. 전명운과 장인환의 스티븐스 사살 사건 이후에 이 공립협회와 대동보국회 두 단체가 공동으로 형사소송의 후원회를 조직하였다. 전명운은 하와이의 한인합성회韓人合成會와 관련이 있었던 것으로 추정된다. 반면에 장인환은 대동보국회의 일원이었다.[37]

조선 대군주나 대한제국 황제의 비준이 있는 일본과의 유일한 조약은 1876년 2월의『조일수호조규』와 그에 연속된 1882년 8월 30일『조일수호조규속약』이다.[38] 이 조규는 친정親政을 시작한 당대의 조선 국왕 고종의 리더십에 의해서 이루어진 조약이다. 그런데 그 이외의 한국과 일본의 조약은 철저하게 재검토되어야 할 문헌이다.[39] 그리고 순종효황제가 가지고 있어야 할 어새를 친일파 신하들을 통해 훔쳐서 비준한 사례가 있었는데, 그러한 일본의 무리한 외교적 강권 행사로 외교 문서 작성이 이루어진 것이 1910년 8월의『한국병합조약』이다. 순종효황제도 1926년 붕어하기 전에 한국인 이왕직대한제국 궁내부에서 격하시킨 왕실관청 관료에게 순종황제가 어새를 병합조약에 찍은 적이 없다고 유언하였다.『조일수호조규』와 그 속약 이외의 모든 조약이라고 하는 각서나 협약 문서 중에 황제 본인에 의하여 어새가 인장되어 비준된 것이 없다. 외교관의 대표가 서로 서명을 교환한 외교 문서일 뿐이다.

고종태황제의 제2차 일한각서을사늑약 무효화 투쟁과 주권수호 외교의 과정이 1907년 4월 20일에서 6월 20일 사이에 온전히 드러난 것이 '헤이그밀사 의거義擧'이다. 대한제국 황제의 밀사인 이상설, 이준, 이위종[40]을 헤이그에서 개최된 제2차 만국평화회의에 보낸 것이었다. 그러나 국제적 여론 환기에 의한 고종태황제와 대한제국의 일한각서 무효화 시도는 실패하였다. 그리고 노숙한 이토 히로부미 통감에 의해 외교권뿐만 아니라 내정 주권 유린이 행사되는 '권력의 충격'을 받게 된다.

이토 통감에 의한 가장 특징적인 대한제국 주권 유린이 바로 고종태황제의 강제 퇴위 종용이다. 1907년 7월 19일 퇴위 반대 민중시위가 일어나고 시위대 제1연대 제3대대가 봉기하지만 강력한 무기로 무장한 하세가와가 이끄는 주차일본군에 의해 진압당한다.

외교권을 통감부가 가지게 된 것을 넘어서 대한제국 내정을 휘두른 사례는 바로 대한제국군 군대 해산이다. 이것도 대한제국 군대를 속이고 통감부가 주차 일본군과 사전 작전을 계획하여 성공시킨 이토와 하세가와의 작품이었다. 1907년 7월 31일 대한제국 군대 해산이 이루어진다. 1907년 11월까지 즉위와 정무를 거부하던 황태자 순종은 고종의 만류로 황제 즉위를 받아들인다. 그리고는 11월 18일 종묘와 사직에 '서고誓告'한다. 일본 공사관과 친일파가 주장하는 1907년 7월의 순종효황제의 경운궁 중화전 즉위식은 본인들이 없는 가운데 이루어진 권정례權停例였다. 권정례는 나이가 너무 어린 왕자가 책봉 받을 때에나 하는 약식 의례이다.

해산된 대한제국 군대의 주류는 러시아령 연해주 지역으로 갔다. 러시아 공사관 이범진헤이그 밀사 이위종의 아버지과 전 간도관리사 이범윤 같은 지도자에게 군자금이 모이게 되자 '대한의군大韓義軍'이 창군創軍된다. 러시아 공사관을 통해서 황실 비밀 내탕금이 들어갔을 개연성은 아주 높다. 이 의군의 참모중장, 곧 장군급이 안중근이었다. 안중근과 의군들은 퇴임한 전 통감 이토 히로부미 사살의 군사 작전을 세우고 두 군데에서 사살을 시도하려고 하였으나 첫번째 지역에서는 사전 발각되어 실패로 돌아가고, 두번째 하얼빈 시도에서 러시아 대신과 만나고 나오는 이토 히로부미를 사살하는 데 성공하였다. "대한제국 만세! 코레아 무라!" 안중근은 러시아어로 외쳤다.

제1차 한일협약 이후의 미일 태프트-가쓰라 밀약과 영일 동맹의 체결이 이어진 것과 그 이후의 외교 문서에서 증명되는 것은 각서를 협약으로 조작한 일본제국의 '외교적 사기diplomatic fraud'에 기초한 전형적인 외교 사례이다. 외교적 사기를 저지른 이토 히로부미와 더럼 스티븐스가 대한제국에 의해서 사살되었으니 일본제국 외무성은 별로 개의치 않게 된 것이었다. 강경파 군부 정치가에게는 눈엣가시 같은 이토가 죽었으니 이제는 우리들의 세상이라고 쾌재를 부른 것이다.

하지만 이토오 통감의 외교적 사기는 당대의 만국공법, 즉 국제법상으로나 도의적으로 맞지 않아 불법성이 그대로 드러난다.[41] 또한 스티븐스에 의한 미국 언론의 대對 대한제국 여론에 악

영향을 끼치는 허위사실 유포 및 대한제국 명예의 훼손은 심각한 수준이었다. 당대의 일본 외교 관료들과 정치가들 중에서도 스티븐스 같은 유형의 인물들을 이용하려는 인물들이 다수였을 것으로 보는 이유는 1894년 청일전쟁을 취재하기 위해 조선에 온 기자의 여행기나 외교관의 개인 기록들에 나타나는 대對 한국관에서 개항 이후 심각한 문제가 있었음이 드러났기[42] 때문이다. 이토 히로부미와 일본의 근대화를 이끈 당대의 일본제국의 고위 관료 정치가들이 이러한 외교적 술수에 능한 사람들이었다는 사실을 올바로 인식하여야 한다.

대한제국의 국망國亡의 가장 큰 원인은 바로 외세적 요인이다. 물론 대한제국이 안고 있었던 내부적 약점도 일정 정도 작용했다. 이토 통감과 스티븐스 외교고문에 의해서 외교적 사기를 당한 이후에 그것의 부당성을 알리고 되돌리려는 이상설과 이휘종 및 헐버트의 외교적 노력이 없었던 것이 아니다. 분사한 이준을 헤이그에 묻고는 이상설, 이휘종 및 헐버트는 합류하여 서구 열강 여러 국가와 미국을 방문하여 1905년 외교권 이전의 외교적 협의가 국제법상 불법이었다는 것을 설명하고 다녔다. 헤이그밀사 의거 이후의 이러한 역사는 근대사에 서술되지 않았다.

이러한 역사적 궤적을 제대로 이해하면 대한제국 선조의 후예인 대한민국 국민은 그렇게 부끄럽지 않게 된다. 국망國亡의 원인을 조선의 허약한 부분에서 찾게 만드는 '국망환원주의collapse reductionism'와 그에 따라 정조 이후의 순조 시대부터 철종 시대 및 고종태황제, 순종효황제에 이르는 시기를 국망으로 가는 열차를 탄 것으로 기술하는 19세기 조선사는 폐기되어야 한다. 그리고 다시 19세기 조선사를 연구하고 그 실체를 다시 규명하려고 시도해야 한다. 조선과 대한제국이라는 역사적 심상historical image을 올바로 엮어 내는 것과 국망의 책임을 국왕 혹은 황제의 무능에서 찾고 친일파를 감정적으로만 단죄하는 오랜 관습적 사고는 '식민지 함정colonical trap'이다. 친일파와 일본제국의 대한제국 국권 침탈을 아주 냉정한 마음 태도로 다양한 사료를 찾고 검증하고 자세히 분석해야 한다. 기초가 되어야 할 공부는 메이지 시대 전후부터의 일본제국을 '구체적 분석의 사정권 안으로 들여와서 철저히 분석하는 것'[43]이다. 한 세기가 지난 지금 냉철하게 분석하고 성찰하여 식민지 함정에서 스스로 완전하게 벗어날 수 있기를 바란다.

제7장

삼일대혁명, 최초의 민정民定 헌법, 그리고 대한민국

1919년 3월 1일의 독립선언서 낭독과 이후 4월 이후까지 전개된 전국적 만세 운동을 현재의 대한민국 국민들은 '3·1운동'이라고 배웠다. 그리고 3·1운동은 독립운동의 연장선상에 있다는 사실을 안다고 생각한다. 새로운 의식과 그에 결부된 실천에 의한 사회적 변화를 추구하는 집단적 움직임을 '운동運動'이라는 용어로 묘사하기 시작한 것은 대한민국 임시정부시대1919~1945부터인 것이 사실이다. 김구 주석의 삼일절 기념사에서 보는 것과 같이 대한민국 임시정부 후기인 충칭 시기의 인식은 '삼일대혁명'[1]이라는 사실을 확인하면 단순한 운동이 아니라 상당한 정치적 의미가 드러난다.

독립운동이라는 사회 운동social movement의 역사 의식은 겸곡謙谷 박은식1859~1925[2]으로부터 시작되었다. 박은식은 1925년 대한민국 임시정부 이승만 초대 대통령의 탄핵 퇴진 이후 임시정부 대통령에 당선되었다가 헌법을 개정한 인물1925년 3월~8월, 곧 국무령

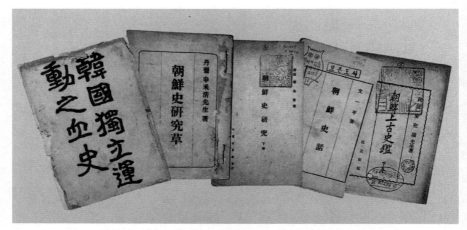

〈그림 11〉 겸곡 박은식이 1920년에 당대사를 저술한 『한국독립운동지혈사』

체제를 만들고 물러났다. 독립운동가들이 읽은 당대 역사서를 집필한 박은식의 역사 서술에서부터 '운동'이라는 용어와 내용이 시작되었다.

박은식은 장지연과 함께 1898년 창간된 『황성신문』의 주필 논설기자였고, 1904년 설립된 『대한매일신보』의 주필이기도 했다. 기미독립선언 이후에는 1896년 서재필이 사장이었던 언론 공사에서 내던 신문인 『독립신문』과는 시간적으로 25여 년 후인 1924년부터 상해 임시정부에서도 같은 제호의 『독립신문』이 발간[3]되기 시작하였는데 사장은 박은식이었다. 박은식은 1925년 『독립신문』 사장의 신분으로 세상을 떠났다. 겸곡 선생의 저서 '대한제국 —대한민국 독립운동의 피맺힌 역사', 즉 『한국독립운동지혈사韓國獨立運動之血史』[4]는 1884년 갑신정변에서부터 1920년대까지의 무장

투쟁에 이르는 시기의 '운동'을 '독립운동'이라는 용어로 정립한 순한문으로 집필된 역사서이다.

독립운동의 역사 서술을 왜 1884년 갑신정변으로부터 시작하는가? 그것은 청나라가 임오군란을 진압하는 과정에서 홍선대원군을 인질로 허베이성河北省 바오딩保定에 유폐시킨 것을 되돌리려는 갑신정변 주도자들의 자주독립自主獨立 개념이 1884년 역사적 사건에서부터 나타나기 때문이다. 이것은 만국공법국제법 상의 국가 '주권sovereignty'이라는 개념이 처음으로 우리 근대사의 역사적 사건에 모습을 드러낸 증거이기도 하다. 갑신정변의 주도자들 중 상당수는 역적으로 몰려 목숨을 잃었다. 그러나 그들이 주창한 갑신정변 강령 중의 중요한 개념인 '자주독립'과 함께 그 기초를 다진다는 문구가 흠정헌법欽定憲法인 홍범 제1조에 들어가게 되는 계기가 되었다.

겸곡 박은식은 당대사, 즉 자신의 지금 현재와 가장 가까운 시기에 일어났던 역사를 서술하는 데 발군의 능력을 보인 역사가 historian이다. 그의 저서 '대한제국의 아픈 역사', 『한국통사韓國痛史』[5]는 1915년 상하이에서 출간하여 비밀리에 독립운동가들에게 읽히도록 한 책이기도 하다. 황해도 황주 태생인 겸곡은 안중근의 아버지 안태훈과 문장을 겨루는 교우 관계였다. 사회학적으로 보아 겸곡 박은식의 공적은 역사 서술로 독립운동과 대한민국 임시정부의 이론적 배경theoretical background을 제공한 역할에 있다.

<그림 11-2> 겸곡 박은식의 1915년
『한국통사』

겸곡 박은식의 이력을 살펴보면 그는 조선의 관료이자 양명학과 다산학의 영향을 받은 대한제국기 유학자儒學者라는 것이 확연히 드러난다. 이후 대종교 배경을 가지게 된다. 『황성신문』, 『대한매일신보』와 같은 근대 신문의 기자와 주필 역할을 담당하던, 역사가와 정치가 및 독립운동가로서 근대사의 큰 인물 중의 한 명이다.

박은식은 1888년에서 1894년까지 평양의 중사中祀 역대 시조 사당 숭령전崇靈殿과 숭인전崇仁殿 참봉이라는 낮은 품계의 관료 생활을 했다. 1898년에는 독립협회 회원이었고 그 해 11월의 만민공동회의 간부급으로 활동한 적이 있다. 그 이전 1898년 남궁억과 나수연 등이 창간한 『황성신문』의 기자로 장지연과 함께 활동하였다. 유학자라는 것이 알려져 1900년부터 성균관에서 명칭이 변경된 경학원經學院과 한성사범학교에서 교수로 학생들을 가르쳤다. 1904년 영국인 베델과 양기탁이 『대한매일신보』를 창간하자 주필이 되었다. 1906년 '대한자강회'의 월보와 '서우학회西友學會' 활동도 하였다. 1912년 신규식 등과 함께 동제사同濟社에 참여하였다.

박은식은 중국 전역에서 조직된 '신한혁명당新韓革命黨'의 일원으로도 활동하였다. 신한혁명당은 1915년 3월 헤이그밀사로 대한제국 고위 관료였던 전 참찬參贊 이상설[6]이 주도했는데, 대한제국 관료 출신을 중심으로 한 독립운동 조직이자 최초의 근대적 정당의 성격을 보이는 조직이었다. 1910년 일한합병 이후의 최초의 망명 정부인 '대한광복군정부' 정통령이었던 이상설도 그의 유작이 발굴되지 않고 있으나 「헌법대의憲法大意」를 집필한 것으로 보인다.[7] 이상설과 교유관계를 가졌던 시당兿堂 여준1862~1932이 수신, 역사, 지리, 산술, 대수와 함께 국가학, 법학통론, 한문, 그리고 '헌법대의'를 평안북도 정주 오산학교에서 가르쳤다고 한다.

『한국독립운동지혈사』를 기준으로 하여 독립운동이라는 개념의 역사를 따져 보는 것이 좋다. 먼저 '독립'이라는 개념이 조선 개국 503년1894 음력 12월 12일에 조선의 군주 고종에 의해서 '공식적으로' 천명되기 시작하였다. 그리고 25여 년의 기간을 거쳐서 일제의 강점에 의해 종속되는 역사적 경험 이후에 '운동運動'이라는 새로운 개념어와 결합되어 1920년대 중반 이후 '독립운동'이라는 개념과 역사적 이미지가 태어났다.

1. 구국운동과 독립운동의 구분

고종 조정의 1890 중반부터 1900년대 초반의『독립신문』과 1920년대 중반에 나타난 대한민국 임시정부의『독립신문』은 역사적 연속성과 불연속성의 또 하나의 사례가 된다. 우선 고종 조정 및 대한제국 선포 후의 독립 개념은 이 세상의 여러 서구 국가들과 같이 독자적으로 정립된 국가를 경영하겠다는 의지를 표현하던 만국공법상 개념으로서의 독립이었다. 1897년 10월 12일 동북아시아의 황제국이면서 만국공법상의 독립국의 선포는 1894년「서고문」홍범에서 천명한 자주독립국의 기초 위에 정립시킨 것이었다.

1919년 3·1독립 선언과 1920년대 운동 개념이 결합되어 나타난 '독립운동' 개념은 일본제국에 의해 '대한제국'이라는 국호에서 강제로 변경되어 도로 '조선'으로 격하된 상태로부터 벗어나는 독립과 대한제국의 주권의 회복을 의미했다. 황제국 예제로부터 일본제국 덴노天皇보다 한 위격 아래인 군왕郡王 급으로 격하된 그러한 종속從屬에서부터 벗어나는 독립을 의미하는 것이었다. 순종황제는 창덕궁 이왕李王, 고종황제는 경운궁에서 변경된 덕수궁의 이태왕李太王으로 격하시킨 종속을 의미하는 것이 '식민지 조선'이었다. 총독부는 대한제국의 의정부 부서의 권한을 빼앗았고, 국정 논의 회의체 기관이었던 '대한제국 중추원'을 별로 할 일 없이 뇌물인

은사금恩賜金 받아 챙기는 친일파로 구성된 '총독부 중추원'으로 개편하였다. 총독부 중추원은 명실공히 '자문諮問'기관에 불과했다. 대부분 일본제국이 수여하는 작위를 받은 사람들로 구성되었다. 순종황제의 대한제국 궁내부는 일본제국 궁내성 예하 창덕궁 이왕의 이왕직李王職으로 축소 개편하고 일본인들을 관료로 쓰도록 종용하였다. 대한제국 의정부議政府를 축소하여 조선총독부 정부로 재편성하는 '절대적 종속'을 의미하였다.

500여 년 역사에서 조선은 대명제국과 대청제국의 책봉외교 관계에서의 친왕국親王國이었다.[8] 대명제국과 대청제국과의 책봉외교 관계에서 조선은 종속국이었다는 일본제국의 비판은 어불성설이다.

그런데 일본제국에 의하여 황제국에서 격하되고 종속화된 조선은 이름은 같지만 그 뉘앙스에서 엄청난 차이를 보인다. 1910년 이후의 조선은 식민지화된 조선이다. 외교 관계에서의 친왕국이라는 이전에 누리고 있던 독립국의 면모를 모두 빼앗겨 버린 상태를 표현하는 것이다. 그 식민지 조선에는 총독이 '독재獨裁하는' 총독부總督府가 있었다. 총독부 아래에 실권없는 자문기관 총독부 '중추원'이 있었다. 대한제국기 중추원과 총독부 중추원은 이름을 같지만 그 성격 자체가 가지는 차이가 굉장히 크기 때문에 정확히 객관적으로 구별하여야 한다.

조선 이왕과 이태왕은 조선총독의 실권에서는 멀어지게 만들고 덴노의 대권大權으로 총독이 통치하는 그런 종속이 도입되었다. 1910년 말 당대의 조선은 식민지 종속을 지칭하였다. 그러한 종속에서 벗어나는 것 내지는 이전의 대한제국 상태로 회복하는 것이 바로 식민지 조선 사람들이 추구한 1919년의 '독립'이었다.

1919년 3월 1일 독립선언서를 낭독하고 비폭력적인 거리 시위를 한 달여 동안이나 전개한 것은 이러한 식민지에서 벗어나겠다는 운동의 시작이었다. 그리고는 독립한 정부 조직들이 존재함을 세계 만방에 발표하였다. 러시아령에서, 상하이에서, 한성에서 정부를 선포하였다. 그리고 그러한 와중에서 4월 11일 상하이 프랑스 조계지에 근거지를 마련하고 의정원을 세우고 국호로 다시 '대한大韓'으로 회복하고, 제국이 아닌 '민국民國'을 도입하였다.

대한제국이라는 국호는 황제가 결정한 '흠정欽定'이었지만 대한민국이라는 국호는 국민이 정한 '민정民定'이었다. 두 국호 모두다 줄이면 '한국韓國'인 것이다. 대한제국은 홍범 14조라는 하위 근대법에 규정력을 가지는 흠정 헌장이 존재한 근대 전제국가였고, 대한민국은 민주공화국과 국민 주권sovereignty를 명시한 임시헌장과 임시헌법이라는 민정 헌법을 제정한 근대적 정치체modern polity였다. 대한민국 임시정부는 대한제국을 계승하면서도 민정 정부를 만들기 시작한 역사적 연속성과 불연속성을 동시에 가지고 있는 것이다.

심각한 문제 중의 하나는 우리가 현재 일상적으로 쓰는 독립운동의 이야기는 1910년대 이전의 망할 수도 있다는 위기감이

팽배해져서 나라를 바로 세우려던 운동, 곧 '구국운동救國運動'에까지 적용하는 바람직하지 않은 습관이다. 1910년대 이후의 망한 나라를 되찾기 위한 독립운동과 분리하여 사용해야 함에도 모호하게 사용하는 경향이 있다는 사실이다. 독립운동이란 1910년 일본제국이 대한제국을 강제로 합병한 이후 대한제국 유민들의 정치적 운동을 가리키는 정확한 역사적 개념이라는 사실을 인식해야 한다. 그 이전의 1894년부터 1910년까지는 구국운동 시대이지 독립운동의 시대가 아닌 것이다. 이렇게 '구국운동'과 '독립운동'은 1910년을 전후하여 연속성과 불연속성을 가진다.

2. 대한독립만세 구호의 저항성과 정치성

3·1운동은 1919년 3월 1일의 「독립선언서」 낭독에서부터 시작한다. 그리고 명실상부한 의미에서 독립운동의 '조직적인' 혹은 '사회적인' 시작이었다. 그리고 태극기를 들고 '대한독립만세!'를 외치면서 거리로 밀려 나와서 행진하는 비폭력 시위示威였다. 1898년 대한제국 시대의 최초의 근대적 정치 시위였던 만민공동회를 이어서 나타난 최대의 정치적 시위가 바로 1919년 3월 1일 독립선언으로부터 시작되었다.

1919년 초에 경운궁에서 고종태황제가 붕어하는데 일본의 사주에 의한 독살설이 민중에게 널리 퍼졌다. 그런데 역사적 증거를 발굴하고 정황을 철저하게 따지는 데 실패한 부분이 바로 고종 태황제의 붕어 사건이다. 보통 일본제국 측의 기록물이나 군주제 혐오 편견에 근거하여 그런 독살설은 근거가 없다고 하였고, 그것이 현재 정설로 굳어져 있다. 그리고 복벽주의複壁主義, 곧 조선 전래 군주제를 회복하려는 이념과 실천에 과민하게 반응하는 '군주제 알레르기'를 가진 근대사학자들과 근대적 민족국가national state 형성 가설에 지나친 무게를 두는 역사가들의 편견에 의해서 독살은 사실무근이라고 하여 왔다. 이념적으로도 근대적 민족국가 건립 추구와 군주제 알레르기 성격이 강한 '붉은 오리엔탈리즘red orientalism'이 강력하게 자리잡고 있었다. 이러한 배경 때문에 고종 붕어에 얽힌 수사과학forensic science에 의한 진실에는 관심이 없고, 독살설의 당대 정황 증거들을 들으려고도 하지 않으며 일본제국의 묘사와 사실 기록물에 주로 근거하는 '독살사실무근설'을 자의적으로 수용하는 역사가들이 많았다. 당시의 민중들의 여론은 근거가 없다고 하는 주장으로 얼버무리고 있었다. 앞으로 더욱 과학적인 정황 증거를 찾아야 할 것이다.

비폭력 평화적 시위였음에도 불구하고 일본제국의 조선총독부는 헌병과 경찰을 동원하여 이러한 평화적인 비폭력 시위를 진압하였는데, 도성 서울에서 시작된 시위가 전국적으로 퍼져서 1919년 4월을 지나 5월 초에까지 1,500여 회가 넘은 거리 시위로 발전하였다.[9] 조선총독부는 890여 회로 축소 기록하고 있다. 최근의 국사편찬위원회의 조사에 의해서 이것이 1,500여 회가 넘는 것으로 집계가 되었다. 전국의 식민지 조선의 인민들이 뛰쳐 나와서 '대한독립만세!'를 외치다가 체포되어 감옥에 투옥되거나 심지어는 총에 맞아 사망하거나 휘두르는 칼에 맞아 중상을 입기도 하였다.

1919년의 헌법주의Constitutionalism 사회적 현상social phenomenon에 주목하여야 한다. 비폭력 시위가 거의 절대 다수였던 1919년 3·1독립선언 및 만세 운동은 같은 해 4월 11일 대한민국 국호 및 임시헌장과 9월 11일 최초의 민정 헌법 제정과 공포公布로 이어졌다. 삼일대혁명은 헌법주의 실천의 시동이 걸린 역사적 계기였다. 3·1독립선언 및 만세 운동은, 이후 한 달여 후인 4월 11일에 상하이 대한민국 임시 의정원에 의해서 헌장憲章이 제정 공포되고 이후 9월 11일에 최초의 민정 헌법이 완전한 모습을 갖추고 공포되는 정치적 오케스트라의 전주곡이었다. 따라서 1943년 김구 주석의 충칭 시기 기념사에 등장한 '삼일대혁명'이라는 용어는 그 역사적 적실성과 일관성을 필요충분하게 갖추고 있다. 김구의 삼일대혁명 용어 사용과 역사 인식은 헌법주의라는 사회적 현상의 표현이었다.

우선 기미년 1919년 3월 1일 낭독된 기미 「독립선언서」는 조선이라는 명칭을 그대로 사용하고 있다. 「독립선언서」에서 '조선인'의 독립을 선언한다고 천명하고 있다. 그런데 만세 운동 거리 시위에서 외친 함성 '대한독립만세!'는 조선이라는 식민지 명칭과는 대조적이었다. 왜 '대한독립만세!'라고 외쳤는가? 설명해 보라. 1919년 3월의 정황상 '조선독립만세!'라고 해야 되지 않는가? 왜 조선독립만세가 아니고 대한독립만세라고 외쳐야만 했을까?

또 왜 하필이면 '만세'라고 외쳤는가? 식민지 조선에 만족하고 친왕국이면 '천세'라고 외쳐야 하는데 말이다. 「독립선언서」에서 조선인으로 표기한 정도이면 그렇게 해야 문화적 논리로 보아도 적당하다. 웬 '만세萬歲' 함성인가? 일본제국의 군왕급의 식민지로 격하되고 실권은 총독에게 이양된 국가의 인민들은 '천세千歲!'라고 해야 정확한 것이다.

3·1만세 운동으로 거리 시위에 나선 인민人民들은 천세에 만족할 수 없는 사람들이었다. 일본제국의 암묵적인 명령을 수용할 수 없다고 선택한 사람들이었다. 정확한 식민지 격에 맞추는 구호 '조선독립천세!'에 반항하여 1919년 당대의 인민들이 '독립만세!'를 외친 것이다. '대한독립만세!'를 외치면서 저항운동을 한 것이었다.

'만세!'라는 구호는 황제국 및 독립국 신민臣民들만이 황제를 보면서 외칠 수 있는 것이다. 1897년 10월 12일로부터 1910년도까지만 외칠 수 있었던 구호였다. 이전의 조선 500년간은 그렇게 외칠 수가 없었다. 조선은 500여 년간 '주상 전하 천세!'라는 구호를 외쳐 왔었다. 그런데 1919년 식민지 상태를 9년간 경험한 인민들은 1910년 이전에 외칠 수 있었던 '만세!'를 외치고 싶어 했고 또 그렇게 했다. 인민들은 자주적으로 '독립'을 선언하고 '만세!'를 마음껏 외쳐버린 것이었다. 그렇게 할 수 없었던 9년을 날려버리려는 듯이 말이다.

그리고 '독립만세!'가 지향하는 국가는 어떤 것이었는가? 왜 조선이 아니고 대한大韓이었을까? 식민지 이름으로 전락한 조선과는 극명한 대조를 보여주지 않는가? 독립만세를 외치고 있었던 인민들이 지향하고 있는 국가는 '대한大韓'이었다. 1919년 3월 1일 이전에 존재했던 대한大韓은 어느 국가의 명칭인가? 대한민국이었는가? 대한민국이라는 국호는 한 달 이후에나 생기니까 분명히 아니다. 바로 1897년에 선포되었던 '대한제국'이라는 국호를 가리키고 있다. 결론적으로 '대한독립만세!'는 '대한제국독립만세!'라는 의미를 담고 있는 것이었다.

최근까지도 이러한 황제국 및 친왕국 혹은 군왕국 예제에 대한 문화적 맥락들에 무지했던 이유 때문에 '대한독립만세!'가 얼마나 저항적이면서 정치적인 함성이었는지를 심지어 역사가들도 올바로 이해하지 못하고 있었다. 1919년 3월 1일부터 약 2개월간의 한반도 전역에서 외쳐진 '대한독립만세!'는 대한제국 독립만세!였던 것이다. 얼마나 저항적이었던가를 제대로 음미할 줄 알아야 한다.

3. 대한민국 임시정부의 역사 인식은 삼일대혁명

3·1운동은 1910년부터 1919년까지의 '독립운동 서막'의 완결을 의미했다. 대한민국 임시정부의 독립운동은 정치적 조직을 헌법과 법률로 규정하고 무장투쟁을 병행한 독립운동이었다. 대한민국 임시정부는 충칭重慶 시기인 1944년 3·1운동의 정신사적, 정치적 성격을 '삼일대혁명'이라고 규정하였다. 이것은 7장 62개 조 헌장憲章, 곧 광복에 가장 가까운 시기에 개정된 헌법의 전문前文에 명시되어 있다. 1919년 기미 「독립선언서」로부터 25여 년이 경과된 시기에 나온 이 문헌에 쓰인 용어는 현재 사용하는 용어와 거의 비슷하다. 대한민국 임시정부가 대일본 항전을 하기 위해서 광복군光復軍을 훈련시켜 미국과 함께 한반도로 진주하기 위한 준비를 하던 시기에 해당한다.

우리 민족은 우수한 전통을 가지고 스스로 개척한 강토에서 유구한 역사를 통하여 국가 생활을 하면서 인류의 문명과 진보에 위대한 공헌을 하여 왔다.

우리 국가가 강도 일본에게 패망한 뒤에 전민족은 오매에도 국가의 독립을 갈망하였고 무수한 선열들의 피와 눈물로써 민족 자유의 회복에 노력하여 '삼일대혁명三一大革命'에 이르러 전민족의 요구와 시대의 동향에 순응하여 정치, 경제, 문화 기타 일체 제도에 자유, 평등, 및 진보의 기본정신으로 한 새로운 '대한민국'과 임시의정원과 임시정부가 건립되었고 아울러 임시'헌장'이 제정되었다.

이에 본원은 25년의 경험을 적積하여 제36회 의회議會에서 대한민국 임시헌장을 범 7장 62조로 개수改修하였다.

대한민국 임시정부 국무위원회, 대한민국 26년[1944] 4월 22일

주석 김구, 국무위원 김규식, 유동렬, 이시영, 박찬익, 장건상,

조성환, 조완구, 조소앙, 차이석, 황학수

1919년 4월 11일에 제정되었던 최초의 민정 헌법의 명칭이 '대한민국임시헌장大韓民國臨時憲章'이었던 것을 상기시키도록 개정한 헌법의 명칭은 '헌장'으로 하였다. 그런데 이 개정된 헌법의 전문은 공포되기 1년 전인 1943년 3월 1일 김구 주석이 대한민국 임시정부 「대공보大公報」에 중국어와 한국어로 게재하도록 한 '삼일혁명정신三一革命精神'이라는 글에서 그 대체적 취지가 발표되었다. 우리가 3·1운동으로 약식으로 부르는 역사적 사건에는 「기미독립선언서」의 공포와 한반도 전역의 비폭력적 거리 시위가 포함된다. 그런데 이 역사적 사건을 평가하는 대한민국 임시정부 주석의 평가는 '삼일대혁명'이었다.

우파 정치가가 혁명革命이라는 말을 쓴다는 것 자체가 아주 이상하게 들리는 것이 현재의 우리의 인식 구조이다. 대한민국 임시정부 문헌에서 국민이라는 단어를 쓰면서도 인민人民이라는 낱

말이 등장하면 무언가 이상한 느낌이 드는 것과 비슷한 현상이다. 바로 제2차 세계대전 이후의 냉전Cold War 구조와 한국전쟁 이후의 이념적 대립이 만들어 준 '레드 콤플렉스Red complex'라고 한다. 동무라는 아주 순수했던 말도 친구라는 말로 대치된 것이 현재의 대한민국 의식의 지형이라고 할 수 있다. 이제는 이러한 역사적 유물은 우리의 의식에서 몰아내는 것이 좋을 것이다. 그리고 1919년의 일련의 역사적 과정은 분명히 혁명이었다. 일본제국의 군주제 정치에 의한 총독부 통치에 저항하여 독립을 선언하고 공화제 망명 정부를 세웠으니 혁명은 혁명이었던 것이다.

김구 주석의 인식은 "삼일대혁명은 한국 민족의 부흥재생적 운동으로서 단순한 반일부국反日富國만이 아니고 우리 민족 오천년 이래 마련하고 양성시켜 온 민족의 정기精氣와 민족의 의식이 새로움을 얻어서 발양광대發陽廣大해지고 이것으로써 민족 부흥을 정하고 국가를 재생시키려는 정신적 기초가 되는 것이다"라는 것이었다. 그리고는 김구 주석은 삼일대혁명의 기본적 정신을 네 가지 개념쌍으로 설명하고 있다. 제1은 자존自存과 공존共存, 제2는 민주民主와 단결團結, 제3은 기절氣絶과 도의道義, 제4는 자신自信과 자존自尊이 바로 그것이며 이것은 삼일대혁명정신의 전체 내용'이라고 주장하고 있다.

3·1운동을 '삼일대혁명'으로 평가하는 '역사 의식historical consciousness'은 1944년 4월 11일 대한민국 임시정부 헌장의 전문

前文에 반영되어 있다. 이것은 기미독립선언서를 낭독하고 거리 시위로 나섰던 1919년 3월 1일부터 이후 한 달이 넘는 기간 동안에 펼쳐진 한반도 전국적 시위는 삼일대혁명이었다는 것이다. 그리고 그 삼일대혁명을 경과하여 '한민족 전체全民族의 요구와 시대의 동향에 순응하여' '새로운 대한민국과 임시의정원과 임시정부가 건립되었고 아울러 대한민국임시헌장이 제정되었다'고 역사적 의미를 규정하고 있다. '최초의 민정 헌법 제정'이라는 역사적 의미를 규정하고 있는 것이다. 대한민국 임시헌장 1919.4.11, 본서 226~240쪽 참조

최초의 민정 헌법으로 제정된 대한민국 임시헌장의 공포는 1919년 4월 11일에 상해에서 있었다. 대한민국 임시헌장은 선포문宣布文, 10개 조의 '헌장', 그리고 선서문과 정강政綱으로 구성되어 있다. 1919년 3월 1일에 한성서울에서 '기의起義'한 지 30여 일 후에 국민國民의 신임으로 조직하였다는 선포하는 포고문 전문은 다음과 같다.

신인일치神人一致로 중외협력中外協應하야 한성漢城에서 기의起義한 지 삼십유일三十有日에 평화적平和的 독립獨立을 삼백여 주三百餘州에 광복光復하고 국민國民의 신임信任으로 완전完全히 다시 조직組織한 임시정부臨時政府는 항구완전恒久完全한 자주독립自主獨立의 복리福利를 아我 자손여민子孫黎民에 세전世傳키 위爲하야 임시의정원臨時議政院의 의결決議로 임시헌장臨時憲章을 선포宣布하노라.

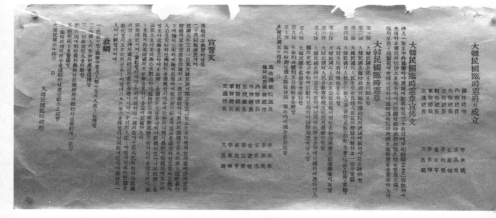

〈그림 13〉 최초의 민정헌법 대한민국 임시헌장 [1919년 4월 11일]

　　1919년 3월 1일 기의하여 30여 일 후에 대한민국 임시의정원과 임시정부가 건립되었고, 그에 따라 임시헌장이 제정되었다는 인식이다. 대한민국 임시헌장 전문은 3·1독립선언을 임시정부와 최초의 민정헌법의 제정을 분명하게 인과적으로 연결시키고 있다. 그리고 삼일운동의 결과 아무런 정치적 및 법제사적 의미를 지니지 못하고 미국의 월슨의 민족자결주의의 영향을 받은 평화적 시위 운동이 한계를 보이고 심지어는 별 성과 없는 좌절과 실패로 끝냈다는 역사적 이미지historical image에 대해서 반증 증거를 제공하고 있다.

　　최초의 민정 헌법인 임시헌장의 전문을 역사적 인과성historical causality의 측면에서 다시 되풀이 하면, 삼일대혁명을 통해서 의회인 임시 의정원議政院과 임시 행정부인 정부국무원가 건립되었고, 그 정치적 조직을 규제하는 최고의 법으로서의 헌장 및 헌법이 제정되어 공포되었다는 역사적 사실을 재확인하는 것이다. 세 개의 정부 조직을 통합하여 헌장의 제1차 개정의 형식으로 최초의 내용을 갖춘 헌법인 대한민국 임시 '헌법'은 1919년 9월 11일에 공포되었다.

이렇게 1919년 같은 해 동안 기미 독립선언서[3월 1일], 대한민국 (임시) 헌장[4월 11일], 대한민국 (임시)헌법[9월 11일]이 6개월여의 일련의 연관된 정치적·법제사적 과정에 만들어진 것이다. 의회인 (임시) 의정원을 조직하고 가장 먼저 한 것은 의정원법議政院法을 만든 것이었다.

의정원법의 규정에 따라서 의회議會를 개최하여 다음으로 선언문이라는 전문前文과 함께 10개 조의 헌장憲章을 제정하여 4월 11일 공포한 것이다.[10] 따라서 김구 주석의 '삼일대혁명' 인식은 이러한 정치적·법제적 측면에서 재조명받아야 하는 것이다.

4. 1919년 4월 11일의 대한민국 헌장憲章과
제1차 개정된 9월 11일의 헌법憲法

선포문, 헌장 10개 조, 서약서 및 정강으로 구성된 최초의 민정 헌법인 10개 조의 대한민국 임시헌장은 이전의 축문 형식 전문과 14개 조의 홍범으로 구성된 고종의 1894년 「서고문誓告文」과 아주 흡사한 구조로 되어 있다. 헌장 10개 조와 홍범 14개 조는 간략하게 이후의 입법에 대한 방향성을 제시하고 있다. 대한민국 임시헌장 10개 조는 공포일인 1919년 4월 11일 이후의 의정원의 입법立法의 방향성을 그대로 규정하고 있는 것이다. 헌정연구회에서 1905년 초에 제정한 강령綱領에서 대한제국 황제의 흠정헌법을 인정하던 헌법주의의 연장선에 위치하는 국민 헌정의 과정이 시작된 것이었다.

이 1919년 4월 11일 '헌장'의 제1조가 '대한민국은 민주공화제民主共和制로 함'이다.[11] 대한민국의 후속 헌법에서 제1조로 지속성이 가장 강한 대한민국의 정치체 규정 조항이다. 현행의 1897년 헌법의 제1조 1항도 '대한민국은 민주공화국이다'이다. 9월 11일의 제1차 개정 헌법 제1장 강령綱領 제5조는 삼권분립을 규정하고 있는데, '대한민국의 입법권은 의정원이 행정권은 국무원이 사법권은 법원이 행사함'이라 규정하고 있다.

현재의 정치학에서 민주공화국의 정의가 바로 '삼권 분립'의 명시라는 사실에 의거하면 1919년 이미 '삼권 분립 원칙'이 정립되어 있는 것이다. 1880년대 『한성순보』 시절부터 소개되어 오던 입법권, 행정권, 사법권의 3대권이 40여 년 만에 제1차 개정 민정 헌법 안에 고스란히 포함된 것이다.

대한제국—대한민국의 역사적 궤적을 따르는 역사적 정부 주권 분할 관련 개념어로 만들면 '3원 정부三院政府 원칙'이 정립된 것이다. 현행의 3부府 원칙과 같은 것이다. 3원 정부 원칙은 미국의 입법부, 행정부, 사법부와 아주 흡사하다. 임시헌장 제2조는 의정원 관련 조항이다. 임시헌장 제3조~제6조는 인민人民의 권리와 의무를 규정하고 있다.

상하이 프랑스 조계지에서 청사를 마련한 대한민국 임시의정원은 러시아 블라디보스톡에서 조직된 대한국민의회大韓國民議會,12 한성에서 선포된 한성정부漢城政府를 상하이 임시정부에 통합하게 되는데, 그 방식을 4월 11일에 제정한 '임시헌장'을 개정하여 '임시헌법'으로 명칭 변경하는 제1차 개헌의 형식을 통하여 이룩하였다.13 대한국민의회는 대통령大統領을 수반으로 하는 의회의 '결의안'을 가지고 있었으며, 한성정부는 집정관총재執政官總裁制를 수반으로 하는 '임시약헌'을 가지고 있었다.

1919년 4월 11일 이후의 대한민국 임시정부는 보통명사가 된 헌법의 명칭으로 '헌장憲章', '약헌約憲', '헌법憲法'의 세 가지 용어를 사용하였다. 대한민국 임시 정부는 5차례의 헌법개정을 실시하였는데, 제1차 개정1919으로 명칭을 '임시헌장'에서 '임시헌법'으로 변경하였고, 제2차1925, 제3차1927, 제4차1940 개정으로 '임시약헌'으로 하였다가, 1944년 마지막 제5차 개헌에서는 '임시헌장'이라는 명칭을 선택하였다.14

상하이 의정원의 대한민국 임시헌장 10개 조와 대한국민의회의 의결문, 한성 임시정부의 임시 약헌을 통합하면서 제1차 개정 형식으로 '대한민국 임시헌법'은 헌법의 내용을 구체적으로 규정하였다. 9월 11일 공포된 제1차 개정 대한민국임시헌법은 8개의 장, 58개 조로 구성되어 있다. 제1장은 강령綱領이고, 제2장은 인민의 권리와 의무, 제3장은 임시 대통령, 제4장은 임시의정원, 제5장은 국무원, 제6장 법원, 제7장은 재정, 제8장은 보칙補則이다. 4월 11일의 10개 조의 임시헌장 조항들의 상당수가 9월 11일의 제1차 개정인 임시헌법 8개 장章의 여러 조항으로 구분 및 확대 제정된 것이다.[본서 229~240쪽]

임시헌장의 4개 조는 대한민국 임시정부가 앞으로 추진할 방향성을 제시하고 있다. 임시헌장 제7조는 국제연맹에 가입한다는 조항이다. 제8조는 '대한민국은 구황실舊皇室을 우대함'이라는 조항이다. 제9조는 공창제를 폐지한다는 규정이다. 제10조는 대한민국 임시정부가 국토 회복 후 만 1년 안에 국회國會를 소집한다는 조항이다.

5. 민정헌법의 탄생

대한제국기 국가학의 대중화와 대한제국기 후기에 형성된 국민헌정國民憲政 개념은 기미己未년 1919년의 정치적 과정을 탄생시킨 모태였다. 대한제국에서 식민지 조선으로 격하된 가운데 일본제국의 식민지에서 독립하겠다는 전 국민의 의지를 「기미독립선언서」를 작성하여 한성^{서울}에서 낭독하여 표현하는 것으로 시작한 것이다. 그리고는 이미 확산되어 있던 국민헌정^{國民憲政} 개념은 헌법주의로 집약되어 대한민국 '임시헌장'이라는 명칭으로 표현된다. 1919년 4월 11일 민정헌법을 제정한 대한민국 임시 정부가 정부를 천명한 다른 조직들을 통합하여 상해에 '통합적인' 민주공화국 체제의 망명정부를 탄생시킨 것이다.

1919년 9월 11일 공포된 대한민국 임시헌법의 '전문^{前文}'은 6개월 전에 선언된 기미독립선언서의 앞부분을 그대로 인용하면서 조선을 대한민국이라는 국호로 바꾸고 시제를 과거로 바꾼 것이다.

아^我 대한민국^{大韓民國}은 아 국^國이 독립국임과 아 민족이 자주민임을 선언하엿도다. 차^此로써 세계만방에 고^告하야 인류평등의 대의^{大義}를 극명^{克明}하엿스며 차^此로써 자손만대에 고하야 민족자존의 정권^{正權}을 영유^{永有}케 하엿도다.

반만년 역사의 권위^{權威}를 장^仗하야 이천만 민중^{民衆}의 성충^{誠忠}을 합하야 민족의 항구여일^{恒久如一}한 자유발전^{自由發展}을 위하여 조직된 대한민국의 인민^{人民}을 대표한 임시의정원^{議政院}은 민의를 체^體하야 원년^{元年} 4월 11일에 발포^{發布}한 10개 조의 임시헌장^{憲章}을 기본 삼아 본 임시헌법^{憲法}을 제정하야서 공리^{公理}를 창명^{彰明}하며 공익^{公益}을 증진^{增進}하며 국방^{國防}급 내치^{內治}를 주비^{籌備}하며 정부의 기초를 공고^{鞏固}하는 보장^{保章}이 되게 하노라.

이렇게 1919년 민정헌법은 기미독립선언서 가장 첫 머리의 부분을 그대로 인용하여 전문을 구성함으로써 독립선언과 헌장 및 헌법제정 공포가 '헌법주의 사회적 현상'임을 필요충분하게 드러낸다. 일본제국의 식민지 경영의 총본산인 조선총독부의 입장으로 보아서는 반역에 해당하는 것이고, 대한민국 임시정부의 입장에서는 일본제국의 압제에 맞서는 '대혁명'이 아닐 수가 없었던 것이다.

　이러한 1919년의 일련의 정치적 과정은 1776년 미국의 독립과 헌법 제정 및 정부 구성의 과정과 아주 유사한 과정을 겪었다고 볼 수 있다. 미국도 「독립선언서」를 선포하고 영국과 독립전쟁을 치루었다. 필라델피아에서 헌법을 제정하면서 행정부, 입법부, 사법부를 구성하였다. 이러한 과정의 기간이 상당한 기간에 걸쳐서 이루어졌다. 반면에 대한민국이라는 국호의 결정으로 귀결되는 1919년의 3월 1일 시작된 한반도 전역에 걸친 비폭력 거리 시위도 「기미독립선언서」의 선포를 기점으로 전개되었다. 그런데 이러한 전국적 정치 운동의 가운데 현재의 서울인 한성漢城이나 러시아령, 중국 상해의 프랑스 조계지에서 정부 구성이 선포되었는데, 그 정부들이 통합의 과정을 겪으면서 4월 11일의 대한민국 임시헌장을 개정하는 형식으로 민주공화국 체제의 내용을 갖춘 9월 11일 대한민국 임시 헌법이 제정 공포되기에 이른다. 우리에게 지금여기에 귀중한 문서가 ① 기미독립선언서,[15] ② 대한민국 임시헌장 그리고 ③ 대한민국 임시헌법이 되는 것이다.

이 최초의 민정 헌법인 대한민국 임시헌장과 제1차 개정으로 완성된 대한민국 임시헌법은 미국 헌법이 명시한 '삼원적 정부원칙principle of three branches of government'이 명확히 명시되어 있고, '민주공화국'이라는 정치 체제를 분명히 하였다.

조선 500여 년의 기초 법전 전통에서 '근대적 헌장modern chapter'의 의미를 가지는 '흠정欽定' 홍범을 만든 것과는 달리 '일본제국으로부터의 독립'의 선언proclamation이라는 정치적 과정 이후에 상하이 운동가─정치가들에 의해서 대한제국을 계승하는 의미의 국호 대한민국이 정해지고 '민정民定' 헌법인 임시헌장과 제1차 개정 헌법인 임시헌법을 처음으로 제정한 것이다. 그리고는 「기미독립선언서」에서와 같이 '일본제국으로부터의 독립을 위한 활동을 실천하기 시작하였다. 그리고 그런 정치적 활동은 헌법이 지니는 법규범 구속력의 범위 내에서였다. 누구도 헌법주의의 표현이 아니라고 할 수가 없다.

대한민국 임시정부는 공식 문서에서 기미년 1919년을 '민국원년民國元年'으로 하는 새로운 기년紀年 방식을 채택하여 사용하였다. 건양, 광무 및 융희라는 연호를 쓴 '제국帝國'이 아니라 '민국民國'이라는 연호를 쓰기 시작한 것이다. 대한제국의 흠정홍범과 기초법전에서의 연호 사용과 비슷한 궤를 같이하는 '민국'의 제도적 측면이다. 현재 타이완이 이 민국 기년을 쓰고 있다.

대한민국 임시정부는 민국 원년[1919]에서부터 민국 14년[1932]년까지 13년간 중국 상해 프랑스 조계지租界地에 판공처, 곧 청사廳舍를 가지고 있었다. 상하이는 고종태황제의 황태자 순종의 첫 황태자비의 오빠였던 민영익이 정치적 망명지로 체류하면서 대한제국 황실과 긴밀한 연락관계를 가지고 있던 지리적 공간이었다.[16] 그런데 대한민국 임시정부는 1932년부터 1940년 본거지를 중국 사천성 충칭重慶에 정착시킬 때까지 옮겨다니는 상황에 처하게 된다. 1920년대는 1917년 러시아 혁명을 통해서 사회주의 사상이 독립운동 정치가들에게도 유입이 되고, 소비에트 연방의 성립으로 실제로 대한민국 임시정부는 서구의 사회주의 국제 단체에서 먼저 승인을 받기에 이른다. 그래서 대한민국 임시정부의 운영에서 초대 임시 대통령 이승만, 국무총리 이동녕, 한반도와의 연통제를 이끌던 안창호의 독립운동 노선에서 차이가 분명하게 나났다. 독립운동의 노선 차이는 곧 정치적 이념과 실천의 차이를 의미했다. 정치적 투쟁과 암투가 생겨났다. 그리고 1925년에는 임시 대통령 이승만은 탄핵으로 물러나게 되었고, 1926년에는 순종효황제의 붕어가 있었다.

1946년 4월 11일 대한민국 임시정부 요인들이 창덕궁 인정전에 모였다. 입헌기념일立憲紀念日 행사를 가지기 위해서였다. 효창공원 삼의사묘 옆에 위치한 백범 기념관에는 그 사진이 전시되어 있다. 당시는 창덕궁 낙선재에서 순종효황제의 계황후 순정효황

후 해평 윤씨가 거처하고 있던 때였으며, 의민황태자영친왕와 황태
자비는 일본에 그대로 억류되어 있던 때였다. 일본의 무조건 항복
을 받은 미군사령부 맥아더 장군의 군정軍政은 이러한 상황을 인식
할 채비가 되어 있지 않았었다.

〈그림 14〉 창덕궁 인정전에서 거행한 1946년 4월 11일 입헌기념일

6. 대한민국 민국원년¹⁹¹⁹부터
대일본 항전抗戰을 전개하다

1919년 9월 11일 대한민국 임시헌법이 공포된 이후 10월 31일에 또 하나의 선언서가 작성되었다.[17] 박은식을 포함한 30명이 서명한 선언서는 대한민국 원년 기미독립선언을 3월 1일이라고 명기하면서 새로운 선언서 발표일자를 원년 10월 31일이라고 명기한 선언서이다. 이는 이 문건이 대한민국 임시정부와 직결된 사람들의 선언서임을 드러내는 것이다.

대한민국 원년 삼월일일에 이미 우리 민족의 자유민임을 선언하고, 인因하여 금년 사월십일에 임시의정원과 임시국무원이 성립되니, 이에 우리 민족의 일치화협一致和協한 의사와 희망에서 출出한 대한민국의 국민國民이 된지라. 일본이 아직 무력武力으로 우리 삼천리 국토國土를 점령占領하엿거니와, 이는 백이의白耳義,〔벨기에〕의 국토가 일즉 독일의 무력에 점령되었슴과 갓흔지라. 우리 민족은 대한민국의 국민이요, 우리 민족의 통치統治하난 자者는 대한민국 임시정부니, 우리 민족은 영원히 다시 일본의 지배를 수受치 아니 할지라

만일 일본이 여전히 한일 양 민족의 영구한 이익과 세계 인류의 영구한 이익과 자유와 평화를 무시하고, 이차此 대한민국의 영토의 점유를

계속할진대, 우리 민족에게난 오직 최후의 혈전血戰이 유有할 뿐이니, 삼월일일의 공약 제삼조를 준遵하여, 최후의 일인까지 전戰함을 불사不辭할지며, 아울러 차此는 자유와 생명의 전쟁戰爭이며, 최후의 목적을 위하야잔 수단과 방법을 택하지 아니하기를 자茲에 성명聲名하노라.

이 1919년 10월 31일 선언서는 3월 1일의 질서를 엄수하며 '난폭한' 행동은 삼가한다는 내용의 공약삼장을 뒤에 부기하고 있다. 그런데 10월 31일 선언서 마지막 문단에서는 만국공법국제법상의 대일본 전쟁을 선포한 것으로 보는 것이 정확하다. 왜냐하면 국민을 통치하는 주권체인 대한민국의 국토는 구한제국의 판도로 한다는 9월 11일 민정헌법의 제1장 총령 제3조와 일관되게 대한민국의 영토를 일본이 불법 점유한다고 전제하고 있으므로 그 점유를 중단하라고 하고 있다. 또한 우리 민족대한민국 국민은 최후의 혈전, 자유와 생명의 전쟁에 처해 있으며 최후의 일인까지 전戰한다는 선언을 하고 있다. 요약정리해 보면 대한민국 임시정부의정원과 국무원는 1919년 원년부터 대일항전을 천명하고 있었던 것이다. 3·1운동의 민족자결주의와 비폭력정신만을 강조하던 기존의 통념과는 완전히 대조를 이루는 역사적 사실인 것이다.

1920년대 후반의 국제적 변화 상황과 순종황제의 붕어로 대한민국 임시정부는 국무위원의 임기를 정하고 헌법 개정이 이전보다 용이하게 하는 개혁을 하게 된다. 모두 망명정부의 독립운동

활동에 용이하게 하는 개헌으로 개혁한 것이었다. 정부의 지도체제도 국무령 책임제에서 집단 지도 체제인 국무위원제로 개혁하였다. 여러 정치적 및 독립운동 노선의 이견 조정이 어렵고 여러 지역으로부터의 재정 지원도 급격히 감소하였다.

1930년대 들면서부터 전환기가 마련되었다. 1931년 만주사변이 일어나고 1932년에 만주국이 성립한다. 만주국의 성립은 일본군의 주둔이 용이해져서 만주에서 활동하던 우리 독립운동가 및 군사적 저항 세력들이 빠져 나오지 않을 수 없게 만드는 효과를 가져오기도 하였다. 대한민국 임시정부 부흥의 첫 기폭제는 민국 14년¹⁹³² 1월 8일 일본제국 히로히토 덴노天皇의 생일날 도쿄 한복판에서 군대 사열을 하던 덴노에게 폭탄을 던지는 창씨 개명한 일본이름 기노시타 쇼조, 이봉창李奉昌18의 의거가 일어났다. 시도 중 체포되었지만 일본의 수도 도쿄에서 일어난 대담한 작전이었다. 3개월 후인 민국 14년 4월 상해 홍코우虹口공원에서 윤봉길이 일본 군대의 대장급들에게 폭탄을 던져서 중상을 입히는 의거는 성공적이었다. 이러한 대한민국 임시정부의 일본 군부를 상대로 한 '특수 교전交戰 작전'은 김구와 안중근의 동생 안공근 등을 위주로 한 인적 네트워크에 의해서 이루어졌다. 일본 민간인을 상대로 한 작전이 아니었다. 1919년 대한민국 임시정부를 세운 것은 일본 제국과의 항전抗戰을 의미하는 것이었다.

일본의 문제 제기는 민국 14년¹⁹³² 대한민국 임시정부를 청사를 항주로 옮기게 만드는 역효과를 가져 온다. 다른 한편으로는 장제스蔣介石가 이끄는 중화민국 국민당 정부로부터 대한민국 임시정부가 같은 전선에서 함께 대일본 항전을 하자는 제의가 들어오도록 하는 계기를 만들었고, 미주 지역을 필두로 한 여러 지역에서의 재정 지원이 재개되어 대한민국 임시정부 재정 형편이 개선되는 효과를 가져왔다.

대한민국 임시정부 요인들은 1945년 귀국하자마자 이봉창, 윤봉길, 백정기의 삼의사三義士의 유해를 거두어 정조의 문효세자의 묘소였던 효창원孝昌園이 있었던 곳에 묘를 조성한다. 이러한 행보는 1932년의 '특수 교전交戰' 작전 성공이 가졌던 역사적 무게가 그들에게는 굉장히 컸기 때문이었다. 이토 히로부미 사살 성공의 주인공 안중근의 유해를 찾으면 안치하기 위해 가장 서쪽의 자리를 비워두었다. 조선의 예제에서 서쪽이 신위의 격이 가장 높은 서상제西上制를 연상시키는 것으로 이들 삼의사가 1909년 안중근 대한의군大韓義軍[19] 참모중장의 의거로부터 영감을 받고 그 대업을 성취했다는 것을 상징하는 것이었다. 이봉창, 윤봉길, 백정기 삼의사는 '안중근 키즈Ahn Jungkeun kids'[20]들이었던 것이다. 1908년 대한제국인 안중근 대한의군大韓義軍 참모중장이 했던 군사작전과 같이 1932년 대한민국 임시정부의 이봉창, 안중근, 백정기의 의거는 대일본 항전의 일환으로 수행된 것이었다.

1937년에는 일본의 시작으로 중일전쟁이 발발하였는데 대한민국 임시정부도 공개적 '대일선전포고'를 하였다. 그리고는 중화민국의 군무 지역인 시안西安에 군사특파원을 파견하여 교섭하여 이후 민국 22년1940 충칭 본부 시절에 대한민국 '광복군총사령부'를 설립한다. 이 광복군은 민국 22년부터 민국 27년까지 존립한다. 모두 국무회의의 의결과 의정원의 비준을 거쳐서 수립된 것이다. 1941년에는 태평양전쟁도 발발한다. 1940년대에는 국민당 정부도 사천성 충칭으로 본부를 옮겼는데, 대한민국 임시정부도 충칭에서 대일항전을 계속한다.

1930년대 후반에서 1940년대의 대한민국 임시정부의 특징은 우좌합작右左合作의 실행이었다. 우파인 한국국민당, 한국독립당, 조선혁명당과 좌파인 조선민족혁명당, 조선민족해방동맹, 조선민족전위동맹, 조선혁명자동맹의 7개 조직이 정치적 토론을 개최하였고, 해방동맹과 전위동맹은 탈퇴하여 5개 정당政黨이 합작에 가까워졌었다. 약산 김원봉이 이끄는 조선민족혁명당이 중간에 빠졌다가, 이후 김원봉이 임시정부에 들어와 군무부軍務部 장을 맡아 국무위원으로 일하는 충칭 연립정체가 대한민국 임시정부로 성립된다.

1930~1940년대 일본제국은 군국주의의 광기가 극성을 부리던 시대이다. 식민지 조선에도 신사참배뿐만이 아니라 학도병, 강제 징용, 강제 위안부 내몰기 등이 강요되던 최악의 광기가 발현된 시대이다. 중일전쟁과 미국과의 태평양 전쟁이 일본 사회 전

반뿐만이 아니라 식민지 조선에도 악영향을 끼치던 시대이다. 일본제국에 의해서 사로잡힌 많은 독립운동가들이 국내에서 고문을 심하게 받고 서거했다. 대표적인 인물이 안창호로 서대문형무소에서 고문끝에 1938년 서거하였다.

대한민국 임시정부 1920년대 헌법 개정에서는 사법부기능을 행정부인 국무원에 귀속시키는 개헌이 이루어졌었는데, 독립운동 상황이 사법권의 독립과는 멀어지고 있었기 때문이었다. 1940년 광복군총사령부와 함께 '군법회의軍法會議'가 존재해야 했다. 사법권의 정립이 실질적으로 이루어지게 되었다.

대한민국 임시헌장^{大韓民國臨時憲章}

대한민국 임시헌장<small>大韓民國臨時憲章</small>

1919. 4. 11

포고문<small>宣布文</small>

신인일치<small>神人一致</small>로 중외협응<small>中外協應</small>하야 한성<small>漢城</small>에 기의<small>起義</small>한 지 삼십유일<small>三十有日</small>에 평화적<small>平和的</small> 독립<small>獨立</small>을 삼백여<small>三百餘</small> 주주<small>州</small>에 광복<small>光復</small>하고 국민<small>國民</small>의 신임<small>信任</small>으로 완전<small>完全</small>히 다시 조직<small>組織</small>한 임시정부<small>臨時政府</small>는 항구완전<small>恒久完全</small>한 자주독립<small>自主獨立</small>의 복리<small>福利</small>에 아<small>我</small> 자손여민<small>子孫黎民</small>에 세전<small>世傳</small>키 위<small>爲</small>하야 임시의정원<small>臨時議政院</small>의 결의<small>決議</small>로 임시헌장<small>臨時憲章</small>을 선포<small>宣布</small>하노라

제1조 대한민국<small>大韓民國</small>은 민주공화제<small>民主共和制</small>로 함

제2조 대한민국<small>大韓民國</small>은 임시정부<small>臨時政府</small>가 임시의정원<small>臨時議政院</small>의 결의<small>決議</small>에 의<small>依</small>하야 차<small>此</small>를 통치<small>統治</small>함

제3조 대한민국<small>大韓民國</small>의 인민<small>人民</small>은 남녀귀천<small>男女貴賤</small>과 빈부<small>貧富</small>의 계급<small>階級</small>이 무<small>無</small>하고 일체<small>一切</small> 평등<small>平等</small>임

제4조 대한민국<small>大韓民國</small>의 인민<small>人民</small>은 신교<small>信敎</small>·언론<small>言論</small>·저작<small>著作</small>·출판<small>出版</small>·결사<small>結社</small>·집회<small>集會</small>·신서<small>信書</small>·주소<small>住所</small>·이전<small>移轉</small>·신체<small>身體</small>와 소유<small>所有</small>의 자유<small>自由</small>를 향유<small>享有</small>함

제5조 대한민국<small>大韓民國</small>의 인민<small>人民</small>으로 공민자격<small>公民資格</small>이 유<small>有</small>한 자<small>者</small>는 선거권<small>選擧權</small>과 피선거권<small>被選擧權</small>이 유<small>有</small>함

제6조   대한민국大韓民國의 인민人民은 교육敎育 납세納稅와 병역兵役의 의무義務가
        유有함

제7조   대한민국大韓民國은 신神의 의사意思에 의依하야 건국建國한 정신精神을 세
        계世界에 발휘發揮하며 진進하야 인류人類의 문화文化와 평화平和에 공헌貢
        獻하기 위爲하야 국제연맹國際聯盟에 가입加入함

제8조   대한민국大韓民國의 구황실舊皇室을 우대優待함

제9조   생명형生命刑 신체형身體刑과 공창제公娼制를 전폐全廢함

제10조   임시정부臨時政府난 국토회복國土恢復 후後 만滿 1개 년一個年 내內에 국회國會
        를 소집召集함

        대한민국大韓民國 원년元年 4월四月 일日

        임시의정원의장臨時議政院議長   이동녕李東寧

        임시정부국무총리臨時政府國務總理   이승만李承晚

        내무총장內務總長   안창호安昌浩

        외무총장外務總長   김규식金奎植

        법무총장法務總長   이시영李始榮

        재무총장財務總長   최재형崔在亨

        군무총장軍務總長   이동휘李東輝

        교통총장交通總長   문창범文昌範

선서문宣誓文

존경尊敬하고 열애熱愛하난 아我 2천만二千萬 동포국민同胞國民이어

민국民國 원년元年 3월三月 1일一日 아我 대한민족大韓民族이 독립獨立을 선언宣言함으로브터 남男과 여女와 노老와 소少와 모든 계급階級과 모든 종파宗派를 물론勿論하고 일치一致코 단결團結하야 동양東洋의 독일獨逸인 일본日本의 비인도적非人道的 폭행하暴行下에 극극極極히 공명公明하게 극극極極히 인욕忍辱하게 아我 민족民族의 독립獨立과 자유自由를 갈망渴望하난 실사實思와 정의正義와 인도人道를 애호愛好하난 국민성國民性을 표현表現한지라 금금今今에 세계世界의 동정同情이 흡연翕然히 아我 국민國民에 집중集中하엿도다. 차此 시時를 당당當當하야 본정부本政府가 전국민全國民의 위임委任을 수受하야 조직組織되엿나니 본정부本政府가 전국민全國民으로 더부러 전심專心코 육력戮力하야 임시헌법臨時憲法과 국제도덕國際道德의 명命하난 바를 준수遵守하야 국토광복國土光復과 방기확국邦基確國의 대사명大使命을 과果하기를 자茲에 선서宣誓하노라

동포국민同胞國民이어 분기奮起할지여다. 우리의 유流하난 일적一滴의 혈혈血이 자손만대子孫萬代의 자유自由와 복영福榮의 가價이요 신神의 국국國의 건설建設의 귀貴한 기초基礎이니라. 우리의 인도人道가 마참내 일본日本의 야만野蠻을 교화敎化할지오 우리의 정의正義가 마참내 일본日本의 폭력暴力을 승勝할지니 동포同胞여 기起하야 최후最後의 1인一人싸지 투鬪할지어다

정강政綱

一. 민족평등民族平等·국가평등國家平等과 인류평등人類平等의 대의大義를 선전宣傳
함

二. 외국인外國人의 생명재산生命財産을 보호保護함

三. 일체一切 정치범인政治犯人을 특사特赦함

四. 외국外國에 대對한 권리權利 의무義務난 민국정부民國政府와 체결締結하난 조약條約
에 일의一依함

五. 절대독립絶對獨立을 서도誓圖함

六. 임시정부臨時政府의 법령法令을 위월違越하난 자者난 적敵으로 인認함

대한민국大韓民國 원년元年 4월四月 일日

대한민국임시정부大韓民國臨時政府

대한민국 임시헌법大韓民國臨時憲法

1919. 9. 11

아我 대한민국大韓民國은 아我 국國이 독립국獨立國임과 아我 민족民族이 자주민自主民임을 선언宣言하엿도다. 차此로써 세계만방世界萬邦에 고告하야 인류평등人類平等의 대의大義를 극명克明하엿스며 차此로써 자손만대子孫萬代에 고誥하야 민족자존民族自存의 정권正權을 영유永有케 하엿도다.

반만년半萬年 역사歷史의 권위權威를 장仗하야 이천만二千萬 민중民衆의 성충誠忠을 합合하야 민족民族의 항구여일恒久如一한 자유발전自由發展을 위하야 조직組織된 대한민국大韓民國의 인민人民을 대표代表한 임시의정원臨時議政院은 민의民意를 체體하야 원년元年 4월四月 11일十一日에 발포發布한 10개조十個條의 임시헌장臨時憲章을 기본基本삼아 본본 임시헌법臨時憲法을 제정制定하야써 공리公理를 창명彰明하며 공익公益을 증진增進하며 국방國防과 내치內治를 주비籌備하며 정부政府의 기초基礎를 공고鞏固하는 보장保障이 되게 하노라.

제1장 강령綱領

제1조　대한민국大韓民國은 대한인민大韓人民으로 조직組織함

제2조　대한민국大韓民國의 주권主權은 대한인민大韓人民 전체全體에 재在함

제3조　대한민국大韓民國의 강토疆土는 구한제국舊韓帝國의 판도版圖로 정정定함

제4조　대한민국大韓民國의 인민人民은 일체一切 평등平等함

제5조　대한민국大韓民國의 입법권立法權은 의정원議政院이 행정권行政權은 국무원國務院이 사법권司法權은 법원法院이 행사行使함

제6조　대한민국大韓民國의 주권행사主權行使는 헌법憲法 범위내範圍內에서 임시대통령臨時大統領의게 위임委任함

제7조　대한민국大韓民國은 구황실舊皇室을 우대優待함

제2장 인민人民의 권리權利와 의무義務

제8조　대한민국大韓民國의 인민人民은 법률法律 범위내範圍內에서 좌열左列 각항各項의 자유自由를 유유有함

一. 신교信敎의 자유自由

二. 재산財産의 보유保有와 영업營業의 자유自由

三. 언론言論, 저작출판著作出版, 집회集會, 결사結社의 자유自由

四. 서신書信 비밀秘密의 자유自由

五. 거주居住 이전移轉의 자유自由

제9조　대한민국大韓民國의 인민人民은 법률法律에 의依하야 좌열左列 각항各項의 권리權利를 유유有함

一. 법률法律에 의依치 아니하면 체포逮捕 감금監禁 신문訊問 처벌處罰을 수受치 아니하는 권權

二. 법률法律에 의依치 아니하면 가택家宅의 침입侵入 쏘는 수색搜索을 수受치 아니하는 권權

三. 선거권選擧權과 피선거권被選擧權

四. 입법부立法部에 청원請願하는 권權

五. 법원法院에 소송訴訟하야 기其 재판裁判을 수受하는 권權

六. 행정관서^{行政官署}에 소원^{訴願}하는 권權

七. 문무관^{文武官}에 임명^{任命}되는 권權 쏘는 공무^{公務}에 취^就하는 권權

제10조 대한민국^{大韓民國}의 인민^{人民}은 법률^{法律}에 의^依하야 좌열^{左列} 각항^{各項}의 의무^{義務}를 유유함

一. 납세^{納稅}의 의무^{義務}

二. 병역^{兵役}에 복복^服하는 의무^{義務}

三. 보통교육^{普通敎育}을 수^受하는 의무^{義務}

제3장 임시대통령^{臨時大統領}

제11조 임시대통령^{臨時大統領}은 국가^{國家}를 대표^{代表}하고 정무^{政務}를 총람^{總攬}하며 법률^{法律}을 공포^{公布}함

제12조 임시대통령^{臨時大統領}은 임시의정원^{臨時議政院}에서 기명단기식^{記名單記式} 투표^{投票}로 선거^{選擧}하되 투표총수^{投票總數}의 3분^{三分}의 2^二 이상^{以上}을 득^得한 자^者로 당선^{當選}케 함

단^但 2회^{二回} 투표^{投票}에도 결정^{決定}치 못할 시^時는 3회^{三回} 투표^{投票}에는 다수^{多數}를 득^得한 자^者로 당선^{當選}케 함

제13조 임시대통령^{臨時大統領}의 자격^{資格}은 대한인민^{大韓人民}으로 공권상^{公權上} 제한^{制限}이 무^無하고 연령^{年齡} 만만^滿 40세^{四十歲} 이상^{以上}된 자^者로 함

제14조 임시대통령^{臨時大統領}은 취임^{就任}할 시^時에 임시의정원^{臨時議政院}에서 좌^左와 여^如히 선서^{宣誓}함을 요^要함

여^余는 일반^{一般} 인민^{人民}의 전^前에서 성실^{誠實}한 심력^{心力}으로 대한민국^{大韓民國} 임시대통령^{臨時大統領}의 의무^{義務}를 이행^{履行}하야 민국^{民國}의 독립^{獨立}과 내치^{內治} 외교^{外交}를 완성^{完成}하야 국리민복^{國利民福}을 증진^{增進}케 하며 헌법^{憲法}과 법률^{法律}

을 준수遵守하고 또한 인민人民으로 하여곰 준수遵守케 하기를 선서宣誓하나이다

제15조　임시대통령臨時大統領의 직권職權은 좌左와 여如함

一. 법률法律의 위임委任에 기基하거나 혹或은 법률法律을 집행執行키 위爲
하야 명령발포命令發布 또는 발포發布케 함

二. 육해군陸海軍을 통솔統率함

三. 관제관규官制官規를 제정制定하되 임시의정원臨時議政院의 결의決議를
요要함

四. 문무관文武官을 임명任命함

　단但 국무원國務員과 주외駐外 대사大使 공사公使를 임명任命함에는 임
시의정원臨時議政院의 동의同意를 요要함

五. 임시의정원臨時議政院의 동의同意를 경經하야 개전開戰 강화講和를 선고
宣告하고 조약條約을 체결締結함

六. 법률法律에 의依하야 계엄戒嚴을 선고宣告함

七. 임시의정원臨時議政院을 소집召集함

八. 외국外國의 대사大使와 공사公使를 접수接受함

九. 법률안法律案을 임시의정원臨時議政院에 제출提出함

十. 긴급필요緊急必要가 유有한 경우境遇에 임시의정원臨時議政院이 폐회閉會
된 시時난 국무회의國務會議의 동의同意를 득得하야 법률法律에 대代한
명령命令을 발發하되 차기의회次期議會에 승낙承諾을 요要함

　단但 승낙承諾을 득得치 못할 시時난 장래將來에 향向하야 기其 효력效力
을 실失함을 공포公布함

十一. 중대重大한 사건事件에 관關하야 인민人民의 의견서意見書를 수합收合함

十二. 대사大赦, 특사特赦, 감형減刑, 복권復權을 선고宣告함

단(但) 대사(大赦)난 임시의정원(臨時議政院)의 동의(同意)를 요요함(要)

제16조 임시대통령(臨時大統領)은 임시의정원(臨時議政院)의 승낙(承諾)이 무(無)히 국경(國境)을 천리(擅離)함을 부득(不得)함

제17조 임시대통령(臨時大統領)이 유고(有故)한 시(時)난 국무총리(國務總理)가 대리(代理)하고 국무총리(國務總理)가 유고(有故)한 시(時)난 임시의정원(臨時議政院)에서 임시대통령(臨時大統領) 대리(代理) 1인(一人)을 선거(選擧)하야 대리(代理)케 함

제4장 임시의정원(臨時議政院)

제18조 임시의정원(臨時議政院)은 제19조(第十九條)에 규정(規定)한 의원(議員)으로 조직(組織)함

제19조 임시의정원(臨時議政院) 의원(議員)의 자격(資格)은 대한민국(大韓民國) 인민(人民)으로 중등교육(中等教育)을 수(受)한 만(滿) 23세(二十三歲) 이상(以上)된 자(者)로 함

제20조 임시의정원(臨時議政院) 의원(議員)은 경기(京畿)·충청(忠淸)·경상(慶尙)·전라(全羅)·함경(咸鏡)·평안(平安) 각도(各道)와 중령교민(中領僑民)·아령교민(俄領僑民)에서 각(各) 6인(六人), 강원(江原)·황해(黃海) 각도(各道)와 미주교민(美洲僑民)에서 각(各) 3인(三人)을 선거(選擧)함

전항(前項)에 관(關)한 임시(臨時) 선거방법(選擧方法)은 내무부령(內務部令)으로 차(此)를 정(定)함

제21저 임시의정원(臨時議政院)의 직권(職權)은 좌(左)와 여(如)함

一. 일체(一切) 법률안(法律案)을 의결(議決)함

二. 임시정부(臨時政府)의 예산결산(豫算決算)을 의결(議決)함

三. 전국(全國)의 조세(租稅) 화폐제도(貨幣制度)와 도량형(度量衡)의 준칙(準則)을 의정(議定)함

四. 공채모집(公債募集)과 국고부담(國庫負擔)에 관(關)한 사항(事項)을 의결(議決)함

五. 임시대통령臨時大統領을 선거選擧함

六. 국무원國務員과 주외駐外 대사大使 공사公使 임명任命에 동의同意함

七. 선전강화宣戰講和와 조약체결條約締結에 동의同意함

八. 임시정부臨時政府의 자순사건諮詢事件을 복답覆答함

九. 인민人民의 청원請願을 수리受理함

十. 법률안法律案을 제출提出함

十一. 법률法律 기타其他 사건事件에 관關한 의견意見을 임시정부臨時政府에 건의建議함을 득得함

十二. 질문서質問書를 국무원國務員에게 제출提出하야 출석답변出席答辯을 요구要求함을 득得함

十三. 임시정부臨時政府에 자청諮請하야 관리官吏의 수회受賄와 기타其他 위법違法한 사건事件을 사판査辦함을 득得함

十四. 임시대통령臨時大統領이 위법違法 또는 범죄행위犯罪行爲가 유有함을 인認할 시時난 총원總員 5분五分 4四 이상以上의 출석出席, 출석원出席員 4분四分 3三 이상以上의 가결可決로 탄핵彈劾 또는 심판審判함을 득得함

十五. 국무원國務員이 실직失職 혹或 위법違法이 유有함을 인認할 시時난 총원總員 4분四分 3三 이상以上의 출석出席, 출석원出席員 3분三分 2二 이상以上의 가결可決로 탄핵彈劾함을 득得함

제22조 임시의정원臨時議政院은 매해每年 2월二月에 임시대통령臨時大統領이 소집召集함. 필요必要가 유有할 시時에 임시臨時 소집召集함을 득得함

제23조 임시의정원臨時議政院의 회기會期난 1개월一個月로 정정定하되 필요必要가 유有할 시時난 원院의 결의決議 혹或은 임시대통령臨時大統領의 요구要求에 의依하야 신축伸縮함을 득得함

제24조 임시의정원臨時議政院의 의사議事는 출석원出席員 과반수過半數로 결決하되 가
        부동수可否同數될 시時는 의장議長이 차此를 결決함

제25조 임시의정원臨時議政院의 의회會議난 공개公開하되 원院의 결의決議 또는 정부
        政府의 요구要求에 의依하야 비밀秘密히 함을 득得함

제26조 임시의정원臨時議政院의 의결議決한 법률法律 기타其他 사건事件은 임시대통
        령臨時大統領이 차此를 공포公布 또는 시행施行함. 법률法律은 자달咨達 후後 15
        일十五日 내內로 공포公布함을 요要함

제27조 임시의정원臨時議政院의 의결議決한 법률法律 기타其他 사건事件을 임시대통
        령臨時大統領이 불가不可함으로 인認할 시時는 자달咨達 후後 10일十日 이내以內
        에 이유理由를 청명聲明하야 재의再議를 요구要求하되 기其 재의사항再議事項
        에 대對하야 출석원出席員 4분四分 3드三 이상以上이 전의前議를 고집固執할 시時
        난 제26조第二十六條에 의依함

제28조 임시의정원臨時議政院 의장議長 부의장副議長은 기명단기식記名單記式 투표投
        票로 의원議員이 와선互選하야 투표총수投票總數의 과반過半을 득得한 자者로
        당선當選케 함

제29조 임시의정원臨時議政院은 총의원總議員 반수半數 이상以上이 출석出席치 아니하
        면 개회開會함을 부득不得함

제30조 부결否決한 의안議案은 동회기同會期에 재차再次 제출提出함을 부득不得함

제31조 임시의정원臨時議政院 의원議員은 원내院內의 언론言論과 표결票決에 관關하
        야 원외院外에서 책임責任을 부負치 아니함
        단但 의원議員이 기其 언론言論을 연설演說, 인쇄印刷, 필기筆記 기타其他 방법
        方法으로 공포公佈할 시時난 일반법률一般法律에 의依하야 처분處分함

제32조 임시의정원臨時議政院 의원議員은 내란외환內亂外患의 범죄犯罪나 혹或 현행범

236 헌법주의

현행범現行犯이 아니면 회기중會期中에 원院의 허락許諾이 무無히 체포逮捕함을 부
득不得함

제33조 임시의정원臨時議政院은 헌법憲法과 기타其他 법률法律에 규정規定한 외外에
내부內部에 관關한 제반규칙諸般規則을 자정自定함을 득得함

제34조 임시의정원臨時議政院은 완전完全한 국회國會가 성립成立되난 일日에 해산解散
하고 기其 직권職權은 국회國會가 차此를 행行함

제5장 국무원國務院

제35조 국무원國務院은 국무원國務員으로 조직組織하야 행정사무行政事務 일체一切를
처판處辦하고 기其 책임責任을 부負함

제36조 국무원國務院에서 결정決定할 사항事項은 좌左와 여如함

一. 법률法律, 명령命令, 관제官制, 관규官規에 관關한 사항事項

二. 예산豫算, 결산決算 쏘는 예산외豫算外 지출支出에 관關한 사항事項

三. 군사軍事에 관關한 사항事項

四. 조약條約과 선전강화宣戰講和에 관關한 사항事項

五. 고급관리高級官吏 진퇴進退에 관關한 사항事項

六. 각부各部 권한쟁의權限爭議와 주임불명主任不明에 관關한 사항事項

七. 국무회의國務會議에 경유經由를 요要하는 사항事項

제37조 국무총리國務總理와 각부各部 총장總長과 노동국勞働局 총판總辦을 국무원國務
員이라 칭稱하야 임시대통령臨時大統領을 보좌補佐하야 법률法律과 명령命令
에 의依하야 주관主管 행정사무行政事務를 집행執行함

제38조 행정사무行政事務난 내무內務·외무外務·군무軍務·법무法務·학무學務·재무財務
·교통交通의 각부各部와 노동국勞動局을 치置하야 각기各其 분장分掌함

제39조　국무원國務員은 임시대통령臨時大統領이 법률안法律案을 제출提出하거나 법률法律을 공포公佈하거나 혹或은 명령命令을 발포發布할 시時에 반다시 차此에 부서副署함

제40조　국무원國務員과 정부위원政府委員은 임시의정원臨時議政院에 출석出席하야 발언發言함을 득得함

제41조　국무원國務員이 제21조第二十一條 제15항第十五項의 경우境遇를 당當할 시時는 임시대통령臨時大統領이 면직免職하되 임시의정원臨時議政院에 1차一次 재의再議를 청구請求함을 득得함

제6장 법원法院

제42조　법원法院은 사법관司法官으로 조직組織함

제43조　법원法院의 편제編制와 사법관司法官의 자격資格은 법률法律로써 차此를 정定함

제44조　법원法院은 법률法律에 의依하야 민사소송民事訴訟과 형사소송刑事訴訟을 재판裁判함. 행정소송行政訴訟과 기타其他 특별소송特別訴訟은 법률法律로써 차此를 정定함

제45조　사법관司法官은 독립獨立하야 재판裁判을 행行하고 상급관청上級官廳의 간섭干涉을 수受치 아니함

제46조　사법관司法官은 형법刑法의 선고宣告 또난 징계懲戒의 처분處分에 의依치 안으면 면직免職함을 부득不得함

제47조　법원法院의 재판裁判은 공개公開하되 안녕질서安寧秩序 또난 선량풍속善良風俗에 방해妨害가 유有하다 인認할 시時난 공개公開치 아니함을 득得함

제7장 재정財政

제48조 조세租稅를 신과新課하거나 세율稅率을 변경變更할 시時난 법률法律로써 차
　　　此를 정定함

제49조 현행現行의 조세租稅는 경편히 법률法律로써 개정改正한 자者 외外에난 구례
　　　舊例에 의依하야 징수徵收함

제50조 임시정부臨時政府의 세입세출歲入歲出은 매년每年 예산豫算을 임시의정원臨時
　　　議政院에 제출提出하야 의결議決함을 요要함

제51조 예산관항豫算款項에 초과超過하거나 예산외豫算外에 지출支出이 유有할 시時
　　　난 차기次期 임시의정원臨時議政院의 승인承諾을 요要함

제52조 공공안전公共安全을 유지維持하기 위爲하야 긴급수용緊急需用이 유有한 경우
　　　境遇에 임시의정원臨時議政院을 소집召集키 불능不能한 시時난 임시정부臨時政
　　　府는 재무상財務上 필요必要의 처분處分을 위爲하고 제51조第五十一條에 의依함

제53조 결산決算은 회계검사원會計檢査院이 차此를 검사확정檢査確定한 후後 임시정
　　　부臨時政府의 기其 검사보고檢査報告와 공共히 임시의정원臨時議政院에 제출提出
　　　하야 승낙承諾을 요要함

제54조 회계검사원會計檢査院의 조직組織과 직권職權은 법률法律로써 차此를 정定함

제8장 보칙補則

제55조 본임시헌법本臨時憲法을 시행施行하야 국토회복國土回復 후後 한限 1개년一個年
　　　내內에 임시대통령臨時大統領이 국회國會를 소집召集하되 기其 국회國會의 조
　　　직組織과 선거방법選擧方法은 임시의정원臨時議政院이 차此를 정定함

제56조 대한민국헌법大韓民國憲法은 국회國會에서 제정制定하되 헌법憲法이 시행施
　　　行되기 전前에난 본임시헌법本臨時憲法이 헌법憲法과 동일同一한 효력效力을

유有함

제57조 본임시헌법本臨時憲法은 임시의정원臨時議政院 의원議員의 3분三分 2二 이상以上이나 혹或 임시대통령臨時大統領의 제의提議로 총원總員 5분五分 4四 이상以上의 출석出席, 출석원出席員 4분四分 3三 이상以上의 가결可決로 개정改正함을 득得함

제58조 본임시헌법本臨時憲法은 공포일公布日로부터 시행施行하고 원년元年 4월四月 11일十一日에 공포公佈한 대한민국임시헌장大韓民國臨時憲章은 본임시헌법本臨時憲法 시행일施行日로부터 폐지廢止함

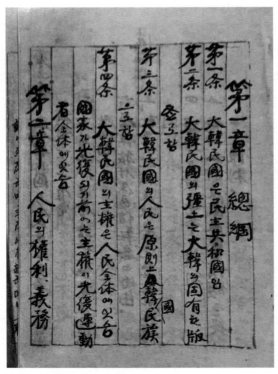

〈그림 15〉 대한민국 임시헌장 (제5차 개헌, 1944년)

제8장

헌법주의의 지속성

　　사회적 현상으로서의 헌법주의Constitutionalism는 1894년 갑
오경장甲午更張을 전후한 시기에 그 모습이 드러나기 시작하여 고종
의 친정親政 조정에서 '하위법에 대한 법적 규정력을 확보한 근대
적 헌장憲章의 14개 조항들'으로 표현될 수 있는 「홍범 14조」와 그
후속 민법 및 형법의 제정에 의해서 기초가 놓이기 시작하였다. 종
묘와 사직단에서 고유제사가 올려지는 정제분리政祭分離 이전의 군
주제 사회의 서고문誓告文에 포함된 「홍범 14조」는 흠정欽定 헌법의
역할을 한 것이다. 근대적이면서도 500년 전통의 기초 법전인 『법
규유편』의 가장 앞에 위치된 서고문「홍범 14조」의 입법 취지에 해당
하는 고유 축문祝文에는 민民의 복지, 곧 백성의 복리를 추구하는
의지가 나타나 있다. "조선 개국 503년…… 다른 나라에 의거하지
않고 국운을 융성하게 하여 백성의 복지를 증진함으로써 자주독
립의 터전을 튼튼히 하려고 합니다歷有五百三年逮 ……自今毋他邦是恃恢國步于
舊于隆 昌造生民之福祉 以鞏固自主獨立之基." 이에 따라 "내정을 개혁하고 오래
쌓인 폐단을 바로잡으려고 합니다釐革內政 矯厥積弊".

서고문에 나타난 '위로부터의' 입법 의지에 상응하는 근대적 의식을 가진 '아래로부터의' 국민國民의 탄생은 1898년 만민공동회의 민선 중추원 의관 신설 요구 시위 사건에서 전개된 것을 알 수 있다. 이러한 '근대적 국민'의 등장은 서구적 의무와 권리의 의식이 확대된 결과였다. 이후에 실제로 1905년『헌정요의憲政要義』와 이후의 동일한 내용을 담은『국민수지國民須知』를 통한 국가학國家學 지식이 확산되는 현상으로 귀결되었다.

대한제국 시대의 이러한 근대적 국민의 헌정憲政에 대한 의식의 확산은 1919년 삼일독립선언 및 만세 운동—대한민국 임시헌장—대한민국 임시헌법의 제정과 공포로 이어지는 연속적 사건들의 기초가 되었다. 1919년의 이러한 일련의 정치적 사건들은 사회적 현상으로서의 헌법주의의 사례이다. 1919년 4월 10일 구성된 최초의 입법부임시의정원가 제정한 국호 대한민국大韓民國과 1919년 9월 11일 공포된 최초의 민정民定 헌법대한민국 임시헌법은 일본제국 조선총독부로부터의 독립獨立을 성취하려는 삼일대혁명三一大革命의 정치적 결과로 나타났다. 삼일대혁명이라는 역사 인식은 김구 주석이 이끌던 후기 임시정부충칭시대의 기념사에서 나타난다. 그동안 독립운동으로만 파악해 오던 일련의 정치적 운동과 임시정부의 독립운동이 실제로는 헌법주의라는 사회적 현상이 배경이 되고 추동력을 제공한 역사적 사건임을 알 수 있다.

이러한 사회적 현상은 해방 이후 대한민국 사회에서도 이어

져서 나타난다. 1919년 9월 11일 제정된 최초의 민정헌법의 제8
장 보칙에 포함된 제55조에서 한반도로 들어온 다음에 세우는 입
법부의 명칭이 '국회國會'로 명시되어 있다. 그런데 1948년에 남
한만의 단독 정부의 수립을 위한 제헌국회에서 선거를 통해서 구
성한 입법부의 명칭이 그대로 '국회'로 유지되는 현상을 보인다.
1919년 4월 11일 공포된 최초의 민정헌법과 동시에 제정된 국호
國號도 여러 논의를 거치지만 임시정부의 최초의 입법부가 제정한
'대한민국'이 유지되는 헌법주의 현상이 나타난 것을 볼 수 있다.
제헌헌법을 제정한 국회의원들의 다수결에 의해서 이렇게 1919
년 이래의 헌법적 전통을 그대로 유지하는 헌법주의 현상이 나타
난 것으로, 대한민국 사회에 면면히 흐르는 근대적 전통으로 자리
잡혀 있는 것이다.

1. 1948년 「제헌헌법」과 「87헌법」에 명시된 사회적 가치
– 정의, 인도, 동포애

헌법憲法은 지금 여기 대한민국에 사는 국민들에게 무엇인
가? 고등학교 졸업 학력 이상의 사람들은 헌법은 국가인 대한민국
의 최상위 법이고 헌법을 기준으로 모든 법法들이 제정되었고 개
정되고 혹은 전면 폐지되기도 한다는 것을 알고 있다.

대한민국 사회에서 이러한 상식, 곧 헌법의 위치가 어떠해야 하는 가에 대한 의식이 '올바로' 만들어져 있는가? 그렇게 확고하고 자세한 교육이 이루어지지 않은 것이 사실이다. 예를 들어 우리 헌법은 어떠한 '사회적 가치social values'를 표명하고 있는가? 이 질문에 대답할 수 있는 사람은 많지 않다. 헌법은 정치 지도자들이나 알고 다루는 것쯤으로 생각한다. 헌법과는 이상하게도 일정한 거리감을 느끼고 있는 것이다. 고대사에서 조우하였던 터키와 대한민국과의 지리적 거리가 1천년을 넘어서 심상적 공간imagery space 에서도 멀어져 있었던 것처럼 대한민국의 국민들에게 헌법은 너무도 먼 심상적 거리를 가지고 있는 것이다. 대한민국 사회가 지향해 왔으며 앞으로도 지향해 가야 할 '사회적 가치'는 보이지 않는다. 정확한 이해도 없이 '사회적 가치라니 이거 사회주의 빨갱이 아니야?'라고 하는 사람이 과거에는 상당히 많았다. 허위사실 유포로 이득이나 챙기던 인사들의 입에 오르내리기 일쑤였다.

현재의 보통사람들에게는 정치가들과 마찬가지로 현행 「87헌법」에 실려있는, 일본으로부터 독립하기 위한 '삼일운동'이나 독재에 항거한 '4·19혁명의 정통성을 계승'한다는 문구도 정치적 수사rhetoric 정도로만 보이는 것, 이것이 현재 우리의 주소이자 자화상이다. 우리 헌법이 어떠한 사회적 가치를 지향하고 있는지 대중에게 논의하고 설명하고 교육하는 철학자나 법학자도 딱히 없었다. 법학 전문가들도 헌법학의 두꺼운 책을 법학과 학생과 법학

대학원생들에게 묵묵히 기계적으로 가르칠 뿐이었다. 서구적 형식의 헌법이 소개되어 온 지 약 150여 년, 그리고 민정헌법이 성립된 지 이제 100년이 지났다. 우리 대한민국 사회에 국민과 함께 '살아서 숨쉬는 헌법'의 존재는 거의 의식되지 않고 있었다.

분명한 것은, 대한민국의 1948년「제헌헌법」과 현행「87헌법」의 '전문前文'[1]에는 동일하게 정의, 인도, 동포애라는 헌법이 지향하는 '사회적 가치'가 명시되어 있다. 보통 사람들뿐만 아니라 헌법학자나 법학전공자들도 실제 조항들에는 눈길을 주면서도 이러한 가치는 쉽게 지나친다.

모든 법에는 그 법을 제정한 취지趣旨가 존재한다. '입법취지立法趣旨'라 한다. 최고 상위법인 헌법에는 '입헌취지立憲趣旨'가 존재한다. 1894년 흠정헌법인「홍범 14조」의 제정 취지는 그 앞의「서고문」중의 홍범 14개 조항 앞에 위치하여 전문前文 형식으로 국가 제사 고유제로 맹세되었다. 1919년 대한민국 임시헌장에도 입헌의 취지를 밝히는 글이 존재한다.

1948년「제헌헌법」「전문前文」에도「87헌법」의「전문」에도 입헌의 취지가 밝혀져 있다. 우리의 근대사에서 나타나는 헌법주의 현상과 직결되는 입헌 취지가 존재하고, 입헌 취지에는 헌법의 궁극적 목적이 포함되어 있다. 입헌 취지를 포함하는 전문에는 사회적 가치와 지향하는 수단 및 역사 의식들이 명시된다.

1948년「제헌헌법」과「87헌법」의 입법 취지에 나타나는 전문前文에서 천명된 세 가지 사회적 가치인 정의正義, 인도人道, 동포애同胞愛로 수렴되는 개념들을 이해하기 위해서는 최초 민정헌법의 입헌 취지로 수렴되는 이전의 문헌들을 자세히 고찰할 필요가 있는데, 바로 1919년 대한민국 임시헌장4월 11일과 임시헌법9월 11일으로 수렴되는 「무오戊午독립선언서」1918년 11월, 39인 서명2와 「기미己未독립선언서」1919년 3월 1일 공포이다. 최초의 민정헌법 전문은 「기미독립선언서」의 앞부분에서 조선을 새로운 국호 대한민국으로 대체하고 시제를 과거 시제로 바꾼 입법 취지를 가지고 있어서 그 연관성이 자명하게 드러난다.

1918년 「무오독립선언서」는 1919년 3월 삼일대혁명의 기폭제인 「기미독립선언서」 서명 민족 대표 33인과는 다른 이름의 39인의 서명이 된 것으로 도쿄의 재일유학생들의 2·8독립선언서 이전에 서명된 것이다. 서명한 민족 대표 면면이 상하이 임시정부를 구성한 요인들을 거의 다 망라하고 있다. 겸곡 박은식의 『대한독립운동지혈사』 제3장 '서울의 독립운동본부와 내외의 학생단체'에 기록된 대로 1918년 후반에 독립운동의 구심세력이 형성되어 있었다. 그 증거가 박은식, 신채호, 이승만, 안창호의 서명을 포함한 「무오독립선언서」에 서명된 39인의 민족 대표인 것이다. 서명자 중에 대한제국의 전 간도관리사 이범윤이나 독립군 장군 김좌진도 포함되어 있다.

「무오독립선언서」에 이미 '정의'와 '인도'라는 사회적 가치는 나타나 있다. "천의인도天意人道와 정의법리正義法理에 조照하야 만국 입증萬國立證으로 합방무효合邦無效를 선파宣播하며, 피彼[일본]의 죄악罪惡을 징응懲膺하며 아我의 권리權利를 회복하노라"라는 선언이나 "오인吾人의 결실結實은 (…중략…) 도의道義를 실현實現함에 있다"라는 구절은 정의와 인도, 곧 도의道義의 가치에 대한 확고한 의식을 표현하고 있다.

서명자의 면면이 다른 「무오독립선언서」와 「기미독립선언서」를 묶어 주는 가치도 정의와 인도라는 사회적 가치이다. 「기미독립선언서」의 본문에 따르면 서명자들은 "인류통성人類通性의 시대時代 양심良心이 '정의正義의 군軍'과 '인도人道의 간과干戈'로 호원護援하는 금일今日 오인吾人"이라는 인식을 가진 독립선언자들이었다. 그들은 "위력威力의 시대가 거去하고 도의道義의 시대가 래來하도다"는 시대 인식을 하고 있었다. 공약 3장 제1조는 "금일 오인의 차거此擧는 정의正義, 인도人道, 생존生存, 존영尊榮을 위하는 민족적民族的 요구要求"라는 의식을 표현하고 있다. 공약 3장 제1조의 정의와 인도라는 가치와 함께 표현된 생존과 존영의 대상인 동포를 사랑하는 정신은 바로 동포애同胞愛라는 사회적 가치로 축약할 수 있는 것이다.

1818~1819년 100여 년 전의 우리 선조들의 당대 세계사 및 국제 질서 인식은 유럽전쟁제1차 세계대전의 종전을 바라보면서 정의와 인도로 표현되는 '도의道義의 시대'가 오고 있으며 그 시대에 순응하는 것이 좋은 방향이라고 생각한 것이다. 100여 년 전의 두 독

립선언서 서명자들은 독일제국, 오스트리아제국 및 오스만제국이 영국과 프랑스를 주축으로 하는 연합국에 패하여 동유럽의 제국이 몰락하게 되는 계기를 '유럽전쟁'으로 보고 있었다. 실제로 그 종전 처리 외교회의인 파리평화회의 혹은 파리강화회의를 전후하여 국제 정치적 원칙으로 등장한 것이 미국 대통령 윌슨의 민족자결주의였다. 그런데 그러한 시대를 '도의道義의 시대'가 오고 있다는 가히 유학적 세계관과 가치를 표현하는 시각으로 보고 있었던 것이다. 바꾸어 말하면 「무오독립선언서」와 「기미독립선언서」 서명자들의 당대 인식은 일본제국으로부터 독립하여 어떤 사회적 가치를 추구할 것인가에 대해 분명한 인식으로 나타났다.

이러한 독립선언서의 사회적 가치는 1948년 제헌헌법에도 이어졌고, 1987년 개정된 현행 헌법의 전문에도 바뀌지 않고 지속되고 있다. 그리고 불의에 항거한 4·19혁명의 실제 기동자들인 학생 세대보다 연배가 위인 유교적 세계관의 참여자들이 이러한 사회적 가치를 그대로 구현한 것이었다.[3] 1918~1919 독립선언서들의 당대 의식으로부터 기원한 사회적 가치가 헌법 전문에 포함되어 있는 의미는 헌법주의라는 사회적 현상으로 설명이 가능하다.

1948년 「제헌헌법」 「전문前文」에는 이러한 세 가지 사회적 가치를 추구하는 국민들에 의해서 "민족의 단결을 공고히 하며 모든 사회의 폐습을 타파하고 민주주의 제 제도를 수립하여 ①정치, 경제, 사회, 문화의 모든 영역에 있어서 각인의 기회를 균등히 하고

②능력을 최고도로 발휘하게 하며 ③각인의 책임과 의무를 완수케 한"다는 문장의 구절이 있다.

그리하여 이 사회적 가치 추구의 결과로 "안으로는 국민생활의 균등한 향상을 기하고 밖으로는 항구적인 국제평화 유지에 노력하여 우리들과 우리 자손들의 안전과 자유와 행복을 영원히 확보할 것을 결의하"였다고 한다. 현행 「87헌법」의 「전문前文」에는 그 앞부분 '민족의 단결을 공고히 하며 모든 사회의 폐습을 타파하고 민주주의 제 제도를 수립하여'가 '민족의 단결을 공고히 하며 모든 사회적 폐습과 불의를 타파하며, 자유민주주적 기본질서를 더욱 확고히 하여'로 개정되어 있다. 뒤의 사회적 가치 추구의 결과 부분은 똑같다.

1948년 「제헌헌법」 「전문」과 「87헌법」 「전문」에 따르면 정의, 인도, 동포애라는 사회적 가치의 추구에는 민족 단결, 사회 폐습과 불의不義의 타파, 자유민주주의 기본질서의 확고화를 통한 기회의 균등, 개인 능력 발휘, 책임과 의무의 완수가 동반된다.

민주화된 사회라고 자부하는 대한민국과 같은 민주주의 사회에서 정의, 인도, 동포애의 추구는 어떠한 양상을 띄어야 할까? 곰곰히 성찰해 보면 이제까지 헌법 전문에 명시된 세 가지 사회적 가치들에 대한 논의가 법학적으로나 철학적으로 많이 진행된 것 같아 보이지 않는다. 그리고 사회 교육에서나 학교 교육에서 이러한 사회적 가치에 대한 지식의 확산이 별로 없었던 것으로 보인다.

정의justice, righteousness라는 가치의 추구는 우리 헌법 전문에 명시된 대로 '사회 폐습과 불의不義의 타파'와 직접적인 관련이 있다. 구체적으로 우리 사회의 폐습과 불의는 어떤 것일까? 부패한 정치 권력 및 일부 공무원, 위화감을 조성하는 경제 권력과 수정자본주의를 거스르는 경제 행위, 그릇된 권위주의와 허세에서 사회적 폐습과 불의는 가장 극명하게 드러난다.

민주주의 사회에서 정의 구현의 문제는 서구적 윤리학, 사회 철학 및 정치 철학[4]의 많은 논의가 있었고 실제로 서구 사회에서는 그 논의가 교육된다. 서구적 정의justice도 사회를 기반으로 하여 사회의 운영 원리 중의 하나로 기능한다.

민주주의 사회에서의 정의 실천의 문제는 전통 학문에서 밝혀지는 유학적 세계관Confucian worldview속[5]에서도 상당히 깊이 살펴 볼 만한 자원이 많은 것이 사실이다. 대한민국 국민들은 유학적인 세계관이 사회에 반영되어 아직도 상당한 영향력을 끼치고 있지만 잘 의식하지 못한다. 단순하게 생각해 보면 정의正義는 동북아시아 전통의 유학적 가치들인 맹자의 4단, 곧 인仁, 의義, 예禮, 지智 중에서 중요한 하나로 내려 오는 사회적 가치이다. 공자의 인仁 중심의 사회 가치관은 천자국 주周나라를 인정하는 가운데 제후국 중에 패자覇者가 이끌던 춘추春秋시대의 사회상을 반영한다고 할 수 있다. 이와 대비하여 맹자의 의義 혹은 정의 중심의 정치 철학은 이미 각국이 독립국으로 천자 호칭인 왕王을 칭하고 서로 싸우고 경쟁하던 전국戰國시대의 사회상을 반영한다. 여러 국가가 외교 관계를 가지던 시대의 개인, 집단, 및 국가 간의 관계에서 의義는 중요한 기준으로 존재하는 것이었다.

또한 실제적으로 대한민국 사회에서 공공성과 사회적 정의를 바라보는 다양한 시각이 있는 것도 사실이다. 대한민국의 사회적 정의는 어떻게 실현되어야 할까? 우리 정치권은 정의로운가? 또한 보통사람인 국민은, 경제적 약자인 서민은, 신체적 약자인 장애자는 정의라는 가치를 추구하지 않아도 되는 것일까? 아니면 정의라는 대한민국 헌법이 명시한 사회적 가치를 추구하지 않을 경우에 지탄의 대상이 되어도 되는 것일까? 자유와 평등의 추구라고 하는 민주주의 가치의 추구와 정의라는 사회적 가치의 추구는 어떠한 관계를 가지는 것인가? 이러한 사유와 실제적 사례의 분석을 통하면 현재 대한민국 헌법의 조항들은 정의라는 사회적 가치를 추구하는 데 얼마나 적합한 것일까?

1919년 삼일대혁명 정신을 정리하는 가운데 1943년 김구 주석은 "일개 민족이 세계 속에서 독립자존獨立自尊하려면, 반드시 무력에도 굴하지 아니하며 빈천에도 마음을 쓰지 아니한 민족적 기질과 몸을 죽여서 인仁을 이루고 생生을 버리고 의義를 취하는 민족도의民族道義를 적극 함양하여야 할 것이니, 이러한 정신이 보편화되어 오래 지탱하느냐 또한 영구히 존속하느냐 못 하느냐는, 일 민족의 절속존망節續存亡의 관건이 되는 것이다. 우리 한민족은 자고로 이러한 정실을 제창해 왔기 때문에 무수한 충신忠臣과 의사義士가 끝없이 배출되었다. 우리 나라가 망하려 할 때 이완용, 송병준 같은 소수의 민족적 패물敗物이 있었으나 그 당시에는 민충정閔忠正, 안중근 등 다수의 충의지사忠義志士가 있어서 민족적 정기를 신장伸張하였던 것이다"6라고 한다. 독립운동에서는 심지어 '몸을 죽여서 인仁을 이루고 생生을 버리고 의義를 취하는 민족도의民族道義'가 있었다. 그것이 삼일혁명정신이라는 것이다. 독립을 이룬 현재의 대한민국 사회에서 이러한 민족도의를 실천하는 국민들의 출현이 기대되는 것이다.

우리 헌법 전문이 명시하는 인도人道와 동포애라는 두 가지 사회적 가치들은 서양철학의 입장에서보다도 유학적인 사회적 가치라는 느낌이 먼저 든다. 다른 나라의 헌법들이 추구하는 헌법 정신이나 사회적 가치들에 대한 연구 결과나 자료에 대한 조사가 있어야겠지만, 인도人道와 동포애라는 사회적 가치들은 1948년 「제헌헌법」과 「87헌법」이 다른 나라 헌법들이 추구하는 정신 혹은 사회적 가치와는 차별성을 보이는 부분이라고 생각된다.

인도人道, 곧 사람의 길이나 도리道理의 경우에는 서양철학의 입장에서보다도 유학적인 사회적 가치가 분명한 것으로 보인다. 물론 서구 사상에서의 휴머니즘humanism을 인도人道라고 볼 수도 있을 것이다. 기본적으로 인도人道라는 가치는 '사람이란 무엇인가?'라는 물음으로부터 시작해야 할지도 모른다. 대한민국 사회가 추구해야 할 '사람의 길'은 무엇인가? 이 헌법의 사회적 가치는 인간중심주의anthropocentrism을 의미하는 것 같으면서도 더 깊은 논의를 요구하는 것 같다. 환경과 자연을 인간이 자의적으로 조절할 수 있는 기술과학technoscience 시대는 이제까지 인간 사회가 경험하지 못했던 기술의 발달과 자연 변형 및 훼손이 도래할지도 모르는 위험risk이 편만해지는 시대이다. 이러한 시대에 올바른 '사람의 길'은 무엇일까? 자연중심주의naturocentrism를 대한민국을 포함한 인간 사회가 선택하는 경우에는 인간중심주의에서 논의하던 올바른 사람의 길과는 다른 유형의 사람의 길이 인간 개인과 집단의 눈앞에 드러나고 그것이 언어로 묘사될 수 있게 될지도 모른다.

구체적인 사회의 현실에서 인간의 길, 곧 인도란 무엇인가를 물으면서 그러한 근본적인 물음에 대한 사유를 통해서 개인이라는 중심에서 동심원적으로 사회로 확장되는 시선과 실천이 어떻게 민족 단결, 사회 폐습과 불의의 타파, 자유민주주의 기본 질서의 확고화를 가져 올 것인가? 언뜻 보기에는 '사회속에서의' 기회의 균등과 개인의 능력 발휘 및 국민으로서의 책임과 의무의 완수가 인간의 길, 곧 인도人道인 것으로 보인다. 유학적 세계관에서는 『중용中庸』에서 인도를 정의하는 단초[7]를 얻을 수 있다.

동포애同胞愛라는 사회적 가치는 서구의 윤리학, 사회철학, 정치철학에서는 잘 보이지 않는다. 동포애는 일견 동포를 사랑하는 태도를 의미한다. 우리 헌법의 조항들이 지정해 주는 동포는 어떤 개념적 한계를 가지는 것일까? 동포라는 말도 1세기 전의 근대 시기에 형성되어 나온 말이다. 한국 민족만을 동포라고 할 것인가? 아니면 사해동포四海同胞라고 하여 인류 전체를 동포라고 하여 '인류애人類愛'와 같은 말로 의미를 확대하여 해석할 것인가?

1943년 김구 주석은 동포를 당대의 삼천만 한민족 전체로 정리하고 있었다. "일개 민족이 민족적 자신력과 자존심이 있고 없음은 그 민족의 흥망을 결정하는 것이다. 우리 한민족은 이미 오천년의 영광되고 찬란한 문화적 역사를 가졌으며, 또한 삼천만의 혈血과 육肉이 서로 이어진 우수한 동포同胞를 가졌으니, 이것이 우리 민족이 자신력과 자존심을 가지게 되는 중요한 조건이 되는 것이다"[8]라고 하였다.

이 사회적 가치에 대한 논의는 동포에 대한 정의를 기준으로 하여 전개될 것으로 보인다. 유학적 세계관, 특히 『대학大學』의 사회관에서는 주체적 개인이 교섭하는 범위가 수신, 제가, 치국, 평천하의 동심원 상으로 확대되거나 다시 반대 방향으로 자신에게로 축소, 집중되는 방법론을 보여준다. 동포는 내 가족이라고도 할 수 있겠지만 주로 내 가족을 넘어선 어떤 사람들을 가리키면서 나와 같은 인족인 민족으로 제한되는 수가 많다. 그리고 인족성 ethnicity을 강하게 띨 수도 있다. 그런데 좀 더 근본적으로 내가 동포라는 범주 속에 넣어야 하는 범위가 헌법에서 말하는 대한민국 국민으로 국한되어야 하는 것일까? 헌법이 그어주는 구분선에서는 대한민국 국적을 가지는 국민들만으로 한정되는 것일까? 이제 대한민국 사회에서 이런 의문들이 논의되어야 할 것이다.

현재의 나와 나의 가족 및 동일 성씨 가문에서부터 동포애를 실천하고, 그 다음 확장하여 사회로 대한민국 전체로 그리고 인접 '만주족' 같은 형제 민족brother people으로 동포애를 확대하자. 그러면 다음으로 언어학적으로 같은 어족에 속하는 몽골, 및 신장 위구르, 그리고 터키나 우즈베크, 카자흐, 투르크메니 등의 중앙아시아 민족으로 확장된 동포애를 실천하는 것이다. 확대된 동포애는 이슬람이라는 이질적 문화들을 가진 사람들과의 상호작용을 이전보다는 수월하게 만들수 있는 여지가 있다.

우리 헌법은 참으로 철학적인 주제, 또는 깊이 생각해 보아야 할 주제를 헌법주의자Constitutionalist들에게 던져 주고 있다. 냉전Cold War 구조가 한반도에 드리워지던 1948년 한반도 남부에 대한민국 국호를 그대로 유지하면서 '제헌헌법'이라고 명명된 1948년 헌법을 제정한 세대들도 이러한 문제를 나름대로 생각해 보면서 제헌헌법의 전문前文에다 문구를 만들었을 것이다. 그 후손들인 우리 세대가 역사 경주의 바통을 이어받아 더 깊이 생각해 보고 우리의 삶에, 그리고 사회 운영에 적용할 때가 된 것이다. 이 세 가지 사회적 가치의 천착과 추구는 대한제국기 후기에 시작된 국민헌정 개념과 1919년 이후의 민주공화국 체제[9]와 주권재민主權在民을 천명한 대한민국 최초의 민정 헌법에서 나타난 헌법주의

Constitutionalism를 계승하는 실천이 아닐까? 쉽게 우리의 헌법정신의 실천이라고 해도 될 것이다.

주권sovereignty이라는 개념은 서구 정치사에서 국민 국가 nation state의 성립과 역사적 궤적을 같이하는 것이다.[10] 현행 「87헌법」 제1조 2항은 "대한민국의 주권은 국민에게 있고 모든 권력은 국민으로부터 나온다"는 「제헌헌법」 제2조였다. 주권이 국민에게 있다는 '주권재민' 조항도 1919년 9월 11일의 최초의 민정헌법의 제2조이다. 입법부, 행정부, 사법부 3권 분립의 민주공화국 체제를 천명한 헌법 제1조와 함께 100년이 된 것이다. 헌법주의라는 사회적 현상의 또 하나의 증거이다. 현행 헌법은 제1조 1항과 2항으로 하여 가장 상위에 올려 놓은 것으로 개정된 것이다.

2. 1948년 「제헌헌법」과 「87헌법」의 역사 의식

1948년 7월 17일 공식적으로 선포된 대한민국 헌법의 명칭은 '제헌헌법制憲憲法'이다. 1945년 8월 15일 제2차 세계대전의 주축국의 일원이었던 일본제국Japanese Empire이 예상 밖에 갑자기 미합중국United States of America과 연합국에 무조건 항복함으로써 한반도의 이후의 근대사는 자본주의와 사회주의의 정치이데올로기에 따른 전 세계적인 냉전Cold War의 영향에서 자유롭지 못했다. 광복

光復을 맞이한 압록강과 두만강을 경계로 한 한반도로 축소된 '대한제국의 판도版圖'[11]에는 남한과 북한의 두 개의 헌법을 가진 정부가 세워졌다. '한국전쟁Korean War, 1950~1953'이라는 내전civil war이면서 국제전international war이었던 동족상잔同族相殘의 비극까지 치를 정도로 냉전 구조의 영향을 매우 심하게 받은 굴곡진 역사적 궤적을 밟게 된 것이다.

헌법사의 측면에서 1945년에서 1948년에 이르는 3여 년의 기간은 두 개의 헌법과 두 개의 정부 수립으로 귀결되는 정치적 여정을 보여준다. 대한민국 임시정부 요인들의 귀국과 대한제국 판도 내의 재건 준비 세력들은 크게 두 가지 정치 사안을 가지고 대립과 투쟁을 계속하였고 헌법의 제정으로 이끄는 역사적 궤적이 달라졌었다. 첫째로, 미국과 소련이 주도하는 연합국 3개국 외무장관들이 결정한 5년간의 신탁통치에 대한 반대와 찬성의 문제는 신탁통치 반대 운동의 승리로 귀결되었다. 두 번째, 소련의 영향력 아래의 북한, 그리고 미국의 영향력 아래의 남한의 두 정부 구성 주장 세력과 대한제국 판도 내의 단일 정부 구성 주장 세력의 대립은 결국 대한제국 판도인 한반도의 '분단分斷'이라는 현실로 귀결되었다. 1919년 최초의 민정 헌법의 정통성을 계승한 대한민국과 사회주의 헌법을 새로 제정한 조선민주주의인민공화국으로 분단되었다. 이 북위 38도선을 경계로 한 1948년 분단은 한국전쟁의 실마리를 제공하고 있었다.

남한의 1948년 '대한민국 헌법의 제정'이 가지는 역사성을 제대로 검토하는 것은 우리 사회의 '헌법주의'를 올바로 이해하는 데에 아주 중요하다. 이것은 헌법적인 정통성Constitutional legetimacy을 제대로 인식하는 것이고, 정치사적 현실과는 다른 정통성을 확인하는 것이기 때문이다. 대한민국 임시헌법1919.9.11, 제1차 개정의 제55조는 "본 임시헌법을 시행하야 국토 회복 후 한 1개년 내에 임시 대통령이 국회國會를 소집하되 국회의 조직과 선거 방법은 임시의정원이 차此를 정함"이고 제56조는 "대한민국 헌법은 국회에서 제정하되 헌법이 시행되기 전前에는 본 임시헌법이 헌법과 동일한 효력을 유함"이라고 명시하고 있다. 이 조항들에 비추어 남한의 경우만으로 제한하여 자세히 살펴보면 1945년 8월 15일 해방 이후 3여 년에 걸친 역사적 궤적은 1948년 5월 10일 민간 선거를 통해서 의원議員들을 선출하여 1919년 헌법의 '국회國會'라는 용어로 지칭되는 회의체를 구성하였고, 그 국회의 의원들이 국토와 주권을 가진 국가의 '헌법'을 제정하였다는 서술이 정확하다는 것을 이야기 해준다. 헌법주의의 역사적 측면이 강하게 드러나는 사례이다.

30여 년 전에 제정된 헌법인 대한민국 임시헌장에서 국호 '대한민국大韓民國'과 의회를 지칭하는 '국회國會'라는 용어를 「제헌 헌법」에서 그대로 유지하도록 선택되었다는 역사적 사실은 무엇을 의미할까? 가장 중요한 것이 '헌법주의의 지속성'이다. 그리고

1919년에 설립된 대한민국 임시정부의 정통성을 인정하는 것인데, 이것은 단순히 정치적인 정통성을 천명하는 것이 아니라 '헌법주의적 정통성'을 명확히 밝히고 있는 것이다. 그래서 우리의 '건국建國'의 개념은 아주 역사적인 과정의 복합성을 보여주고 있다는 사실을 인식해야 할 필요가 있다. 1919년이 건국이니 1948년이 건국이니 하는 정치적 이데올로기 논쟁은 별로 의미가 없다. 단순히 나라를 세우는 과정을 의미하는 것 같은 건국이라는 용어는 1919년이니 1948년이니 하는 역사적 시기와 결부된 정치적 논란을 절대적으로 거부한다.

1948년 「제헌헌법」 「전문」은 대한민국 '건립建立'이 1919년에 있었고. 1948년은 '재건'이라고 명시하고 있다. 그리고 그것도 기미삼일운동으로 건국하였다고 명시하고 있다. "우리들 대한국민은 기미삼일운동으로 대한민국을 '건립'하여 세계에 선포한 위대한 독립정신을 계승하여 이제 민주독립국가를 '재건'함에 있어서"라고 분명히 밝히고 있기 때문이다. 1948년의 제헌헌법을 제정한 의원들은 그들의 정치적 행위가 분명히 민주독립국가民主獨立國家의 '재건再建'이라고 의식하고 있다. 1919년의 일련의 정치적 과정, 곧 독립을 선포한 기미삼일운동, 대한민국 임시헌장 제정, 제1차 개정을 통한 대한민국임시헌법의 제정과 공포가 곧 대한민국의 건립이었던 것이다. 단순히 국호 제정을 의미하는 것이 아니라 4월 11일 대한민국 임시 헌장憲章을 제정하여 공포한 그 역사적 행위가 바로 국가의 건립을 대표하는 것이었다. 이러한 역사 의식은 헌법주의가 심화되지 않았으면 표현되어 나오지 못하는 것이다.

「제헌헌법」 이전에도 대한민국 임시정부 요인들이 1946년 4월 11일 창덕궁 인정전에서 '입헌기념일'을 개최한다. 그 역사 의식은 바로 헌법주의였다. 또한 그 기념일의 헌법정신, 곧 헌법주의를 그대로 계승한 의원들에 의해서 「제헌헌법」 「전문」에 명기된 것이다.

1943년 3월 1일 중국 사천성 충칭의 대한민국 임시정부 「대공보大公報」에 발표된 '삼일혁명정신'이라는 김구 주석의 한국어 및 중국어 글에는 이러한 1919년의 3·1독립선언, 헌장 및 헌법제정의 일련의 정치적 과정을 '삼일대혁명'으로 평가하고 있다. "우리 민족은 같은 역사와 문화를 가졌으며, 또한 동일한 언어와 혈통을 가지고 옛부터 스스로 단일 독립국가를 형성하고, 외세가 침입하면 반드시 서로가 화이和裏하고 구제救濟하여 단결團結하여 수회羞悔를 막고 항쟁하였으니, 삼일대혁명 때의 민족대표 33인은 그 정치적 파벌派閥이나 종교 신앙 및 사회 계급이 비록 각각 다르지만, 잘 친밀합작親密合作하야 영도領導해 나갔음은 우리 역사상 그 전례가 없었던 대혁명 운동이었다."

"삼일대혁명은 한국 민족의 부흥재생적 운동으로서 단순한 반일부국만이 아니고 우리 민족 오천 년 이래 마련하고 양성시켜 온 민족의 정기正氣와 민족의 의식意識이 새로움을 얻어서 발양광대

發揚光大해지고, 이것으로써 민족부흥을 정하고 국가를 재생시키려는 정신적 기초가 되는 것"이라고 하였다. 삼일대혁명의 의미속에는 국가의 최고법으로서의 헌법을 국민들이 제정한 국민헌정國民憲政의 헌법주의가 포함되어 있는 것이다.

1944년의 김구 주석은 삼일대혁명이라는 역사 의식을 가지고 있었고, 그 역사적 계기가 가져다 준 삼일대혁명 정신이야말로 '국가를 재생시키는 기초'가 되기 때문에 새로운 한국 및 새로운 동아시아를 건립하는 데 필요한 것이라고 역설하고 있다. "삼일대혁명 정신이라 천명하고 이 정신이 바로 한민족 고유의 우수한 문화적 전통이기 때문에 한국의 모든 혁명동지들은 반드시 이 정신을 계승하고 준수하고 나아가 적극적으로 발양發揚시켜서 임시정부의 영도하에 혁명 작업을 적극적으로 발전시켜서 3·1혁명의 미완성 사업을 완성시킴으로써 자유롭게 행복스러운 신한국新韓國을 건립할 것이며 평화공영한 신동아新東亞를 건립해야 한다."

1943년 김구 주석의 기미독립선언과 헌법제정을 '삼일대혁명'으로 인식하는 역사 의식은 해방 이전 1944년 제5차 개정 대한민국 임시 헌장에 역사 의식으로 그대로 포함되었다. 서로 다른 정치적 이념으로 정치적 투쟁을 지속하면서도 '좌우합작左右合作'12하여 독립운동을 전개하던 대한민국 임시정부 요인들의 역사 의식을 반영하고 있었기 때문이었다. 1948년 「제헌헌법」 「전문」과 함께 1987년 「87헌법」 「전문」은 이러한 '삼일대혁명 정신'을 그대로 계승하고 있는 것이다.

1948년 「제헌헌법」 「전문」과 함께 1987년 「87헌법」 「전문」
은 완전히 동일한 어구로 '우리 대한국민'이라는 헌법의 주체를
수식하고 있다. '유구한 역사와 전통에 빛나는'이라는 수식어구
가 두 대한국민이라는 헌법의 주체의 역사 의식을 표현하고 있다.
대한민국이 계승해야 하는 헌법에 중요한 역사는 다음에 따라 나
온다. 기미삼일운동과 4·19혁명이다. 「제헌헌법」 「전문」에서는
1919년의 기미삼일운동이라는 역사적 사건을 계승하려는 역사
의식을 보여준다.

1987년은 1948년에서 40여 년 정도의 시간적 차이가 있다.
「87헌법」 「전문」에는 삼일운동 다음에 1960년의 4·19혁명이라
는 역사적 사건의 '민주이념을 계승한'다고 명시하고 있다. 1919
년의 3·1대혁명과 함께 4·19혁명을 헌정사憲政史의 중요한 역사
적 사건으로 기록하고 있다. "유구한 역사와 전통에 빛나는 우리
대한국민은 3·1운동으로 건립된 대한민국 임시정부의 법통과
불의不義에 항거한 4·19 민주民主이념을 계승하고"라고 명시하여
1987년 헌법의 역사 의식을 정리하고 있다.

「87헌법」 「전문」에서 3·1대혁명 정신에 더하여 계승하도록
명시된 4·19 민주이념은 불의不義에 대한 항거抗拒였다. 「87헌법」
「전문」은 우리 헌법이 추구하는 사회적 가치인 정의正義에 반하는
사태가 일어날 경우에 헌법의 주체인 국민은 1960년에 항거하였

고, 앞으로도 항거해야 한다는 이념을 계승하고 있다.

최근의 사회사social history 연구를 통해서 선거부정을 저지른 행정부의 수반이었던 이승만 대통령의 하야로 귀결된 4·19혁명에서 1960년 4월 19일 학생 세대의 정치적 시위가 행정부의 폭력 진압으로 그 불씨가 꺼져 갈 때에 유교인 대학교수들의 시위가 혁명을 살려내고 대통령의 하야를 이끌어냈다는 사실이 밝혀졌다.[13] 그동안 근대사에서 유교인들이 무엇을 했느냐는 질문에 답변을 내놓지 못하던 것이 사실이나 이러한 잘못된 인식은 대학에서 가르치던 유교인들이 4·19혁명의 완결 세력이었다는 사회사 연구 결과와 함께 완전히 바뀌었다.

1919년 3월 1일의 「기미독립선언서」에 유교인 서명이 없었다는 기존의 좁은 시야의 근대사 통념을 뒤엎는 역사적 사실의 발굴과 재인식도 성취되었다. 「기미독립선언서」는 천도교가 주축이 되고 기독교인들이 참여하고 2명의 불교인이 서명한 총 33명 민족 대표의 선언서이다. 그런데 유교인들은 그와 병행된 운동을 실시했다는 사실이 발굴되었다. 1919년 3월 1일 독립선언 조금 후에 기동된 유교인들에 의해 대한제국의 전 의정부 찬정 곽종석과 전 승지 김종한을 선두로 하는 '파리장서巴里長書'가 서명되고,[14] 4월에 상하이 임시정부 수립 세력들에게 전달되었으며, 유럽전쟁제1차 세계대전의 종전 처리 장소인 프랑스 베르사이유에 전달되었다는 사실이 드러났다. 이 파리장서를 상하이로 전달한 유학자가 심산 김창숙으로 전달 후 상하이 독립운동 및 임시정부 수립 세력에 합류하였다. 파리장서는 제1차 세계대전 이전에 독일제국의 속국이었던 폴란드의 독립 사례를 들어서 대한제국의 독립도 실행할 수 있게 해 달라는 요청을 할 정도로 당대의 세계 정세에 밝은 대한제국 전 관료들을 필두로 한 유교인 세력의 국제 정세 인식을 보여주는 중요한 근대사 문헌이다.

3. 우리 헌법이 기능하는 궁극적인 목적

우리 헌법, 곧 현행의 「87헌법」 「전문」은 대한국민大韓國民이라는 헌법적 주체가 3·1대혁명과 4·19혁명을 인식하는 역사 의식으로 정의, 인도人道, 동포애의 사회적 가치를 추구하는 궁극적인 목적이 바로 '우리들과 우리들의 자손의 안전과 자유와 행복을 영원히 확보하는 것이다'라고 종결짓는다. 이 선언은 현 세대와 후속 세대의 복리를 최대한 추구하겠다는 것이다. 그리고 이 궁극적 목적을 성취하는 방법론은 "① 정치, 경제, 사회, 문화의 모든 영역에 있어서 각인의 기회를 균등하게 하고, ② 능력을 최고도로 발휘하게 하며, ③ 자유의 권리에 따르는 책임과 의무를 완수하게 하며, ④ 안으로는 국민생활의 균등한 향상을 기하고, ⑤ 밖으로는 항구적인 세계 평화와 인류 공영에 이바지 함으로써"라고 설명하고 있다.

1894년에서 시작되어 대한제국기^{1897~1910} 근대적 기초 법전인『법규유편』의 방향성을 지정하는 기능을 한 홍범 제13조에도 민법^{民法}과 형법^{刑法}을 제정하는 목적이 "백성들의 생명과 재산을 보호한다^{以保全 人民生命及財産}"는 홍범 제정의 취지가 들어가 있다. 함부로 감금하거나 징벌하지 못하게 '국민의 권리'를 보호하는 근대적 민법과 형법의 입법 목적이 등장하였다.

1904~1905년 대한제국기 헌정연구회의『헌정요의』와 소책자『국민수지』에 설명이 제시되고, 공진회 강령과 헌정연구회의 강령과 같은 정치적 활동의 3대 강령들[15]에 포함된 '국민의 권리와 의무'는 이전의 흠정헌법인 홍범에서 미흡하였던 헌법주의의 심화를 의미한다. 이러한 헌법주의의 국민의 권리와 의무 의식은 15여 년 후인 1919년 최초의 민정 헌법인 「대한민국 임시 헌장」 및 제1차 개정 「대한민국 임시 헌법」[16]에 명확히 규정되었다. 「대한민국 임시 헌법」의 제8조에는 자유^{自由} 조항, 제9조에는 권리^{權利} 조항, 제10조에는 의무^{義務} 조항이 명시되어 있다. '자유 조항'에 포함된 자유에는 ① 신앙과 종교의 자유^{信敎의 自由}, ② 재산의 보유와 영업의 자유, ③ 언론, 저작 출판, 집회, 결사^{結社}의 자유, ④ 서신^{書信} 비밀의 자유, ⑤ 거주 이전의 자유가 명시되어 있다. 권리 조항에는 ① 법률에 의하지 않은 체포, 감금, 신문, 처벌을 받지 않을 권리, ② 법률에 의하지 않은 가택의 침입, 수색을 받지 않을 권리, ③ 선거권 및 피선거권, ④ 입법부에 청원하는 권리, ⑤ 법원에 소

송하여 재판을 받을 권리, ⑥ 행정관서에 소원하는 권리, ⑦ 문무관에 임명되는 권리 및 공무에 취임하는 권리가 구체적으로 나열되어 있다. 또한 '의무 조항'에는 납세, 병역, 보통교육의 의무를 규정하고 있다.

현행 「87헌법」에는 제10조로부터 제59조까지 49개조의 '국민의 권리와 의무 조항'이 구체적으로 세부 사항을 명시하고 있다. 권리의 측면에서 제10조는 기본적인데 "모든 국민은 인간으로서의 존엄과 가치를 가지며, 행복을 추구할 권리를 가진다. 국가는 개인이 가지는 불가침의 기본적 인권을 확인하고 이를 보장할 의무를 진다"라고 규정하고 있다. 국민의 권리를 명시한 우리 헌법은 권리 조항이 47개이다.

국민의 의무 조항은 제58조 납세의 의무와 제59조 국방의 의무이다. 이것은 1919년 대한민국 임시 헌법의 의무 조항과 같다.

헌법이 보장하려고 하는 국민의 자유와 권리는 100년의 헌정사를 통해서 대단히 확대되어 있다. '우리들과 우리들의 자손의 안전과 자유와 행복을 영원히 확보하는 것이다'라는 헌법의 궁극적 목적은 1896년 백성의 생명과 재산을 보호한다고 하는 『법규유편』 첫머리의 흠정헌법, 홍범이 시원적始原的으로 명시하였던 국민 권리에 대한 인정의 헌법주의 의식의 확대를 의미한다.

4. 헌법주의자와 '올바른 기념'의 헌정사

법을 지키는 사람들이 일반적인 국민인 국가와 사회가 정상적이다. 더 나아가 법준수 이전에 사회가 올바른 도의道義를 따라 움직이도록 개인 서로 서로가 견제하고 '긍정적이고 적법適法한 방향'으로 가게 만드는 힘이 주체적 국민에 의해서 뭉쳐지는 사회가 좋은 사회이다. 이러한 공적 생활public life이 이루어지도록 움직이는 사람들이 모여서 사회의 주류를 이루는 것이 좋은 사회이고 올바른 선진 사회이다.

좋은 사회에서 헌법이 차지하는 위상은 곧 바로 사회교육이 된다. 좋은 사회는 학교교육과 사회교육에서 헌법을 배우고 그 헌법에 담겨진 역사적, 정치적, 문화적 정신들을 캐어내고 논의하며 사회의 힘으로 승화시키는 사회이다. 이러한 사상과 철학과 실천이 바로 헌법주의Constitutionalism[17]이다.

사회 현실은 어떠한가? 헌법주의에는 반대되는 경향을 보이는 것이 사실이다. 사회 생활을 하는 동안 법을 피해서 편법便法을 일삼는 사회 일각의 사람들의 관행들을 보고 살아 왔다. 불법不法, 탈법脫法, 위법違法이라는 말이 권력이나 권세라는 허울 좋은 이름 아래 용인되는 사회 분위기가 일상적인 것이라는 사고 습관이 은연중에 우리의 뇌리에 박혀 있다. 이런 사고 습관이 심각한 정도인 사람들은 심지어 드러내 놓고 행동하고 과시한다.

헌법주의자들은 사회 현실에서 헌법주의에 반하는 힘들을 제거하려고 실천한다. 그런데 편법, 불법, 탈법, 위법의 관행들과 사고 방식을 우리 사회에서 밀어내는 방식은 다양한 방식들이 존재하고 아주 냉철한 분석과 고찰을 통해서 이루어진다는 것을 안다. 긍정적이고 적법한 사회 형성력이 사회를 이끌어가는 주류적 힘을 가진 사회를 만드는 것에는 '점진적인 개선'의 의지를 가지고 지속적인 노력을 기울여야 한다는 것을 인식하고 실천하는 사람들이다. 헌법주의자는 우리 헌법이 추구하는 사회적 가치를 사유하고 자신의 삶에서 실현하는 사람이다.

헌법주의자는 헌정사 100년[2019]을 올바로 인식하면서 현재의 대한민국 헌법이 기능하는 목적을 충분히 숙지한다. 헌법주의자는 근대 헌정사憲政史를 고종 조정의 1894~1895년 갑오을미개혁에 의한 흠정홍범 시대로부터 내려 오는 것으로 인식하는 사람이다. 「홍범 14조」를 포함한 서고문이 500여 년의 조선의 기초 법전 전통을 이으면서도 이후 대한제국기에 보통명사화되는 헌법, 곧 서구적 의미의 헌법과 유사한 기능을 하도록 한 역사적 선례라는 사실을 정확히 인식하는 것이다. 이것은 올바른 기념, 정당성 있는 기념비justifiable monument를 세우는 작업에 포함되어 있던 지난한 검토와 연구를 제대로 반영하는 것이다. 대한제국기[1897~1910]에 '군민지약헌君民之約憲의 개념'의 구체화와 함께 서구적 헌법의 개념이 국가학 지식의 틀을 가지고 국민들에게 확산되고 대중화되어 있었다.

　이러한 대한제국기의 국민國民의 의식의 성장이 있었기 때문에 1919년 3월 1일 독립선언서의 선포에 이어서 4월 11일 상하이 프랑스 조계지 의정원議政院에서 대한민국大韓民國 국호의 결정과 동시에 공포된 최초의 민정 헌법 「대한민국 임시 헌장憲章」 10개 조가 탄생하였다. 러시아령 지역에서의 국민회의國民會義의 「의결문」, 중국 상하이 「임시 헌장」, 한성 정부의 「약헌約憲」, 이 세 조직의 실질적 통합과 함께 하나의 문헌으로 제정된 것이 9월 11일의 「대한민국 임시 헌법臨時憲法」이다. 이후 대한민국 임시정부의 보통명사 헌법의 명칭은 약헌約憲과 헌장憲章으로서 번갈아 쓴다. 충칭 시대의 1944년 개정된 헌법의 명칭도 「대한민국 임시헌장憲章」이었다. 1943년에 대한민국 임시정부의 역사 의식은 1919년의 일련의 헌법주의적 사건을 '삼일대혁명'으로 인식하고 있었다.

　기미년 1919년 삼일대혁명이라는 역사 의식은 대한제국을 계승한 대한민국이라는 역사 의식과는 배치되는 것이 아니라 같이 가는 것이었다. 김구 주석과 대한민국 임시정부 요인들은 귀국한 이후 이봉창, 윤봉길, 백정기 의사의 유해를 수습하여 '삼의사묘三義士墓'를 효창원에 창설하여 1930년대의 대한민국 임시정부의 국면 전환을 가져온 항일전쟁의 맥락에서 성공한 역사적 의거를 기념하고자 하였다. 김구 주석과 임시정부 요인들은 1946년 남양주 금곡의 고종황제와 명성황후의 홍릉洪陵을 참배한다. 그리고

1946년 4월 11일 창덕궁 인정전에서 '입헌기념일立憲紀念日' 행사를 거행한다. 일본제국이 창덕궁 이왕으로 격하시켰던 순종효황제의 계황후인 순정효황후 해평윤씨가 창덕궁 낙선재에서 기거하던 때의 일이다. 1919년의 일련의 역사적 사건들이 삼일대혁명이었다는 역사 인식을 1943년 3·1일절 기념식에서 발표한 인물이 백범 김구였고, 그 역사 인식은 1944년 개정된 「대한민국 임시 헌장」 「전문」에 유사한 맥락의 문장으로 들어갔다. 충칭 시대의 좌파 정당을 이끄는 좌파 김원봉과 젊은 세대를 끌어 안으면서 우좌합작을 성공시킨 주역들이 바로 김구와 같은 충칭시대의 우파 성향의 대한민국 임시 정부 요인들이었다.

삼일대혁명에 의한 '대한민국의 건국建國'을 그대로 계승하는 역사 인식이 「1948년 제헌헌법」 「전문」에 나타나 있다. 남한만의 정부를 수립하면서 대한민국이라는 국호도 그대로 유지하고 자신들의 제헌 활동 자체를 대한민국 재건再建으로 하여 문장을 성립시켜 둔 당대의 제헌국회의원들과 사회 각계의 인사들의 시대 정신은 분명히 건국 자체를 기미년 1919년으로 보고 있는 것이었다.

헌법주의자는 우리 대한민국의 헌법들에는 조항들이 가리키는 정치체제나 국민의 권리도 중요한 요소로 들어가 있지만 전문前文이나 선언宣言에 포함되어 있는 헌법이 추구하는 '사회적 가치'와 헌법 제정 당대의 '역사 의식'도 엄청나게 중요하다는 사실을 올바로 인식하고 기념하려고 하는 사람들이다. 심상적 공간

imagery space에 헌법주의라는 사회적 현상이 올바른 관계로 자리잡혀 있어서 개념있는 생활세계lifeworld를 꾸려가는 대한민국 국민인 것이다.

대한민국에는 국가 권력의 헌법 파괴 내지는 비준수非遵守에 대하여 국민의 저항이라는 악순환의 고리가 있었다. 한 헌법사 학자는 "우리나라 헌법 상의 문제점은 헌법 규범 그 자체에 문제가 있었다기보다는 헌법 규범을 실행하고 이에 따라야만 하는 국가 권력이 통제되지 않았다는 데에 있"다[18]고 평가하였다. 그런데 4·19혁명에 의한 이승만 대통령의 하야라는 역사적 사례를 이어서 2016~17년 '촛불혁명'을 통하여 헌법의 국민주권의 원리가 관철된 것을 대한민국 국민들이 실제로 다시 한번 경험하게 되었다. 이것은 우리 세대가 가진 힘만으로는 설명되지 않는 측면이 많다. 역사를 거슬러 우리 근대화의 초기 시기부터 있었던 흠정헌법과 이제 100주년을 맞이한 민정헌법 제정의 헌법주의 역사 속에 응집되어 있던, 분명히 대한민국만의 사회적 현상인 것이다.

1948년 제헌헌법의 전문前文

　　유구한 역사와 전통에 빛나는 우리 대한국민은 기미 독립운동으로 대한민국을 건립하여 세계에 선포한 위대한 독립정신을 계승하여 이제 민주독립국가를 재건함에 있어서 정의, 인도와 동포애로써 민족적 단결을 공고히 하여 모든 사회적 폐습을 타파하고 민주주의 제 제도를 수립하여 정치, 경제, 사회, 문화의 모든 영역에 있어서 각인의 기회를 균등히 하고 능력을 최고도로 발휘케 하며 각인의 책임과 의무를 완수케 하여 안으로는 국민생활의 균등한 향상을 기하고 밖으로는 항구적인 국제평화의 유지에 노력하여 우리들과 우리들의 자손의 안전과 자유와 행복을 영원히 확보할 것을 결의하고 우리들의 정당 또 자유로히 선거된 대표로써 구성된 국회에서 단기 4281년 7월 12일 이 헌법을 제정한다.

　　유구한 역사와 전통에 빛나는 우리 대한국민은 3·1운동으로 건립된 대한민국 임시정부의 법통과 불의不義에 항거한 4·19민주民主이념을 계승하고 조국의 민주개혁과 평화적 통일의 사명에 입각하여 정의, 인도와 동포애로써 민족적 단결을 공고히 하여 모든 사회적 폐습을 타파하고 자율과 조화를 바탕으로 자유민주적 질서를 더욱 확고히 하여 정치, 경제, 사회, 문화의 모든 영역에 있어서 각인의 기회를 균등히 하고 능력을 최고도로 발휘케 하며 각인의 책임과 의무를 완수케 하여 안으로는 국민생활의 균등한 향상을 기하고 밖으로는 항구적인 국제평화의 유지에 노력하여 우리들과 우리들의 자손의 안전과 자유와 행복을 영원히 확보할 것을 다짐하면서 1948년 7월 12일에 제정되고 8차에 걸쳐 개정된 헌법을 이제 국회의 의결을 거쳐서 국민투표에 의하여 개정한다.

주석

서론 / 헌법주의라는 사회적 현상

1 김준엽, 『장정(長征)』 1~5, 나남(초판 『장정―나의 광복군 시절』, 1987), 2017.

2 송건호·진덕규·김학준·오익환·임종국·백기완·김도현·이동화·유인호·이종훈·염무웅·임헌영, 『해방전후사의 인식』, 한길사, 2004(초판 1980).

3 정종섭, 『대한민국 헌법이야기』, 대한민국 역사박물관, 나남, 2013.

4 프랑수아 자콥, 이정우 역, 『생명의 논리, 유전의 역사』, 민음사, 1994; Scott F. Gilbert, *A Conceptual History of Modern Embryology*, Springer : Peter J. Bowler, *Fontana History of Environmental Sciences*, Fontana Press, 1992]

5 Leon P. Baradat, *Political Ideologies : Their Origins and Impact* 2nd Edition, Prentice Hall, 1984.

6 울리히 백, 홍성태 역, 『위험사회―새로운 근대성을 향하여』, 새물결, 1997.

7 울리히 벡은 「정치의 재창조―성찰적 근대화 이론을 향하여」, 앤소니 기든스는 「탈전통 사회에서 살기」, 스콧 래쉬는 「성찰성과 그 중복쌍들―구조, 미학, 공동체」라는 논문을 앞에 논평을 뒤에 위치시켰다.(울리히 벡·앤소니 기든스·스콧 래쉬, 임현진 외역, 『성찰적 근대화』, 한울, 1998) 성찰적 근대화 이론의 성립과 진화에는 앤소니 기든스의 서구의 '고도 근대(high modernity)' 혹은 '후기 근대(late modernity)'의 제도적 성찰성(institutional reflexivity)과 자아의 성찰적 구성 프로젝트(reflexive project of the self)의 개념들이 근저이다.(Anthony Giddens, *Modernity and Self Identiy : Self and Society in the Late Modernity*, Polity, 앤소니 기든스, 김현옥 역, 『좌파와 우파를 넘어서』, 한울, 1997)

8 단순 근대화―성찰적 근대화 구분은 앤소니 기든스의 『좌파와 우파를 넘어서』에 도입되어 있다. 서구는 르네상스 이후부터 근대성을 논의하는데, 앤소니 기든스의 단순 근대화―성찰적 근대화 구분은 시간적 및 역사적으로 성찰적 근대화시기 도래 이전 시기를 단순 근대화 시기로 보는 실마리를 마련해 주었다. 울리히 벡도 『성찰적 근대화』에 포함된 논문 「정치의 재창조―성찰적 근대화 이론을 향하여」에서 단순 근대화 시대의 정치적인 것(the political)은 '규칙 준수적(rule-directed)'인 데 반해 성찰적 근대화 시대의 정치적인 것은 '규칙 교체적(rule-altering)'인 성격을 가진다고 분석한다.

9 브루노 라투르, 홍철기 역, 『우리는 결코 근대인이었던 적이 없다』, 갈무리, 2009 (Bruno Latour, *We Have Never Been Modern*, translated into English by Catherine Porter, Havard University Press, 2004).

10 Bruno Latour, *Politics of Nature : How to Bring the Sciences into Democracy*, translated into English by Catherine Porter, Havard University Press, 2004.

11 김일환,「헌법사를 통해 본 한국헌법학의 과제」,『국회도서관보』 45, 2008.

제1장 / 터키-투르크-돌궐, 심상적 공간, 그리고 개념

1 이정호,「유전학의 시선으로 본 사람과 언어-한국인과 동북아시아의 인족과 언어」,『코기토』 64, 부산대인문학연구소, 2008, 241~260쪽. 유전자의 총합체인 유전체(genome)의 수준에서 인류의 인족(人族, ethnic group)들의 가깝고 먼 관계를 고고학적 데이타와 연관하여 규명하고, 인족들이 가지는 어족(language family) 및 언어와의 관계를 구분하는 연구가 광의의 인간집단유전학(human population genetics)에 통합되어 있다. 2000년대에 종결된 인간유전체프로젝트(human genome project)이전부터 유전자 지리학(genetic geography)과 함께 연구되어 오고 있었고, 그 데이터에 근거한 과학적 설명은 프랑스 꼴레주 프랑스(College France) 석학 강연록을 편집한 루카 카발라이-스포르차, 이정호 역,『유전자, 사람 그리고 언어』, 지호, 2005를 참조할 것.

2 우즈베크 사마르칸드의 프라시압 벽화는 1960년에 아프라시압 언덕에서 발견된 것으로 7세기 소그드 왕국의 바르후만 영주 도독책봉 하례식(650~655) 벽화로 추정되고 있다. 이 벽화에 고구려 사신 2명이 묘사되어 있다. 추정 시기가 정확하다면 이 시기는 고구려 말기 보장왕 9년에서 14년 무렵으로 연개소문이 막리지 였었던 시대이며 당태종의 고구려 정벌이 실패로 돌아간 직후이다.

3 르네 그루쎄, 김호동·유원수·정재훈 역,『유라시아 유목제국사』, 사계절, 1998(René Grousset, *L'Empire des Steppes*, 1939); 정재훈,『위구르 유목제국사, 744~840』, 문학과지성사, 2005.

4 '고려(高麗)'라는 명칭으로 고구려(高句麗)를 지칭하는 사례는 5세기 장수왕 이후, 곧 중원의 남북조 시대의 남조의 역사서에서부터 나타난다. 충주에서 발견된 중원 고구려비는 장수왕의 손자인 문자명왕대의 것으로 추정되는데 거기에도 고구려태왕이 아니라 고려태왕(高麗太王)이라는 문자가 해독된다. 이러한 사례는『구당서(舊唐書)』 및 『신당서(新唐書)』와 같은 남북조 이후의 중원 사서에서도 동이열전에 고려로 표기하여 나타나는 것으로 귀결된다. 따라서 발해를 고려라고 부르는 사례는 돌궐-위구르에서 발견될 수밖에 없는 것이다.

5 전국역사교사모임,『처음 읽는 터키사-동서양 문명의 교차로 터키』, 휴머니스트, 2010.

6 '심상(心象)'은 지각과 느낌에 의해서 인식 주체의 뇌리에 형성된 것이다. 영어로는 '이미지(image)'에 해당한다. 심상을 의식 속에 만드는 인식 주체의 작용은 '심상과정(心象過程)' 혹은 '심상작용(心象作用)'이라고 할 수 있다. 영어로는 imagination

에 해당한다. 이렇게 정의하면 의식이 있는 사람의 심상력(心象力)을 구성할 수 있게 된다. 그리고 심상력의 향상과 저감을 논의할 수 있다. 심상력은 영어로 imaginational force or imaginary force가 되겠다. 다른 대상이나 주제에 관련하여 일련의 과정을 거쳐서 그 대상에 관계되는 심상이 생겨난다. 세대 별로 역사 학습이나 교육 및 토의와 논의에 의한 심상과정과 심상작용에 의해 형성된 나름대로의 '역사적 심상(historical image)'이 생겨나게 마련이다.

7   일연의 『삼국유사』에 '고조선(古朝鮮)'이라는 용어가 등장하는데 실제로 기간을 계산해 보면 2천 년가량 되는 시대를 의미한다. 반면에 이승휴의 『제왕운기』에는 '전조선(前朝鮮)'과 '후조선(後朝鮮)'으로 각각 1천 년과 9백여 년 정도로 나누어 두었다. 비파형동검이나 세형동검과 같은 표지유물을 포함하는 최근까지의 고고학적 발굴 자료와 문헌 사료가 일관성을 보이도록 조정하는 작업과 단군과 기자와 같은 역사적 인물을 시조로 하는 국가 제사를 포함하는 조선의 예제(禮制)와의 일관성을 보이는 것은 전조선 – 후조선 체계이다. 고구려가 '가한(단군)'과 기자에게 제사 지냈다는 당나라 시기를 다룬 중국 정사 역사서인 『구당서(舊唐書)』의 사료는 고구려 사람들이 가한과 기자가 자신들의 왕국의 이전 시대에 존재했던 나라로 인식했다는 것을 이야기 해 준다. 고조선이라는 용어는 이러한 측면에서 과학적이지 못하다.

8   만주(滿洲)라는 말은 청나라 초기 청태종 아이신기오로 홍타이지(재위 1627~1643)가 17세기에 조어한 것이다.

9   이정호 블로그 '한국과 만주국(1932~1945)' 폴더 참조(http://blog.naver.com/yicheongho); 임계순, 『청사(淸史)—만주족이 통치한 중국』, 신서원, 2000.

10 이정호, 「유전학의 시선으로 본 사람과 언어—한국인과 동북아시아의 인족과 언어」, 『코기토』 64, 부산대인문학연구소, 2008, 241~260쪽.

11 장진근 역, 『만주원류고(滿洲源流考)』(건륭 42, 1777), 파워북, 2008; 남주성 역, 글모아, 2010.

12 서론 「단묘궁릉 문화란 무엇인가」의 말미(44쪽) 인용. 이정호, 『단묘궁릉(壇廟宮陵) 문화—서울과 베이징』, 케포이북스, 2016.

13 위의 책.

14 용어(term or jargon)는 전문적인 분야에서 쓰이는 특수하지만 정확한 지칭을 위한 단어를 의미한다. 개념(concept)은 일정한 대상들을 한꺼번에 묶어주는 포괄적이면서 복합적인 성격의 인식(epistemic apprehension)을 의미하며 그것이 단어로 표현될 때에 개념어(conceptual word or vocabulary)라고 한다.

15 '촛불혁명'이라는 말은 헌법재판소가 박근혜 대통령 탄핵을 인용한 2017일 3월 10일자 『동아일보』가 처음 사용하였다. 촛불을 저항적 정치 집회에서 처음 사용한 것은 양주의 여중생이 미군장갑차에 치었을 때 행정부의 처리에 반감을 가진 국민들

이 SOFA의 개정을 요구하면서 서울시청 광장에서 촛불을 든 2000년 이후의 대한민국의 집회에서이다. 2016~7년 촛불혁명의 발생 경위와 헌법재판소의 판결에 대한 해설은 이준일,『촛불의 헌법학』, 후마니타스, 2017을 참조하면 좋다.

16 문중양,「전통과학의 소멸과 탄생, 그리고 근대과학의 탄생」,『조선후기 과학사상사 ─전통과학의 소멸과 탄생, 그리고 근대과학의 탄생』, 들녘, 2016, 325~341쪽; 김연희,『한국 근대과학 형성사』, 들녘, 2016.

17 혁명(revolution)은 급격한 변동을 의미하는데 대한민국의 정치적 스펙트럼에서 주로 좌파(leftist)가 빈번히 사용하는 것이기도 하다. 그러나 일반적이고 보편적인 의미가 사회학에서 적용된다.

제2장 / 법치국가 겸 예치국가 조선

1 '문제틀(problematique, problematics)'은 프랑스 철학자 루이 알뛰세르(Louis Altusser)가 정교하게 다듬은 철학 방법론 개념으로 현재의 지식상태나 현상에서 나타나는 문제들을 바라보는 보는 접근과 태도의 얼거리(framework)를 의미한다. 알뛰세르는 "어떤 이론이나 이데올로기 체계가 문제를 제기할 때 문제 자체와 그에 대한 해결책의 유효성을 보장해 주는 일종의 준거틀을 말한다"라고 정의했다(루이 알뛰세르, 고길환 이화숙 역,『마르크스를 위하여(Pour Marx)』, 백의, 1990). 알뛰세르는 프랑스 학자 쨔끄 마리탱(Jaqure Maritin)이 문제틀이라는 개념을 처음으로 만든 것으로 지적하고 있고, 이 개념하에 그의 구조주의 철학을 전개하고 있다.

2 이태진,『고종 시대의 재조명』, 태학사, 2000.

3 고종은 1863년 철종이 승하하자 창덕궁의 인정문에서 조선 국왕으로 등극하였는데 이후 10여 년 동안은 고종 조정 초기(1863~1873)로 양모인 대비 풍양조씨의 수렴청정과 생부 흥선대원군의 섭정 기간이었다(이정호,『단묘궁릉 문화─서울과 베이징』). 고종 조정 중기(1873~1893)는 친정(親政) 이후의 1876년 개항과 개화(開化)를 위주로 1894~1895년 갑오을미개혁 이전까지 조정을 꾸려나가는 시기를 의미한다. 고종 조정 후기(1894~1907)는 갑오을미개혁 이후에서 1897년 대한제국 선포를 이어 1907년 이토 히로부미 통감의 무력과 강압에 의해 강제 양위되는 시기까지를 지칭한다.

4 순조(1800~1834), 헌종(1834~1849), 철종(1849~1863)시기의 19세기 전반은 대청제국이 서양 세력과의 대면에서 수세로 몰리는 시기와 병행되는시기였다. 이때에 조선 조정과 지식인들도 이 현실에 대해서 상당히 많은 정보를 접하고 있었고, 새로운 문제틀을 세우고 해결책을 만들기 위해서 고민하고 연구하고 집필하고 모색하였다. 정조가 길러낸 초계문신들 중에 순조 조정에서 일한 서영보, 심상규 등이 이러한 지도층에 속한다. 이런 부문에 대한 조선사 연구는 별로 없고 거의 대부분 국

망의 원인에 대한 증거 수집 위주로 역사가 서술되어 있다.

5 고종대에 집필된 소론 강화학파 이건창(李建昌)의 『당의통략(黨議通略)』(이덕일·
   이준영 역, 자유문고, 2015)은 선조 이후의 조정의 정치적 논쟁, 대립 및 투쟁에 대
   한 정치사 저서이다. 부정적 이미지의 당쟁(黨爭)이라는 시선으로 바라볼 필요가
   없는 정치 현상을 서술해 놓은 저서이다. 당쟁이라는 개념 자체가 엉성한 논리를 유
   발하는 것으로 성찰적 근대화 시대에는 폐기해야 할 용어이다. 조선 후기 유교적 정
   치사의 '합리적 차분한 읽기'가 역사적 증거와 사료와 더욱 잘 맞는 역사상 정립, 곧
   실제 조선 후기 정치의 실상을 파악하는 데에 도움을 준다.

6 구한말(舊韓末)이라는 용어를 쓴 것은 1910의 경술국치 혹은 국망에 의한 부끄러
   움 혹은 치욕의 감정으로 쓰던 용어이다. 분명히 당대의 국제법, 곧 만국공법의 체
   제에 맞게 1897년 새로운 국호 '대한제국(大韓帝國)'이 선포되었고, 당대의 서구 국
   가들로부터도 그 용어를 인정받은 바 있다.

7 '식민지 함정에서 벗어나지 못한 근대주의자(colonially trapped modernist)'라는 합리
   성(rationality)을 거부하여 올바른 역사 의식조차도 거부하려는 비이성(irrationality)
   의 사람들이 한국 사회의 앞세대뿐만 아니라 젊은 세대에도 존재한다. 베를린 장벽
   및 동구권 해체 이후의 서구 사회를 묘사하는 성찰적 근대화(reflexive modernization)
   논의가 서구 사회의 생활세계의 변화를 심층적으로 다루고 있는데(U. Beck, A.
   Giddens, and S. Lash, *Reflexive Modernization : Politics, Tradition, and Aesthetics*, Standford
   University Press, 1994), 대한민국의 성찰적 근대화는 동북아시아의 역사적 궤적의
   복잡성 혹은 복합성(complexity)을 이해하는 근대사 및 고대사 역사 의식의 정립을
   기반으로 하여 근대 사회 및 '지금 여기'의 변화에 대한 묘사를 모색한다.

8 '단순근대화'와 '성찰적 근대화'에 대한 구분은 1989년 서구 사회의 변화와 관련되
   어 울리히 벡·앤소니 기든스·스콧 래쉬, 임현진 외역, 앞의 책을 참조.

9 '불편한 진실'을 깨달을 수 있게 하는 질문들이 있다. 숙종이 북한산성의 행궁(양주
   행궁)을 건립하고, 남한산성에 유사시에 사직의 위판을 모실 우실(右室)과 종묘의
   신주를 모실 좌전(左殿)을 건립한 목적은 무엇인가? 숙종대의 노론 대신 이이명의
   주도 하에 평안북도와 압록강 건너 만주지역과 베이징에 이르는 지역의 청나라 성
   곽을 표시한 〈요계관방지도(遼薊關防地圖)〉(숙종 32년, 1706)를 작성하게 한 이유
   는 무엇일까? 이 〈요계관방지도〉(보물 제1542호)는 규장각한국학연구소(서울대)
   에 소장되어 있다. 현재 남한산성에는 행궁 주변에 좌전은 복원되어 있지만 우실 복
   원에 대한 논의조차 없다. 왜 그럴까? 1910년 이후 일본제국에 의해서 서울 도성의
   사직단뿐만이 아니라 전국 330여 개 부군(府郡)의 지방 사직단을 모두 헐어버렸다.
   종묘와 서울과 지방 향교의 문묘는 그대로 두었다. 그러다 보니 종묘나 문묘와 같은
   사당 건물은 존재하고 원래 더욱 중요했던 사직에 대한 개념과 역사적 현실은 '망각

의 강'에 머물러 있었다. 이렇게 사직단에 대한 망각은 일본제국의 신궁 – 신사 체계의 설립으로 더욱 강하게 세뇌되었다. 원구단, 사직단의 해체 위에 신궁 – 신사 체제를 도입하여 종교성이 가미된 세뇌 – 강압 통치를 진행시킨 것이었다. 이러한 식민지 함정과 역사 망각의 맥락에서 숙종대의 효종 – 현종대의 국방력 증대 맥락의 연장선의 전쟁 준비에 의한 광주 행궁 우실과 좌전의 건립을 올바로 이해하지 못하게된 것이다. 우실이나 사직단의 복원에 대한 중요성 인식이 그렇게도 더디고 허약한것이다.

10 대한민국의 국사편찬위원회(http://www.history.go.kr)가 제공하는 인터넷 서버의 『조선왕조실록』(http://sillok.history.go.kr)의 명칭은 단순화하여 『조선실록(朝鮮實錄)』으로 하는 것이 더 좋다.

11 6개의 법전의 이름이 조선 조정의 6조(曹)의 접두어와 같기 때문에 혼동할 여지가 있다. 이조(吏曹)가 이전(吏典)과 가장 연관성이 많기 때문에 모든 이전의 조항들이 이조의 운영과 관리들에게만 해당하는 것으로 오해할 수 있다. 다른 조(曹)의 업무가 해당 접두어의 법전에 각각의 법전과 연관성은 많고 직무 분장과 관련 조항이 가장 많이 존재하지만 조항들이 적용 대상이 조선 조정 부서 전체가 되는 것이 많다.

12 이운형, 「성종대왕 1485년 경국대전 전후 조선법전 개수 과정의 추고」, 『이화(李花)』 제273호, 2019..

13 이승환, 『유가사상의 사회철학적 재조명』 고려대 출판부, 1998.

14 이정호, 「소나무 이용과 보전의 역사성과 사회성」, 김진수 외, 『소나무의 과학─DNA에서 관리까지』 고려대 출판부, 2014, 317~351쪽; 김선경, 「조선 전기 산림제도─조선 국가의 산림지배와 인민지배」, 『국사관논총』 56, 1994.

15 유학관료인 권제, 정인지, 안지가 조선 태조의 4대조인 목조 이안사, 익조 이행리, 도조 이춘, 환조 이자춘과 태조 및 태종에 이르는 세종으로 이전의 6대의 사적(事蹟)을 125장의 악장(樂章)으로 짓고 이를 훈민정음으로 풀어서 지었다. 세종은 이에 대해 『용비어천가(龍飛御天歌)』라는 이름을 지었다. 또한 몇 개의 중요한 악장을 뽑아서 노래와 춤을 만들었다. 앞의 소절은 중원의 삼대에서 부터의 역사의 일면을 뽑아서 읊고, 뒷 소절에 세종 앞의 '선대 여섯 용(六龍)'의 사적을 읊어서 중원의 역사와 동국의 역사의 유사성을 댓구적으로 읊는 형식의 서사시가 완정되었다. 이에 따라 역사적인 주해를 덧붙여야 했기 때문에, 집현전 학사들인 박팽년, 강희안, 신숙주, 이현로, 성삼문, 이개, 신영손 등이 중원과 조선 왕실 선대의 사적에 대한 역사를 기술하였다.

16 500여 년 전의 『정간보(井間譜)』라는 전통 악보와 무보(舞譜)에 기록된 「봉래의(鳳來儀)」는 숭실대 인문학연구소 주도로 학술진흥재단 연구과제로 연구되고 복원되었다. 2013년 11월 21일 국립국악원 우면당에서 『봉래의─세종의 꿈, 봉황의 춤

사위 타고 하늘에 오르다』라는 제목의 복원 공연 전체가 포함된 동영상이 2013년 11월 21일자로 유튜브(YouTube)에 〈봉래의 : 복원 공연이 완성되기까지〉라는 제목으로 올라가 있다(https://m.youtube.com/watch?v+Aq5yjuWcDkw). 또한 〈여민락〉, 〈치화평〉, 〈취풍형〉으로 구분된 짧은 동영상으로 유튜브에 올라가 있으므로 검색하여 찾아서 시청할 수 있다.

17 이정호, 「성학(聖學), 종학(宗學), 그리고 입학례(入學禮)」, 『종학 데이』, 종학포럼, 2018.8.22.(재수록:『선릉저널』5)

18 위의 글.

19 중추부 관아 건물은 현재의 광화문 정부 청사 건물과 세종문화회관 사이에 위치해 있었다. 의정부 건물이 광화문의 동남쪽 가장 첫머리에 위치하였는데 이와는 대조적으로 의정부–중추부 대로(현 세종로) 건너편에 위치해 있었다.

20 『경국대전』「예전」에는 조선 조정의 공문서 작성 양식들을 나열한 부분이 있고, '용문자식(用文字式)' 아래에 열거하고 있다. 여러 공문서 양식 중에 「입법출의첩식(立法出依牒式)」이 있어서 제정된 법률의 법령 부본인 의첩(依牒)을 발송하는 공문 양식이 있다. 조선 국왕이 수교한 것을 '몽준(蒙准)'으로 표현하고 있고, 비준에 의거하는 것을 의준(依准)이라고 쓰고 있다.

21 『만기요람(萬機要覽)』은 정조의 초계문신 출신인 호조판서 서영보와 비변사 당상 심상규가 순조 8년(1808)에 편찬한 국정 운영서로 재용편과 군정편으로 이루어져 있다.

22 『주례(周禮)』는 앞의 다섯 부분은 원전으로 해석해도 무방하다. 다만 현존하는 거의 모든 판본의 『주례』의 여섯째 「동관(冬官)」 부분이 후대의 재편집 삽입부를 가지고 있다. 동관고공기(冬官考工記)라고 하여 한대(漢代)에 재편집된 것이다. 한대 이전에 일실(逸失)되어서 한대에 추려서 임시적으로 써 넣은 것이다. 따라서 앞의 다섯 부분은 주나라 시대, 곧 고대(古代) 청동기 시대의 사회상을 보여 주지만 동관고공기는 청동기 이후의 사회상을 상당히 반영하는 것으로 해석해야 한다.

23 고려는 송나라와 비슷하게 6부(部) 상서(尚書) 체제하에 있었다. 조선은 6부를 6조(曹) 판서(判書)라는 새로운 이름으로 관아를 만들고 용어를 조선 독자적으로 사용하였다.

24 이승환, 『유가사상의 사회철학적 재조명』, 고려대 출판부, 1998.

25 한영우, 『조선왕조의궤』, 일지사, 2005.

26 어정(御定)은 군주가 학자관료나 실무자에게 명을 내려 한 분야나 한 관아(官衙)에 관한 책을 집필하도록 하여 편찬된 책들이다. 어제(御製)란 군주가 직접 붓을 들어 시나 문장, 나아가 책을 지은 것을 의미한다.

27 의주(儀註)는 국가 제사나 궁궐의 의례 공간에서 거행되는 의례의 시일, 집사, 순서,

의례 거행 방식 등을 다듬어서 묘사한 문건이다. 의주는 실행되는 제사나 의례의 순서와 내용을 정확히 묘사하는 데 목적이 있다. 이러한 의주에 따라서 정확히 국가 제사와 의례를 거행하기 위해서는 제관과 집사들이 상당히 많은 훈련과 예행연습을 해 보아야 한다. 이러한 훈련과 예행연습을 조선 예서에서는 '이의(肄儀)'라고 했고, 현재는 '습의(習儀)'라는 말로 지칭하고 있다. 전통 의례에는 현대 의식에서 사회자에 해당하는 집례 혹은 찬자가 있어서 의례의 순서에 대한 명령어를 크게 외쳤고 현재는 마이크로 방송하는데 이는 한문으로 되어 있고 '홀기(笏記)'라고 한다.

28 이범직, 「고종 시기 태상지 편찬의 의미」, 『한국사상과 문화』 61, 2012, 205~240쪽.

제3장 / 고종 조정, 500년 기초법전 전통과의 연속성과 불연속성

1 권희영, 『한국사의 근대성 연구』, 백산서당, 2001.

2 고종(高宗) 시대(1864~1907)의 올바르게 정립된 역사적 심상(historical image) 형성에 기여하는 역사가들의 저작들은 다음과 같다. 박노자·허동현, 『우리역사 최전선』, 푸른역사, 2003; 이태진, 『고종시대의 재조명』, 태학사, 2004; 교수신문 편, 『고종황제역사청문회』, 푸른역사, 2005; 정범진, 『제국의 후예들—대한제국 후예들의 삶으로 읽는 한반도 백년사』, 황소자리, 2006; 서영희, 『대한제국 정치사 연구』, 서울대 출판부, 2003.

3 고종은 흥선군의 둘째 아들이고 그래서 양자로 효명세자의 세계(世系)에 입계가 가능했다. 흥선군의 첫째는 흥선군의 세계를 잇게 되어 있었고 둘째 아들인 고종은 출계하여 종통상의 부모 익종(효명세자)과 신정왕후 풍양조씨를 섬겨야 하는 공적인 의무가 생부를 대우하는 의무보다 훨씬 중대했다. 성종도 의경세자의 둘째 아들로서 예종의 양자로 대통을 이었고, 선조도 덕흥군의 셋째 아들로서 명종의 양자로 대통을 이었다. 이러한 왕위승위과 관련된 대통계승 문화는 조선의 왕실전범(王室典範)이었고 근대적 헌법으로 말한다면 불문헌법(不文憲法)에 속한다. 이러한 왕실문화는 그동안 제대로 연구되지도 않았고, 왕실 족보와 사대부 족보의 관리에서의 엄청나 차이도 구별하지 못하는 지식 부재 현상이 있었다.

4 김태완, 『경연(經筵), 왕의 공부』, 역사비평사, 2011; 이정호, 「성학(聖學), 종학(宗學), 그리고 입학례(入學禮)」, 『종학데이』, 종학포럼, 2018.8.22, 14~23쪽.(재수록 『선릉저널』 5 : 2017).

5 영조의 둘째 아들 사도세자에게는 아들이 다섯 있었다. 첫째가 의소세손, 둘째가 정조로 혜경궁 홍씨 소생이고, 셋째가 은언군(恩彦君), 넷째가 은신군(恩信君)으로 둘다 정조의 이복동생들이었다. 정조의 계통에서는 아들인 순조와 순조의 아들 효명세자(헌종에 의해 익종으로 추존됨), 그리고 손자 헌종으로 이어진다. 철종은 은언군의 계통에서 순조의 왕비 안동 김씨의 양자로 입계(入系)한 왕위계승자로 즉위한

것이고, 고종은 은신군의 계통에서 익종(효명세자)의 왕비 풍양조씨의 양자로 입계한 왕위계승자로 즉위한 것이다.

6 심재우·임민혁·이순구·한형주·박용만,『조선의 세자로 살아가기』, 돌베개, 2013.

7 김태완,『경연(經筵), 왕의 공부』, 역사비평사, 2011; 우인수,『조선 후기 산림 세력 연구』, 일조각, 1999.

8 철종은 사도세자의 아들이며 정조의 이복동생인 은언군(恩彦君)의 손자로 전계군의 아들이었다. 정조 3년(1779) 홍국영과 역모를 꾀했다는 죄명으로 은언군이 강화부에 유폐되었고, 전계군도 강화도에 계속 거주하게 되었다. 그래서 강화도령이란 별명을 지닌 철종은 왕실의 종친 교육인 종학(宗學) 교육도 받지 못했던 것으로 보인다.

9 이정호,「조선 성종과 정조의 종통(宗統)과 단묘궁릉(壇廟宮陵) 문화 비교」,『선릉저널』4 : 2017.

10 조선 후기 산림(山林) 세력이란 과거를 거치지 않은 유학자로서 국가 인재 등용 시험인 과거(科擧)를 거쳐서 등용된 유신(儒臣)들보다 학문 수준이 높아서 오로지 학문적 성취도와 명망에 근거하여 조정에서 징소(徵召, 스카우트)해서 모신 학자 관료를 지칭한다. 인조 반정 이후에 세자시강원, 성균관, 사헌부(南臺)에 징소하여 조정의 분위기와 환경을 일신하기 시작하였다(우인수,『조선후기산림세력 연구』, 일조각, 1999).

11 호서지역 출신 보수 유학자 송병선은 을사보호조약이 체결되었을 때에 민영환처럼 분함을 이기지 못하여 유서를 쓰고 자결하였다.

12 이완재,「박규수의 생애와 실학사상—실학에서 개화론에로의 전회의 일단」,『한국 근대 초기 개화사상의 연구』, 한양대 출판부, 1998.

13 19세기 후반기 고종의 경연 기간 당대의 조선 유학(儒學)은 그 유파적 다양성 및 문화적 다양성이 존재한다. 임진왜란 이후의 지봉 이수광에서부터 시작된 구체적 현실 문제에 대한 유학을 실학(實學)이라고 부른다면 그런 경향은 18~19세기 정조, 순조, 헌종, 철종대 내내 존재했다. 양명학자 정제두가 영조의 경연관으로 징소받아 영조의 국정세미나에 참여하였던 사실은 조선 유학은 주자학 내지는 성리학 일색이라는 어긋난 일반론을 강력히 부정한다. 16세기 퇴계의 양명학 이단론은 18세기 그렇게 큰 영향력을 끼치지 못하는 실정이었다. 정제두와 이광사에 의해 일구어진 강화도 양명학파의 후예가 일제시대 국학운동을 일으킨 위당 정인보이다. 박지원, 박제가 등의 북학파로 분류된 노론계열의 개혁적 유학의 존재와 과학기술인 서학(西學)과 천주교인 서교(西敎)를 제대로 구분해서 받아들일 줄 아는 학자들의 존재는 19세기 후반기의 지적 경향을 대변해 준다. 또한 추사 김정희를 대표적 사례로 고증학 문헌들이 조선에 유입되어 읽혀지고 연구되고 있었다. 서구 국가의 청나라

침탈에 촉발된 양무운동 및 자강운동 계열의 서적들도 이미 청나라에서 수입되어 연구되고 있었다. 척사위정을 강력하게 주장한 화서학파는 이러한 다양한 흐름 중에 조정의 정책에 대한 참여를 잘하는 유파 정도로 기록되어야 하는데, 개화파와 척화파라는 단순한 이분법이 횡행하던 것이 우리 근대사 학계의 실정이었다.

14 효명세자(孝明世子)는 아버지 순조 승하 이후 아들 헌종이 즉위하자 익종(翼宗)으로 추존되어 조선 국왕의 반열에 오르고 그 신주(神主)가 태묘(종묘) 정전에 부묘되었다. 대한제국이 선포된 이후 황제로 즉위한 고종태황제는 1899년 익종을 문조익황제(文祖翼皇帝)로 황제 추존하였다.

15 양무운동(洋務運動)이란 19세기 말인 1861년에서 1894년 무렵까지 청나라, 곧 대청제국에서 서양(西洋)의 업무(業務)인 양무(洋務)를 도입하여 자강(自强)을 추구한 운동으로 양무자강운동이라고 표현하기도 한다. 총리각국사무아문의 대신이었던 함풍제의 동생 공친왕(恭親王)과 증극번, 이홍장, 좌종당과 같은 양무파 한인 관료들에 의해 동치제(同治帝, 1862~1874) 때에 태평천국의 난의 진압이나 영불연합군의 북경 점령 문제의 해소를 통해 질서를 회복하는 결과를 가져오기도 하였다. 중체서용(中體西用)이라는 구호에 맞게 위원(魏源)의 『해국도지(海國圖志)』로 대표되는 자강(自强)을 추구하기 위해서 서양의 군사 및 기술에 대한 지식의 성장도 있었다.(임계순, 『청사(淸史)—만주족이 통치한 중국』, 신서원, 2000; 마크 엘리엇·이훈, 김선민 역, 『만주족의 청제국』, 푸른역사, 2009).

16 이광린, 「해국도지의 한국 전래와 그 영향」, 『한국개화사연구』(전정판(全訂版)), 일조각, 1999(초판 1969, 개정판 1980).

17 『이언(易言)』은 상해직포국, 상해전보국, 윤선초상국, 한양동철창 등의 국영기업체에서 실무를 맡아 일하던 청나라 관료 정관응이 지은 책으로 1871(동치 10)년에 초간되었다. 당대의 대청제국에게 필요한 서양 문물의 도입과 국부 증진 문제에 관한 저서이다. 양무론에서는 서양 기술만을 취하자는 중체서용의 방법론을 제시하고 있었지만 기술과 군사력 뒤에 서양의 정치와 제도 까지도 수용해야 된다는 변법주의(變法主義)를 처음으로 형성한 문제작이다. 1882년 임오군란 이후(음력 7월 하순에서 12월 말까지)의 조야(朝野)에 국정 방책을 물은 고종의 교서(敎書)에 응답한 상소(上疏)들에 『이언』을 읽고 상소를 쓴 조야 유신(儒臣) 및 유생(儒生)들이 상당수 있었다. 고종은 다음해인 1883년(고종 20) 『이언』을 교정하고 인쇄한 사람들을 승진시킨다(승정원일기 1883년 3월 27일 자). 고종의 조선 조정에서 『이언』을 인쇄하여 널리 읽히도록 한 것이었다(이광린, 「이언(易言)과 한국의 개화사상」, 『한국개화사연구』).

18 박노자·허동연, 앞의 주2의 책.

19 '개화(開化)'라는 개념을 시대적으로 세 단계로 구분한다(이광린, 앞의 글). 1870년

대는 개항(開港) 혹은 개국(開國)과 같은 개념으로 사용되었고, 1880년대에는 서구 과학기술을 도입하여 부국강병을 이루는 의지와 과정을 표현하였으며, 1890년대 이후는 국가의 자주독립과 국민의 권리와 의무를 주장하는 문명화를 의미하였다. 영어로 서구 역사의 '계몽'을 의미하는 Enlightment가 제시되었으나 제도의 기초를 놓거나 시행하는 과정을 의미하는 Instauration에 가깝다.

20 김세진, 『한국 근대사와 만국공법』, 경인문화사, 2002.

21 이광린, 「내아문(內衙門)의 설치와 그 기능」, 『한국개화사연구』, 1990.

22 1894년 청일전쟁을 취재하러 조선에 온 『마이니치(每日)신문』 기자인 사쿠라이 군 노스케(柵瀨軍之佐)가 그의 조선여행기인 『조선시사(朝鮮時事)』(1894, 東京 : 春陽 堂)에서 사쿠라이 기자가 입수한 정보, 곧 갑오을미개혁 이전의 조선 조정의 책임자 들의 관직과 성명 리스트가 수록되어 있다(이노우에 가쿠고로 · 스기와라 후카시 · 사쿠라이 군노스케, 한상일 역, 『서울에 남겨둔 꿈』, 건국대 출판부, 1993). 영의정, 좌의정, 우의정과 함께 이조, 호조, 예조, 병조, 형조, 공조의 판서, 참판, 참의도 있지 만 외아문과 내아문의 독판, 협판, 참의의 명단도 있다. 군사 책임자 명단도 있는데 친군의 총어영, 장위영, 통위영과 함께 경리청이 있고, 호위청 대장, 좌포청 대장, 우 포청 대장 및 남양해군영 통제사를 포함하고 있다. 당대의 지식인 일본 기자도 중추 부(中樞府)에 대한 인식이 없었기 때문에 파악이 되지 않은 것으로 드러나고 조선 조정에 대한 전체 파악은 이 당시까지도 제대로 일본에 정립되지 않았던 것으로 보 인다. 한국의 근대 사학에서도 이러한 일본의 영향으로 기초 법전에 대한 연구에 기 반된 전모 파악이 아니고 1세기 이상 과거의 일본식 인식을 그대로 적용해 온 것으 로 파악된다. 조일수호조규를 조인한 정사 신헌은 중추부의 판사, 곧 판중추부사로 원임대신이었다.

23 1894년 이후 궁내부에는 시종원, 비서원, 규장원, 경연원, 장예원, 종정원, 귀족원, 회계원, 전의사, 봉상사, 전선사, 상의사, 내장사, 주전사, 영전사, 태복사, 왕태후궁, 왕후궁, 왕태자궁, 왕태자비궁, 왕족가, 종묘서, 사직서, 영회전, 경모궁, 조경묘, 경 기전, 준원전, 각능원관, 역대전릉관이 소속되었다.

24 이광린, 「한성순보와 한성주보에 대한 일고찰」, 『한국개화사연구』, 1990.

25 이광린, 「개화기 한국의 신문」, 『한국 근현대사 논구』, 일조각, 1999.

26 김세진의 『한국 근대사와 만국공법(萬國公法)』(경인문화사, 2002)은 1876년 개항 이후 첫 수신사였던 김기수의 만국공법 인식도 보여 주고 있는데, 역시 유학적 역사 인식인 전국시대 6국간 연횡(連衡)의 법칙과 비슷한 서구적 균세론(均勢論) 혹은 세력균형론을 내용으로 가지고 있다는 사실을 파악하고 있다. 만국공법(萬國公法) 은 1880년대 조선의 지식인들에게 많이 읽혀지고 연구된 것이었고, 1880년대 국왕 고종에게 올려진 상소(上疏)들에서 파악되는 바와 같이 문헌적 증거들을 많이 가지

고 있다.

27 김경록, 「조선시대 서울의 외교 활동 공간」, 『서울학연구』 31: 1~46, 서울시립대, 2008.

28 조사시찰단(祖事視察團)은 조선 조정의 공식 명칭이었다. 일본 조정의 사무를 살펴보는 기회를 만든 것이었다(박노자·허동연, 앞의 책). 반면에 일본 신문에서 묘사한 명칭이 바로 신사유람단(紳士遊覽團)이었다. 대한민국의 국사(國史)는 조선 조정의 공식 명칭을 사용해야 할 것이다.

29 『고종실록』 「제32권」, 고종 31(1894)년 음력 6월 25일 경오 5번째 기사~10월 1일 갑진 3번째 기사(국사편찬위원회, 조선왕조실록 서버(http://sillok.history.go.kr) 검색하면 45건의 문건이 나타난다).

30 『고종실록』 「제32권」, 고종 31(1894)년 음력 6월 25일 경오 7번째 기사.

31 『군국기무처의안』(奎15248; 奎15249)(1894년 음력 6월 25일부터 8월 22일까지). 현재의 규장각한국학연구소가 공개한 소장 자료의 날짜는 1894년 8월 22일까지이다. 『고종실록』과 대조해 보면 8월 24일에서 10월 1일까지의 최소한 11건의 의안(議案)이 더 있었을 것이라는 사실을 알게 된다.

32 『국조오례』의 대사(大祀)인 사직과 종묘(정전), 영녕전에서 사직이 상위에 위치한다. 대사급에 속하는 국가 제사의 공간에서 고유제는 보통 위격이 낮은 곳(종묘)에 먼저 고유하고 그다음에 상위의 위격(사직단)에게 고유한다. 종묘의 고유문인 「서고문(誓告文)」을 남기고 있다.

33 1894년부터 조선의 개국기년(開國紀年)을 사용한 것과 병행하여 1896년부터 전통역법(음력)과 함께 양력을 사용하기 시작하였고 조선의 독자적인 연호(年號)인 '건양(建陽)'을 사용하기 시작하였다.

34 1896년 『법규유편』의 범례(凡例) 첫 조항에는 개국 503년(1894) 7월부터 개국 504년(1895) 연말까지 새로 정한 법령(法令)을 구분하여 모아서 편찬한다고 설명하고 있다. 군국기무처(1894년 6월 25일~12월 17일)의 의안을 기초로 하기는 하였지만 그 이후 1895년 연말까지의 변화를 반영하고 법령을 다듬었다는 것이 증명된다.

35 영어의 photograph의 한국어 낱말인 '사진(寫眞)'은 고종대의 국왕의 모습을 그린 것을 의미하는 어진(御眞)을 근대적 기계로 복제한 것이라는 의미를 담으면서 만들어져 정착되었다.

36 1895년 가을 일본 낭인들과 훈련대의 반란이 시위대를 격파하고 일어난 '명성왕후 시해 시도 사건'인 을미사변이 일어난 이후에 고종이 경복궁을 어소(御所)로 쓰는 데에 거북한 형편에 처한 것은 사실이다. 하지만 일본측 기록물 묘사에 기초한 정도로 고종과 왕태자가 위험한 지경이었는지에 대해서는 신빙성을 크게 둘 수 없게 되어 있다. 『법규유편』의 간행과 같이 중대한 국사(國事)가 그대로 진행된 점에서 일

본 측 기록물의 사료로서의 가치가 굉장히 저하된다. 단지 그들의 시각에서 본 사건 묘사일 뿐이다. 또한 을미사변 직후 경복궁을 빠져나오려고 시도한 '춘생문사건'이 있었으나 경복궁에서의 어소 변경은 실패하였다. 두 번째 시도가 러시아공사관 이어(移御), 곧 아관파천으로 나타나고 두번째 어소 변경 시도는 성공한다. 1896년 러시아 공사관에서의 고종의 집무는 독립협회를 지원하고 독립신문을 낼 정도로 정상적인 집무였음이 이러한 사실을 사실상 다른 맥락에서 보게 만든다. 명성황후의 승하 여부는 최근에 발견된 독일 라돌린 문서와 영국 외교 문서에 의해서 일본 공사관 측의 기록물의 승하 단언 증언과는 정면으로 배치되는 결과를 보여준다. 경복궁 태원전에 위치되었던 찬궁이 평소보다 엄청나게 많은 운반군을 동원하여 경운궁으로 옮겨오는 과정의 예제의 비정상성(한영우, 『명성왕후, 제국을 일으키다』, 효형출판, 2006)과 대한제국 선포 및 황제 즉위식 관련 의례에 있어서 빈전 황후 대상 의례의 비정상성(대한제국 정부, 『대례의궤(大禮儀軌)』, 1897(전통예술원 음악사료강독회 역, 민속원, 2013))에 의거하면 명성왕후의 생존을 기록한 독일 라돌린 문서의 신빙성이 드러난다.

37 서영희, 『대한제국정치사 연구』, 서울대 출판부, 2003.

제4장 / 흠정홍범(洪範) 시대

1 홍범 제2조에는 '왕실전범(王室典範)'을 제정한다는 조항이 있고(왕실전범을 제정하여 대통 계승을 밝히고 종친과 외척의 본분과 의리에 다다르게 한다(制定王室典範 以昭大位繼承暨宗戚分義)), 불문헌법으로 내려오던 왕실의 문화를 제정한다는 의미를 보여주고 있다. 『효종실록』에는 새로 즉위한 효종이 "성헌(成憲)을 자세히 살펴보고 조종전장(祖宗典章), 곧 조선왕조 대대로 내려온 전장이 가벼이 훼손할 수 없다는 사실을 생각하시라"는 예조참판 김집의 상소가 있다(1649년 6월 10일 무술). 왕실전범의 '전범(典範)'과 조종전장의 '전장(典章)'은 같은 의미를 가지는 것으로 해석된다. 1897년 대한제국 선포 이후는 황실로 승격되었는데 이를 구별하기 위해서 '황실전장(皇室典章)'으로 표현하기로 한다.

2 실제로 현재 한국 사회에서 사용하는 보통명사가 일본에서 정착된 보통명사가 아니라 오히려 조선의 기초 법전인 『경국대전』에서부터 사용하던 400~500년 된 개념어 단어라는 것이 드러나는 경우가 빈번히 발견된다. 가장 좋은 사례는 『경국대전』「호전(戶典)」에 나오는 '회계(會計)'나 '비용(費用)'이라는 명사일 것이다. 실제로 1896년 『법규유편』「서고문」홍범에서 사용한 '왕실비용(王室費用)'(제8조, 제9조)과 '관부비용(官府費用)'의 '비용'이라는 단어는 호조의 내사(內司)중의 하나인 비용사(費用司)에서 유래한 용어를 사용한 것이다.

3 『고종실록』31권, 고종 31년 6월 28일 계유 4번째 기사.

4 이렇게『고종실록』이나『군국기무처의안』에서는 '헌법(憲法)'이라는 용어를 사용하고 있다. 그러나『법규유편』에서는 헌법이라는 용어가 보통명사화되어 있을 정도로 정착된 것이 아니라서 한 번도 언급하고 있지 않다. 헌법이라는 용어가 당대에 가지고 있었던 일본 메이지 헌법을 의미하는 것이라서 사용을 회피했을 것으로 추정해 볼 수 있다.

5 『경국대전』및『대전통편』의 6조(曹)는 보통 3개의 내사(內司)로 구분하여 업무를 분장하였다. 현재의 각 부의 국(局) 정도의 업무 구분과 비슷하다. 예외적으로 형조(刑曹)는 노비 문제를 다루는 내사가 하나 더 있어서 4내사로 구분되었다. 또한 6조에는 예하에 외청(外廳)에 해당하는 '속아문(屬衙門)'이 존재했다. 예를 들어 국가 제사를 담당하는 봉상시(奉常寺)는 예조의 속아문이다. 이조(吏曹)는 문선사(文選司), 고훈사(考勳司), 고공사(考功司)로 분장되었고, 호조(戶曹)는 판적사(版籍司), 회계사(會計司), 비용사(費用司), 예조(禮曹)는 계제사(稽制司), 전향사(典享司), 전객사(典客司), 병조(兵曹)는 무선사(武選司), 승여사(乘輿司), 무비사(武備司)로 업무를 분장하였다. 형조(刑曹)는 상복사(詳覆司), 고율사(考律司), 고금사(考禁司)와 노비를 관리하는 부서인 '장예사(掌隷司)'가 있었다. 공조(工曹)는 영조사(營造司), 공야사(攻冶司), 산택사(山澤司)로 업무가 분장되었다.

6 이태진,『고종 시대의 재조명』, 태학사, 2000; 서영희,『대한제국 정치사 연구』, 서울대 출판부, 2003.

7 『고종실록』, 광무 3(1899)년 6월 26일; 한영우,『조선왕조의궤』, 일지사, 2005.

8 『고종실록』, 광무 3(1899)년 7월 1일.

9 『형법대전』, 서울대 규장각한국학연구소, 청구기호 奎17287의 4.

10 김효전,「번역과 근대한국―법학과 국가학 문헌을 중심으로」,『개념과소통』제1호 (창간호, 여름), 2008.

11 "법률은 정치의 고등학이오 인도의 당연한 규제라…… 우리 대한제국(我韓)의 학문은 경술(經術)을 본(本)함으로 법률을 치언(恥言)한다. 하지만 경술은 수기치인(修己治人)의 강령(綱領)이요 법률은 수기치인의 조목이다. 경술과 법률이 호상표리(互相表裏)한"다고 하면서 우리식의 법률학(法律學)은 '열조대전(列朝大典)과 현행 법률'과 조선시대의 수사과학(搜査科學) 혹은 법의학(法醫學) 서적인 '무원록(無冤錄)'까지를 연구하고 논한다는 설명이 이미 1899년에 황성신문에 게재된다(『황성신문』, 1899.5.6).

12 김효전, 앞의 글.

13 『대한매일신보』, 1907.12.4 · 12.22; 김효전, 위의 글.

14 『독립신문』, 1896.7.28 광고; 김효전, 위의 글.

15 「서고문」「전문(前文)」의 "조선개국 503년 (…중략…) 다른 나라에 의거하지 않고 국운

을 융성하게 하여 백성의 복리를 증진함으로써 자주독립의 터전을 튼튼히 하려고 합니다(歷有五百三年建 ....自今毋他邦是恃恢國步于舊于隆 昌造生民之福祉 以肇固自主獨立之基)"라는 문단과 홍범 제1조 "대청제국의 의중에 의존하는 생각을 단호히 끊어 버리고 자주독립의 기초를 확고히 세운다(割斷附依淸國慮念 確建自主獨立基礎)".

16 1905년의 『황성신문』의 법률(法律)에 대한 논설에서 법률의 분류가 제시되고 있는데, 사법(私法), 공법(公法), 그리고 국제법(國際法)으로 분류하고 있다. 광무연간인 1900년대에 와서는 1880~90년대 만국공법의 개념이었던 공법이라는 용어가 '국제법'이라는 새로운 용어로 전환되고 대한제국 사회의 사법과 공법의 쌍으로 설명하는 단계에 이르렀다(『황성신문』, 1905.1.17).

17 이광린, 「개화기 한국의 신문」, 『한국근현대사논구』, 64~75쪽.

18 1895년 축조된 첫 원구단을 황성내의 소공동 두번째 원구단(1897)과 구분하기 위하여 '건양(建陽) 원구단' 혹은 '둔지방(屯地坊) 원구단'이라고 할 수 있다(이정호, 『단묘궁릉(壇廟宮陵) 문화―서울과 베이징』). 둔지방 원구단은 조선 태조 시기에 도성 남문인 숭례문 밖의 남교(南郊) 둔지방에 세운 것으로 원단(圓壇)이라고도 하였고, 『세종실록』 「지리지」 도성 한성부조에 그 위치가 기록되어 있다. 세조대에는 주로 정월 상신(上申)일 기곡제(祈穀祭) 천지제사와 기우제를 올리던 둥그런 제단이었다(위의 책). 정월에 올리는 기곡제는 중원에서 천자가 올리는 제사라는 상징성을 가진 제사였다. 성종대에 대사(大祀) 원구단을 폐지하고 풍운뇌우단으로 격하시켜 천신계 중사(中祀) 제단으로 개편하였다. 원구단 정월 기곡제의 전통은 숙종대에 사직단에서 복원되기 시작하여 영조와 정조대에 대사 기곡제로 복원되어 사직단에서 거행되었다. 이 사직단 기곡제가 원구단으로 옮겨진 것은 대한제국 선포 이후이다.

19 김효전, 「칭제건원(稱帝建元)」, 『서양헌법이론의 초기수용』, 철학과현실사, 1986, 29~33쪽; 1896년 새로 개편된 학부(學部) 출간의 번역서 『공법회통(公法會通)』은 독일 법학자 요한 블룬칠리(Johan C. Bluntshchili)의 『문명국의 근대적 공법(Das moderne Völkerrecht der civilisiereten Staten)』(1867)인데, 이 번역서가 대한제국의 칭제건원의 만국공법적 배경을 설명해 줄 수 있다.

20 서울대 규장각한국학연구원 소장, 「조일약장합편」(奎6707), 증보개정판(奎6588).

21 서울대 규장각한국학연구원 소장, 「각국약장합편」(奎6589).

22 서울대 규장각한국학연구원 소장, 「약장합편」(奎15317; 奎15318).

23 『외교통의』는 일본인 나가오카 하루카즈(長岡春一, 1877~1949)의 저서를 번역한 것이다(김효전, 『서양헌법이론의 초기수용』, 철학과현실사, 1996).

24 1906년 관립외국어학교 재학생 수는 영어학교 127명, 일어학교 88명, 법어학교 44명, 한어학교 54명, 덕어학교 20명으로 영어, 일어, 프랑스어, 중국어, 독일어의 순이

다(『만세보』, 1906.9.23; 김효전, 『서양헌법이론의 초기수용』, 철학과현실사, 1996).

25 『황성신문』, 1907.6.1. 『법규유찬』 편찬 보도는 대한제국 정부(의정부)에서 각 부(府)와 부(部)에 통고하여 현행 법규를 모아 편찬하도록 하였고, 지방제도와 직제 등을 제대로 구제와 신제를 알게 하였다고 한다.(김효전, 「번역과 근대한국—법학과 국가학 문헌을 중심으로」, 『개념과소통』 제1호)

제5장 / 국가 근대화, 대한제국, 그리고 국민의 출현

1 고종의 권력 행사를 대한국제(大韓國制)는 전제(專制)를 독재(獨裁)와 동일한 것으로 보는 시각에 의해서 오해된 경우가 많다. 1898년의 만민공동회 시위 이후의 독립협회와 황국협회와 같은 민회의 해산 이후의 수구적 고위 관료의 주도로 제정된 것으로 보아온 1899년의 10개 조이다. 제1차 세계대전(1914~1918) 이전의 유럽의 대부분의 국가들은 전제 군주국 혹은 황제국이었고, 오스만투르크 제국도 마찬가지였다. 오히려 소련의 스탈린의 경우, 이승만 정권의 후기 선거 부정, 박정희 정권의 유신헌법 같은 것이 독재에 가까운 권력 행사의 대명사라고 볼 수 있다. 그리고 대한국제는 헌법적 규범력을 가진다기보다는 황실전장에 가까운 규례 혹은 규제로 보는 것이 정확하다.

2 조야(朝野)는 조정과 초야를 의미하는 것인데, 이것은 조보(朝報)를 통해서 조정의 상황과 변동사항 관련 정보가 조선 8도 전국적으로 전해지는 연결망(network)을 이루고 있었기 때문에 가능했다. 조보(朝報)란 조정의 소식과 정보라는 뜻이다. 조보는 역원(驛院)을 통해서 전국에 전달될 수 있었다. 도(道)와 같은 광역의 구역에서 1만 명이 서명하는 상소(上疏)가 만들어질 수 있었던 조선의 조야정치의 배경은 상소와 조보의 정치시스템이 존재했기 때문이다. 초야의 유학적 소양이 있는 지식인이 조정의 정책에 대해서 상소(上疏)를 작성해 보내어 직접 군주가 읽어 보아 여론을 청정(聽政)할 수 있게 하였던 제도의 존재는 전근대 사회의 성격 규명에서 이전보다 더욱 중요성을 가지게 해야 한다.

3 군국주의(軍國主義) 국가라는 것은 일본 정부의 내각에 육군대신 및 해군대신이 민간인의 신분이 아니라 '군인'의 신분으로 참여하고 있으면서 전반적인 국정 운영에 군을 동원하는 것이 일상화되어 있는 정치체제이다. 이러한 상황이었기에 외무성의 훈령을 조선주차군이 듣지 않고 1930년 만주사변 시에 압록강을 건너서 만주남부로 출병하는 사태가 일어날 수 있었다.

4 1930년대가 지나면 정치이데올로기가 비슷했던 독일, 이탈리아, 독일은 1940년대에 제2차 세계대전을 일으킨 '주축국(axis states)'이 된다. 이를 극복하고 격퇴시킨 서구와 미국 및 소련은 '연합국(allied states)'이었다. 연합국의 승리가 찾아온 이후 사회주의와 자본주의 블록으로 나뉜 1940년대 말의 냉전(Cold War) 구조에 의해

너무 과하게 영향을 받은 대한민국 사람들은 냉전 이전의 역사에 대해서는 너무도 무지했다.

5 일본의 제국헌법은 메이지덴노 시대인 1889년에 제정되어 1890년에 시행되기 시작하였다. 제국헌법은 군주제 국가 일본이 쇼군(將軍)이 이끄는 바쿠후(幕府) 정부의 통치에서 덴노를 정점으로 하는 군주제로 바꾼것이었다. "메이지 정부는 신성불가침한 덴노를 정체성으로 취하고, '덴노의 대권'이라는 안전판을 만들어, 부국강병이라는 목표를 향해 험난한 노정을 효율적으로 이끌고자 했다"(『일본사 다이제스트』 2011, 가람기획). 메이지헌법을 담은 식민지 조선의 법령은 합방 이후 10여 년이 지난 이후 삼일대혁명(3·1독립선언 만세 운동)을 거치고 난 연후에야 출간되어 나온다.

6 일본 수구세력의 지지를 받는 정치가들의 '평화헌법' 개정 시도는 제2차 세계대전 이후의 연합국 주도의 세계 질서를 거스르려는 의도를 가진 것이므로 연합국 측에 섰던 중국(중화인민공화국), 대만(중화민국), 대한민국 및 북한(조선민주주의인민공화국), 러시아는 이에 대해 외교적 압력을 가해야 할 문제이다. 일본은 평화헌법에 의해서 국제법상 교전권을 가진 군대를 가질 수 없게 되었고, 자위대를 형성하게 되었다.

7 1882년에 고종은 『개화윤음(開化綸音)』을 발표한다(『승정원일기』 1882년 8월 5일). 『개화윤음』의 존재도 그동안 정당한 평가를 받지 못하고 있었다. 국왕이 1880년대에 천명한 '개화(開化)'라는 화두 겸 정책 방향은 이후 『한성순보』, 『한성주보』, 『독립신문』에서도 다양하게 정의되고 논의되고 있다. 유길준의 『서유견문』에서도 개화를 정의하고 있는 것은 이러한 국왕의 윤음에 영향 받은 것이다.

8 대보단(大報壇)이라는 대한제국기의 이름만으로 조선 조정의 사대주의(事大主義) 사례라고 보는 것은 국가 제사 제도의 문화적·역사적 맥락에 대한 지식이 없는 가운데 내려진 해석이다. 대보단(大報壇)은 원래의 명칭이 황단(皇壇)으로 숙종대에 황제국에서나 올리는 기곡제(祈穀祭)를 사직단에서 올리기 시작한 맥락과 같은 맥락을 가진다. 대명제국의 황제의 위판을 만들어 봄에 대사(大祀)급 제사를 올리게 된 제단이다. 정조 대에 『황단의궤(皇壇儀軌)』가 편찬될 정도였고, 순조의 왕세자 효명세자가 지시하여 제작된 『동궐도(東闕圖)』에 그 전모가 그림으로 묘사되어 있다. 사대주의와는 반대 방향으로 조선의 문화적 자주독립(自主獨立), 조선중화 의식(consciousness), 조선의 명나라 계승성, 청나라와의 차별성을 강조한 국가 제사 제단으로 평가된다. '만동묘(萬東廟)'를 송시열과 같은 유림이 시작하였지만 숙종 조정에서 지속시킨 정책도 이러한 측면이 강조된 것이다. 고종대의 첫번째 원구단 설치 무렵의 국가 제사 분류에 의하면 원구단, 종묘, 영녕전, 사직단과 함께 대보단이 명시되어 있고, 1908년 7월 향사이정(享祀釐正) 이전의 순종대의 『국조사전(國朝

祀典)』에 명태조, 명신종 및 명의종에게 음력 3월에 향사하는 것으로 등재되어 있다. 고종의 신주가 부묘된 이후에 1921년 조선총독부는 이 대보단을 헐고 그 자리에 경운궁(덕수궁) 선원전(璿源殿)을 뜯어다가 역대 어진들을 모두 모으는 규모만 확대된 새로운 이왕직 선원전을 만들었다. 현재의 신선원전이라는 문화재 명칭은 이러한 역사적 맥락을 완전히 무시한 처사이다. 문화적 자주독립의 표상을 사대주의의 상징으로 보게 만든 것은 이러한 역사 말살의 일환으로 진행된 것이다.

9 종묘(宗廟)는 조선 후기에 태묘(太廟)라고 부르기도 하였다. 실제로 조선 후기에 종묘와 태묘는 바꾸어 부를 수 있는 용어였다. 제후국은 종묘이고 황제국은 태묘라고 부른다고 하는 주장은 어설픈 주장이다. 고산자 김정호가 제작한 헌종대의 도성 한성의 지도인 〈수선전도(首善全圖)〉는 분명히 '태묘'라고 표기하고 있다. 태묘를 국사편찬위원회 조선왕조실록 검색창에 넣어 검색하면 태묘로 검색한 실록 문헌이 더 많이 나올 정도이다.

10 이정호, 「대한제국의 태묘(太廟)−7묘의 운영 및 황제추존과 일제강점기 태묘 예제 보전」, 『종묘 2017−행례와 세계문화유산 가치』, 전주이씨 대동종약원 강당, 종학포럼 : 전통 예서 강독모임, 2017.6.9.

11 위의 글.

12 이정호, 『단묘궁릉(壇廟宮陵) 문화−서울과 베이징』.

13 조선 국왕의 사당 이름, 곧 묘호(廟號)가 태조(太祖)인 이성계(李成桂)는 조선에 즉위한 첫 국왕으로 대명제국에서 준 친왕 시호는 강헌왕(康獻王)이었다. 조선이 정한 묘호와 시호(대왕호)를 붙이면 '태조 지인계운대왕(至仁啓運大王)'이다. 명나라 시호를 포함시키면 '태조 강헌 지인계운대왕'이 된다. 명나라 시호를 쓰던 조선 전기와는 달리 조선 후기에 청나라에서 준 친왕 시호는 사용하지 않았다(이정호 「대한제국의 태묘(太廟)−7묘의 운영 및 황제추존과 일제강점기 태묘 예제 보전」). 광무 3년(1899)에는 대한제국의 황제로 추존되어 황제호 '고(高)'가 만들어진다. 대한제국의 태조 고황제(高皇帝)로 위격이 격상된 것이다.

14 1876년에서부터 1910년까지를 '개화기(開化期)'로 보는 역사 구분이 존재한다. 고종 재위 44년과 순종 재위 4년을 모두 개화기로 보는 것이다(이광린, 『한국 개화사 연구』; 『개화기 연구』 일조각, 1994; 『한국근대사 논구』). 근대화(modernization)는 서구화를 의미하는 데 비해서 개화(instauration)는 기존의 외부에는 닫혀있었던 전래의 정치, 사회, 경제를 개방하고 개혁을 한다는 의미를 가진다. 개화기를 세분하여 통리아문시대(1880~1894)와 법규유편 시대(1895~1910)로 세분할 수 있다.

15 갑신정변의 정강 중에 흥선대원군의 귀환을 재촉하는 조항이 있다(이광린, 『개화기 연구』; 신용하, 『초기 개화사상과 갑신정변 연구』, 지식산업사, 2000.

16 신용하, 「갑신정변의 연구」, 『초기 개화사상과 갑신정변 연구』.

17 "『한성순보』의 '구미입헌정체(歐美立憲政體)'를 보면 한국의 초기 개화파들이 갑
    신정변 이전에 서양 여러 나라들의 입헌정체의 내용을 잘 알고 있었다는 사실을
    알 수 있게 된다"는 신용하 교수의 파악은 정확하다(신용하, 「19세기 한국의 근대
    국가형성문제와 입헌공화국 수립운동」, 『한국근대사회사회사연구』, 일지사, 1987,
    9~96쪽.

18 입헌(立憲)은 문자 그대로 '헌(憲)'을 세우다'라는 의미를 가지는데, 전통 법제사의
    '조종성헌'이 있는데, 왜 또 일부러 헌을 세울 것인가? 이 시기의 입헌은 서구 국가
    의 공화제 뉘앙스가 강하기 때문에 사용을 피하고 있었다!

19 『한성순보』 제10호, 1884(갑신)년 1월 3일 자 '구미입헌정체(歐美立憲政體)' 참조.
    『한성순보』 제7호, 1883(계미)년 12월 1일 자에 미국에 갔다온 보빙사(報聘使)가
    '대통령(大統領)'에게 전한 국서(國書)와 대통령의 답사(答辭)를 수록하고 있어서
    미국은 대통령제를 하고 있다는 것이 알려지게 된다.

20 『승정원일기』, 고종 33(1896)년 4월 27일(양력 6월 8일) 임진.

21 『승정원일기』, 숙종 7(1681)년 11월 22일 사헌부 장령(司憲府掌令) 윤거(尹㩾)가
    올린 상소에서 "쉽게 조종의 헌법을 폐한다면 어찌 이치에 맞는다고 하겠는가(輕廢
    祖宗之憲法, 豈有是理哉)?"라는 용례가 있다. 순조 10년 9월 12일 홍문관 부교리(부
    교리) 박종기(朴宗琦)의 상소에는 다음과 같은 글이 있다. "조종헌법은 비록 근엄하
    지는 않지만 시험제도는 우중하고(祖宗憲法, 執非謹嚴, 而試制尤重)……."

22 『세종실록』, 세종 7년 6월 2일 경자 2번째 기사.

23 관직에서 배제된 학자들의 학문이 별로 활용되지 않았다고 하는 국사 지식은 잘못
    된 지식이 틀림없다. 실학자의 학문이 활용되지 않았다는 이미지는 가짜이다. 연암
    박지원과 그의 인적인 연결망도 노론이었는데도 불구하고 국정 운영에 별로 반영
    되지 않은 불우한 학자이며 연구였다는 말도 안 되는 역사 지식을 정답으로 가리키
    는 한국사 혹은 조선사는 이제는 정리해야 한다. 박지원의 손자 박규수는 고종의 경
    연관으로 들어가 고종의 친정 시의 개화 조정이 되도록 그리고 통리기무아문이라
    는 새로운 관제를 만들어 가면서 점진적 변화를 진행시킨 것이 아닌가?

24 정약용의 『경세유표』에는 조선의 전통적 좌도(左道), 우도(右道) 개념의 시각을 깨
    고, 삼남지방인 경상도, 전라도, 충청도를 남북으로 분도하는 제안이 담겨있다. 수군
    (水軍)의 좌우 구분 곧 경상좌수사, 경상우수사, 전라좌수사, 전라우수사가 전통적
    시간의 편제였다.

25 『승정원일기』 광무 9(고종 42, 1905)년 11월 20일 기축

26 이광린, 『한국 개화사 연구』. 참조.

27 「관제문」 제3절 중추원, 내각기록국 편, 『법규유편』(건양원년 1월), 1896, 23~26쪽.

28 정선태, 「근대적 정치운동 또는 국민 발견의 시공간」, 이화여대한국문화연구원 편,

『근대계몽기 지식의 발견과 사유 지평의 확대』 소명출판, 2006..

29 김동택, 「독립신문의 근대국가 건설론」, 앞의 책, 189~216쪽.

제6장 / 대한제국에서 헌정 개념 자리 잡다

1 신용하, 「1894년의 사회신분제의 폐지」, 『한국 근대사회사 연구』, 일지사, 1987, 97~145쪽.

2 『서유견문(西遊見聞)』의 제4편에 국민의 권리(원래의 용어로는 통의(通義))가 존재하여 이미 국민의 권리에 대한 의식을 유길준과 그 당대의 사람들이 의식하고 있었음이 증명된다(유길준, 『서유견문(西遊見聞)』, 1898(허경진 역, 서해문집, 2004)).

3 허경진 교수의 「서문」 참조(위의 책).

4 국가학(國家學), 곧 독일어로 Staatslehre를 최근의 '국가론'으로 축소하여 지칭할 수도 있지만 1세기 이전의 동북아시아에서는 국가학을 국법학(Staatsrechts), 헌법학이나 정치학의 기초 학문으로서의 성격을 가진 것으로 파악한 것을 알 수 있다. 대한제국기에는 '독자적으로' 국가라고 하는 것을 '국(國)'과 '가(家)'라고 하는 두 한자의 합성어이면서 두 개념의 합성어로 파악하는 경향을 보인다. 1905년 『황성신문』에 게재된 헌정연구회의 「헌정요의」 제1편 '국가의 본의'에는 국(國)은 토(土)요 가(家)'는 인민(人民)이라고 개념적으로 정의하고 있다.

5 프랑스 법학 박사 학위를 받은 일본의 법학자 우메 겐지로(梅謙次郎, 1850~1910)가 북경 도착 무렵에 청국(淸國)의 입헌하유(立憲下諭)가 내려왔다는 『황성신문』 외보(外報)는 '입헌대강'의 발표를 의미한다(『황성신문』, 1908.10.26).

6 1901년부터 1911년까지 대청제국의 제도 개혁을 '신정(新政)'이라고 하는데, 광서제 조정은 1905년 12월에 출발하여 1906년 귀국하는 헌정(憲政) 사절단을 서구 각국에 보내는 조치를 취한 이후에 서구적 입헌 의지를 밝힌다. 신정(新政) 기간 동안지방행정 조직의 개혁이 진행되고 있었는데 베이징에는 자정원을 설립하고 지방성(省)에는 자의국(資議局)이라는 지방의회를 설립하는 개혁 프로그램을 가지고 있었다(임계순, 『청사(淸史)—만주족이 통치한 중국』 신서원, 2000).

7 헌정연구회 회장 이준(李儁)이 바로 을사늑약의 부당성을 헤이크 만국평화회의에서 알리는 고종의 특명을 받은 헤이그 밀사 3인 중의 한 명이다. 경주 이씨 부재 이상설은 대한제국 의정부 찬정(贊政)을 지낸 가장 고위 관료이면서 서전의숙을 세운 초기 독립운동가였으며, 헤이그 밀사의 단장이었다. 이준은 전주이씨 완풍대군파 종실사대부 출신 법관양성소 교육을 받은 검사 출신이자 법관이었고, 전주이씨 광평대군파 종실사대부 출신 이휘종은 러시아 공사 이범진의 아들로 서구 언어에 능통한 외교관이었다(이계형, 『고종의 마지막 특사 이준의 구국운동』, 역사공간,

2007).

8 『황성신문』, 1905.7.15. 저자가 현대어로 약간의 번역을 가하였다.

9 최기영, 「국민수지와 입헌군주론」, 『한국근대계몽운동연구』, 건국대 출판부, 1973; 김효전, 앞의 책; 「국민수지를 통해 본 근대 국민」, 이화여대한국문화연구원 편, 앞의 책.

10 헌정연구회 양한묵이 『황성신문』 설명문에서 밝히는 『헌정요의』의 9개의 글들인 ① 국가의 본의, ② 국가와 황실의 분별, ③ 국가와 정부의 관계, ④ 군주와 정부의 권한, ⑤ 국민과 정부의 관계, ⑥ 군주의 주권, ⑦ 국민의 의무, ⑧ 국민의 권리, ⑨ 독립국의 자주민 중에서 『황성신문』에는 제5장과 제8장 및 제9장까지 3개 장이 빠져 있다(김효전(1996)은 제5장과 제8장이 빠진 것을 확인하였다). 국회도서관본 및 연세대본 『국민수지』는 마치막 제9장 독립국의 자주민이 빠져 있다.

11 최기영, 「교과서 유년필독(幼年必讀)과 국민계몽」, 『한국근대계몽운동연구』 건국대 출판부, 1973.

12 최기영, 앞의 글; 김동택, 「국민수지를 통해 본 근대 국민」, 이화여대한국문화연구원 편, 앞의 책.

13 남원부의 경우는 지방 유생 집안들이 모여서 조선총독부의 사직단 훼손을 저지하는 데 성공하였다. 사직단의 이름을 '기곡단'으로 바꾸고 자신들이 재정을 갹출하여 위전(位田)을 마련하고 제사 지내는 비용을 마련하여 보전에 성공하였다.

14 단성현은 현재 산청군 단성면으로 편입되어 있다. 산청군의 사직단은 훼철되었지만 단성현의 사직단은 보전되었다.

15 신용하, 「19세기 한국의 근대국가형성문제와 입헌공화국 수립운동」, 『한국근대사회사회사연구』.

16 김효전, 앞의 책.

17 최기영, 「헌정연구회와 입헌군주론의 전개」, 『한국근대계몽운동연구』 건국대 출판부, 1973.

18 위의 글.

19 위의 글.

20 『황성신문』, 1904.12.19, '공진청원(共進請願)'; 위의 글.

21 『황성신문』 1905년 5월 16일 자 잡보의 헌정연구회 강령; 최기영, 위의 글.

22 논설 「구미입헌정체(歐米立憲政體)」, 『한성순보』, 1884.1.30.

23 유길준, 앞의 책.

24 김효전, 앞의 책.

25 위의 책.

26 박주원, 「1900년대 초반 단행본과 교과서 텍스트에 나타난 사회 담론의 특징」, 이화

여대한국문화연구원 편, 앞의 책, 2004.

27 위의 책.

28 1945년 귀국한 대한민국 임시정부 요인들은 1946년 4월 11일을 '입헌기념일'로 하여 창덕궁 인정전에서 기념식을 거행한다. 그 기념 사진이 효창공원 내의 백범기념관이 편집한 『백범기념관 전시도록』(2002)에 수록되어 있다. 대한민국 임시 헌장을 제정한 날자를 가려서 입헌기념일로 기념한 사실은 민정 헌법을 제정하는 첫 단계였던 4월 11일 10개조의 대한민국 임시 헌장(憲章) 공포가 가지는 법제사적 의미를 재평가하게 한다. 근대적 기초 법전인 『법규유편』「서고문」의 14개조 홍범은 '흠정헌법'이고 대한민국 임시 헌장은 '민정 헌법'에 포함되는 것이다.

29 1904년 한일 외국인 고문 용빙에 관한 협정서인 제1차 일한각서(한일협약)의 교환에서부터 1905년 8월의 제2차 일한각서 교환(을사늑약)을 거쳐서 1907년 헤이그 밀사 사건을 이후 1907년 고종태황제의 강제 퇴의와 군대 해산 강행을 거쳐서 1910년 순종 어새(御璽) 절도를 통한 합방문서 조작에 이르는 이토 히로부미 통감부의 일련의 강제 국권 침탈의 과정에서 여러 가지 제도와 방식을 통한 저항의 중심은 고종태황제였다는 것이 15여 년 전의 대한제국기 정치사 연구 결과의 가장 중요한 사실 중의 하나이다(서영희, 『대한제국 정치사 연구』, 서울대출판부, 2003). 주한 일본 공사관 첩보기록과 외무성 기록물들을 분석한 이 연구의 고종태황제의 주권 침탈 저항과 주권 회복 경주 증거에 의거한 결론은 바뀔 수가 없는 것으로 분석된다. 하물며 우리 측 기록과 다른 외국의 외교 문서를 분석하면 이러한 측면은 더욱 강화될 것이다.

30 시스템 이론(system theory)에 관해서는 다음의 책을 참조. 루드비히 폰 버탈란피, 현승일 역, 『일반체계이론』, 민음사, 1990; 브라이언 워커, 데이비드 솔트, 고려대오정에코질리언스연구원 역, 『리질리언스 사고―변화하는 세상에서 환경과 인간의 공존 방식』, 지오북, 2015; Brian Walker, David Salt, *Resilience Practice: Building Capacity to Absorb Disturbance and Maintain Fuction*, Island Press, 2012.

31 김연희, 『한국 근대과학 형성사』, 들녘, 2016.

32 앤드류 고든, 김우영 역, 『현대 일본의 역사―토쿠가아 시대에서 현대까지』, 이산, 2015.

33 이태진·이상찬, 『조약으로 본 한국병합―불법성의 증거들』, 동북아역사재단, 2010; 최덕수·김소영·심숙경·한승훈·김지형, 『조약으로 본 한국근대사』, 열린책들, 2010.

34 이태진·이상찬, 앞의 책.

35 헐버트(H. B. Hulbert)는 최초의 근대식 학교라고 하는 '육영공원'의 교관이었는데, 헤이그 밀사 중의 최고위였던 전 의정부 찬정 이상설과 교분이 돈독했다. 헐버트는

1907년 헤이그 밀사 사건 이후에 이상설이 이끄는 일방적 대한제국의 일본제국 보
호국화 주장(제2차 일한각서)의 무효를 영국, 프랑스, 미국 등을 돌면서 알리는 사
업에 동참하였다.

36 안창호가 캘리포니아주 남부에서 주도하여 세운 공립협회(共立協會)와 장경 등이
주도하여 세운 대동보국회는 서로 관련 없이 활동을 한 것으로 보이나 이토 히로부
미와 외교적 사기에 협조한 미국인 외교관 스티븐스를 대한제국의 '국적(國賊)', 곧
나라를 사기쳐 빼앗는 도둑으로 인식한 것은 동일하였다(최기영, 「미주대동보국회
의 국권회복운동」, 『한국근대계몽운동연구』, 1997, 일조각).

37 위의 글.

38 이태진·이상찬, 앞의 책.

39 조선 통리외교통상사무아문 및 대한제국 외부 편집의 문헌인 『조일약장합편』, 『각
국약장합편』 및 『약장합편』을 시대적 추이에 따라 올바른 시선으로 재검토해야 할
시점이다.

40 1905년 8월 제2차 일한각서(을사늑약) 교환 이후 대한제국 외교는 도쿄의 일본제
국 외무성을 통하여 하도록 되어 있었고, 대한제국에는 외사국으로 축소되어 있었
다. 고종태황제는 따라서 밀사를 보내는 외교를 구사하였다. 헤이그 만국평화회의
밀사 중의 가장 고위층이었던 전 의정부 찬정 이상설은 경주이씨로 한성사범학교
에서 서구 과학을 강의할 정도의 유학자였다. 이준은 전주이씨 완풍대군파 종실사
대부가 출신으로 법관양성소 출신의 대한제국 최초의 검사이기도 했다. 이준이 헌
정연구회 및 국민교육회에서 활동한 전력을 고종태황제는 숙지하고 있었다. 밀서는
국내에 있었던 이준이 받아서 러시아령 연해주에서 해외독립운동을 하던 이상설과
합류하게 되었고, 러시아 공사관에서 외교관 이휘종과 합류하여 헤이그로 갔다. 러
시아 공사관 서기 이휘종은 전주이씨 광평대군파 종실사대부가 출신으로 당시의
러시아 공사 이범진의 아들이었다. 영어, 불어, 러시아어 등의 외국어에 능통한 외교
관으로 헤이그에서의 호소는 이휘종이 통역하였다.

41 이태진·이상찬, 앞의 책.

42 한상일 역, 『서울에 남겨둔 꿈』, 건국대 출판부, 1993에 수록된 당시 마이니치 기자
사쿠라이 군노스케(1869~1932)의 『조선시사(朝鮮時事)』(1894, 東京 : 春陽堂)와
1894~1895년의 경험을 기록하였다. 1932년에야 출간된 일본공사관의 대리공사
이노우에 가쿠고로(1860~1838)의 『재한고심록(在韓苦心錄)』(1932, 東京 : 春陽堂)
은 이전 시대 후쿠자와 유기치의 일본이 동아시아의 맹주 역할을 자임해야 한다는
의식과 계열을 이루는 조선 인식들을 보여주고 있다.

43 임지현·박노자·이진경·정다함·홍향희, 『근대 한국, '제국'과 '민족'의 교차로』, 책
과함께, 2011.

제7장 / 삼일대혁명, 최초의 민정 헌법, 그리고 대한민국

1   김구,「3·1혁명정신」,『대공보(大公報)』, 1943.3.1, 대한민국 임시정부, 충칭, 1943.

2   박은식(1859~1925)의 유학적 배경에 대해서는 윤사순,『한국유학사─한국유학의 특수성 탐구』(지식산업사, 2012)의 제41장「유학의 종교화 풍토 대두─대종교, 공교등의 설립」과 제42장「양명학 경향의 유교 개혁설─박은식의 유교구신론」을 참조할 것.

3   대한민국 임시정부 초기의 신문『독립신문』의 발간에 춘원(春園) 이광수(1892~1950)가 관여했었다. 춘원 이광수는 전주 이씨 안원대군파 종실사대부가 출신인데 대한민국 임시정부 활동을 하다가 귀국하여 순종효황제와 의친왕이 주도하여 결성한 '대동종약소(大同宗約所)'의 잡지『동광(東光)』의 편집장을 맡았다. 최근에 작고한 문학평론가 김윤식 교수에 의해서 세간에 알려진 바와는 달리 독립운동가 춘원은 친일 활동을 적극적으로 한 것이 아니라는 사실이 알려져 있다. '대동종약소(大同宗約所)'는 대한제국 황실과 연계된 전주 이씨 모든 종실 파종회들을 모은 결사체로 조선총독부의 요시찰 대상이었다. 대한제국 궁내부 관할 하의 여러 제도를 축소하여 일본제국 궁내성 소속의 이왕직(李王職)으로 개편하였으나 광무 6(1902)년 대한제국 종정원이 편찬하던 전주이씨 족보『선원속보(璿源續譜)』사업도 하지 않아서 각 파종회가 자비로 1930년대에 대동보를 편집 출간하기에 이른다. 1945년 광복 이후에 '대동종약소(宗約所)'는 사단법인화되었고, '전주이씨 대동종약원'으로 재탄생하였다.

4   박은식,『한국독립운동지혈사(韓國獨立運動之血史)』, 1920(김도형 역, 소명출판, 2008; 남만성 역, 서문당, 2019).

5   박은식,『한국통사(韓國痛史)』, 1915(유신사 발췌 번역, 김태웅 역, 아카넷, 2012).

6   부재(溥齋) 이상설(1870~1917)은 경주 이씨의 천재 유학자였으며 대한제국 의정부 참찬을 지낸 고위 열혈 신료, 헤이그 밀사였으며 구국운동가 및 독립운동가이다. 제2차 일한각서 교환(을사늑약) 시에 국무대신들만 중명전에 들어가게 하고 주차 일본군에게 저지당해서 그 체결자리에 없었던 것에 분노한 신료이다. 민영환이 각국 공사관에 통문을 돌리고 자결하자 따라 죽으려고 몸부림 치다가 주위의 만류로 자결을 포기하고는 참지 못하여 해외로 나가서 '서전서숙(瑞甸書塾)'이라는 독립운동 교육기관을 가장 먼저 세운 사람이다. 을사오적을 처단하는 상소를 올리는 데에 참여할 만큼 열렬 신료였다. 성균관 교수였으며 소학교 교사를 양성하는 한성사범학교 교수직을 역임하였다. 서전서숙에서는 물리, 화학, 수학, 박물과 같은 과학을 가르쳤다. 해외 구국운동 중에 고종태황제의 밀서를 소지한 이준과 합류하여 러시아를 거쳐서 네덜란드 헤이그로 갔다. 1910년 한일병합 후 러시아 지역에서 결성된 최초의 망명정부 조직인 대한광복군정부 정통령이었다. 1915년 대한제국 관료들을 중심으로 고종태황제를 당수로 하는 '신한혁명당'을 조직하여 국권회복을 목적으로

하는 해외 독립운동에 종사하다가 러시아 볼셰비키 혁명이 일어나기 전 1917년 3월에 운명했다.

7 김효전, 앞의 책.

8 책봉외교 관계는 중원 국가의 군주를 '황제(皇帝)'로 위격을 높이고 주위의 나라 군주를 왕(王)으로 한 단계 내지는 두 단계 낮은 명칭으로 부르고 예제를 정하는 외교 관계이다. 책봉외교 관계에서 친왕(親王)이냐 군왕(郡旺)이냐는 황제가 사여하는 의례복인 면복(冕服) 장문(章紋)의 수, 즉 수놓거나 달려지는 무늬의 수와 면류관의 류旒의 숫자에 따라 달라진다. 조선은 태조나 태종 대부터 대명제국의 친왕국이었고, 구장복 면복과 9류 면류관을 사여받았다. 대명제국의 경우 황제는 12장복에 12류 면류관을 착용하고, 황태자는 9장복에 10류 면류관을, 친왕은 9장복에 9류 면류관이었다. 중원 국가의 예부(禮部)가 이러한 책봉외교 관계를 다루는 중원 조정 부서이다.

9 박찬승, 『1919-대한민국의 첫번째 봄』, 다산북스, 2019.

10 김영수, 『대한민국 임시정부 헌법론-헌법제정의 배경 및 개헌과정을 중심으로』, 삼영사, 1980..

11 박찬승, 『대한민국은 민주공화국이다-헌법 제1조 성립의 역사』, 돌베개, 2013.

12 1919년 2월 1일에 발표된 1918년에 작성된 「무오독립선언서」에 서명한 러시아 연해주의 독립운동가들이 3월 17일 조직한 최초의 망명정부의 명칭은 '대한국민의회'였다. 이후 중국 상하이 프랑스 조계지의 독립운동가들이 '임시정부'라는 명칭으로 4월 11일 조직하였고, 4월 23일 서울에서 한성정부가 조직되었다.

13 김영수, 『대한민국 임시정부 헌법론-헌법제정의 배경 및 개헌과정을 중심으로』, 삼영사, 1980.

14 위의 책.

15 1919년 3월 1일 「기미독립선언서」에 선행하는, 도쿄에서의 「2·8독립선언서」와 함께 러시아 연해주에서 서명된 1918년에 작성된 「무오독립선언서」에 대한 연구가 심도있게 이루어져야 할 필요성이 있다(안모세 편, 『대한독립선언서총람-3.1운동 100주년기념보급판』, 워드라인, 2019).

16 서영희, 『대한제국 정치사 연구』, 서울대 출판부, 2003.

17 대한민족대표독립선언서(1919.10.31)(안모세, 『대한독립선언서 총람-2·1운동 100주년 기념 보급판』, 워드라인, 2019).

18 이봉창(1901~1932)은 서울 용산구 원효로 출생으로 전주이씨 효령대군파 종실사 대부 가문 출신이다.

19 대한의군(大韓義軍)은 1907년 대한제국 군대인 황성의 시위대와 지방의 진위대가 통감부 예하의 주차 일본군의 계략에 의해서 해산당하고 난 이후에 러시아령 연해주

망명지에서 창설한 의군(義軍)이다. 안중근은 자신이 대한제국 국민이라는 의식이 강했고, 참모중장이라는 군(軍) 조직의 일원이었다는 것을 일본법원의 조사에서 정확하게 표현하였다. 안중근의 이토 히로부미 사살은 비밀 군사 작전의 일환이었다.

20 1990년대 말 한국의 IMF 국제금융위기 때 골프선수 박세리의 세계 골프 제패를 보고 자란 여자 골프선수들을 '박세리 키즈'라고 부르던 사례에서 안중근의 이토 히로부미 사살의 역사를 듣고 자라난 신세대인 이봉창, 윤봉길, 백정기의 의거들은 '안중근 키즈'라고 부를 수 있을 것이다.

제8장 / 헌법주의의 지속성

1 정종섭, 『대한민국 헌법이야기』, 나남 2013..

2 안모세 편, 『대한독립선언서총람 3·1운동100주년기념보급판』, 워드라인, 2019.

3 이황직, 『군자들의 행진―유교인의 건국운동과 민주화운동』, 아카넷, 2017.

4 마이클 샌델, 『정의란 무엇인가?(*Justice : What's the Right Thing to Do*)』, 김영사, 2010; John Rawls, *A Theory of Justice*, The Belknap Press, Cambridge, MA, USA, 1971.

5 이승환, 『유가사상의 사회철학적 재조명』, 고려대 출판부, 1998; 이황직, 『군자들의 행진―유교인의 건국운동과 민주화운동』, 아카넷, 2017.

6 김구, 「삼일혁명정신」, 『대한민국임시정부 대공보(大公報)』, 1943.3.1.

7 김용옥, 『중용, 인간의 맛』, 통나무, 2011.

8 김구, 앞의 글.

9 박찬승, 『대한민국은 민주공화국이다―헌법 제1조 성립의 역사』; 『1919―대한빈국 첫 번재 봄』.

10 로버트 잭슨, 옥동석 역, 『주권이란 무엇인가?―근대 국가의 기원과 진화』, 21세기 북스, 2016.

11 「대한민국 임시 헌법」(1919년 9월 11일, 제1차 개정)의 제1장 강령(綱領)에 명시된 헌법 제3조는 '대한민국의 강토(疆土)는 구한제국(舊韓帝國)의 판도로 정함'이다. 현재 우리가 알고 있는 압록강 및 두만강을 경계로 한 한반도의 개념은 일제강점기에 이루어진 것으로 구한제국(舊韓帝國), 곧 대한제국(舊韓帝國)의 판도와는 그 지리적 면적 자체가 굉장히 축소되어 있다. 대청제국과 일본제국이 정치적 거래를 통하여 1909년 9월 간도협약을 체결하고 그렇게 만든 것에서 유래한다. 압록강 및 두만강 이북의 북간도와 서간도를 제외하고 현재의 한반도를 경계로 국경선을 확정한 것으로 국제법 상 문제가 있다. 외교권을 앗아간 제2차 한일각서(을사늑약)의 국제법적 부당성의 증거가 발견된 상황이고, 외교권과 주권(sovereignty)을 구별하여 영토 문제는 주권에 해당하는 사안인 만큼 일본제국 외무성이 주체로 나설 수 있는 사안이 아니었다.

12 박찬승, 「제3장 독립운동 진영의 통일모색과 건국 준비」, 『대한민국은 민주공화국이다―헌법 제1조 성립의 역사』.

13 이황직, 『군자들의 행진―유교인의 건국운동과 민주화운동』, 아카넷, 2017.

14 안모세 편, 앞의 책.

15 공진회의 국민의 의무 및 권리 관련 강령은 "인민의 의무와 권리가 고유 범위와 한계내에서 얻은 것들을 자유한다(人民義權이 固有範限以內에 得한 者를 自由할 事)"이고, 헌정연구회의 관련 강령은 "법률의 범위에서 획득한 인민의 의무와 권리라는 것의 의도를 자유한다(人民義權之得於法律範圍者 其圖自由事)"이다(최기영, 「공진회의 반일진회 운동」, 『한국근대계몽운동연구』, 건국대 출판부, 1973; 위의 책, 「헌정연구회의 입헌군주론의 전개」.

16 『대한민국 임시헌법』이라는 명칭을 가진 1919년 9월 11일 자의 제1차 개정 헌법은 이후의 '약헌'이나 '헌장'이란 명칭을 가진 개정 대한민국 임시정부 헌법들보다 이상적이면서 구체적인 내용을 가지고 있다. 제2차 개정(1926년) 이후의 약헌과 헌장이라는 명칭의 헌법들은 중국이나 러시아 및 미주와 같은 해외에서의 독립운동 중심체로서의 기능을 구체적으로, 현실적으로 반영하여 제2차 개정 헌법인 대한민국 임시헌법의 내용의 일부를 생략하고 있다(김영수, 『대한민국 임시정부 헌법론―헌법 제정의 배경 및 개헌 과정을 중심으로』, 삼영사, 1980; 정종섭, 『대한민국 헌법이야기』, 대한민국 역사박물관, 나남, 2013.

17 이 책에서 '헌법주의'는 사회 철학적 개념으로 사용된 것이다. 동일한 영어 용어 constitutionalism은 헌법학이나 헌법사 및 법제사에서는 '입헌주의(立憲主義)'라고 하는 법학 용어로 정착되어 있다. 법학에서 사용되는 입헌주의의 의미가 사회학적·역사학적으로 확대한 것이다. 보통 근대 입헌국가는 헌법을 제정하고 그에 기준하여 국가 권력을 행사하는 조직체가 만들어지고 국가가 운영된다고 정의된다. 헌법이 없으면 근대 국가가 아닌 것으로 보아서 전근대와 구분되는 근대라는 시간 구분과 헌법은 동일시되기도 하기 때문에 제한성이 있다. 서구적 모습의 헌법이 아니라 기초 법전 체제를 가진 동북아시아의 법전 전통은 이러한 근대 법규범 문화와는 다른 질서를 보여 주고 있다.

18 김일환, 「헌법사를 통해 본 한국 헌법학의 과제」, 『국회도서관보』 45(6), 2008, 20~31쪽.